終止形	推量	べし	（…コトガデキル）当然・義務（…ハズダ・…ベキダ・…ネバナラナイ）適当・勧誘（…ガヨイ）命令（…セヨ）	（べく）べから	べく べかり	べし	べき べかる	べけれ	○	形容詞（ク活用）型	活用語の終止形に接続。ラ変型の活用語には連体形に接続
終止形	推量	らむ［らん］	現在推量（今ゴロ…テイルダロウ）原因推量（ドウシテ…ノダロウ）伝聞・婉曲（…ソウダ・…ヨウナ）	○	○	らむ［らん］	らむ［らん］	らめ	○	四段型	
終止形	推量	らし	推定（…ラシイ）	○	○	らし	らし（らしき）	らし	○	無変化型	
終止形	推量	めり	[illegible]	○	（めり）	めり	める	めれ	○	ラ変型	
終止形	伝聞推定	なり	[illegible]）	○	（なり）	なり	なる	なれ	○	ラ変型	
終止形	打消推量	まじ	[illegible]…マイ）[illegible]ツモリダ）[illegible]ヨイ・…テ	（まじく）まじから	まじく まじかり	まじ	まじき まじかる	まじけれ	○	形容詞（シク活用）型	
連体形・体言	断定	なり	[illegible]ニイル）	なら	なり に	なり	なる	なれ	なれ	形容動詞型	体言・活用語の連体形に接続
連体形・体言	断定	たり	[illegible]	たら	たり と	たり	たる	たれ	たれ	形容動詞型	体言に接続
已然形	完了	り	完了（…タ・…[illegible]タ）[illegible]）	ら	り	り	る	れ	れ	ラ変型	四段の已然形（命令形という説もある）・サ変の未然形に接続
特殊	比況	ごとし	比況（…ヨウダ・…ト同ジヨウダ）例示（…ヨウダ・…ナド）	（ごとく）	ごとく	ごとし	ごとき	○	○	形容詞（ク活用）型	活用語の連体形・体言・助詞「が」「の」に接続
特殊	比況	やうなり	比況（…ヨウダ）例示（…ヨウダ・…ナド）様子・状態（…様子ダ・…状態ダ）婉曲（…ヨウダ）	やうなら	やうなり やうに	やうなり	やうなる	やうなれ	○	形容動詞型	活用語の連体形・助詞「が」「の」に接続

●奈良時代の助動詞

未然形	自発 可能 受身	ゆ	自発（自然ニ…サレル）可能（…ガデキル）受身（…レル・…ラレル）	え	え	ゆ	ゆる	○	○	下二段型	四段・ナ変・ラ変の未然形に接続
未然形	自発 可能 受身	らゆ		らえ	○	○	○	○	○	下二段型	下二段「寝《ぬ》」の未然形のみに接続
未然形	尊敬	す	尊敬（オ…ニナル・…ナサル）	さ	し	す	す	せ	せ	四段型	活用語の未然形に接続
未然形	反復 継続	ふ	反復・継続（…ツヅケル）	は	ひ	ふ	ふ	へ	へ	四段型	四段動詞の未然形に接続

重要 古文単語315

読んで見て聞いて覚える

四訂版

元河合塾講師
武田博幸
／
元河合塾講師・元北九州予備校講師・元東進ハイスクール講師
鞆森祥悟
著

桐原書店

出典略称一覧

十六夜…十六夜《いざよい》日記
和泉式部…和泉式部《いずみしきぶ》日記
伊勢…伊勢《いせ》物語
今鏡…今鏡《いまかがみ》
宇治…宇治拾遺《うじしゅうい》物語
宇津保…宇津保《うつほ》物語
栄花…栄花《えいが》物語
大鏡…大鏡《おおかがみ》
奥の細道…奥の細道
落窪…落窪《おちくぼ》物語
蜻蛉…蜻蛉《かげろう》日記
花月…花月草紙
義経…義経《ぎけい》記
源氏…源氏物語
建礼門院…建礼門院《けんれいもんいんの》右《う》京《きょうの》大夫《だいぶ》集
古今…古今《こきん》和歌集
後拾遺…後拾遺《ごしゅうい》和歌集
後撰…後撰《ごせん》和歌集

古本…古本《こほん》説話集
今昔…今昔《こんじゃく》物語集
狭衣…狭衣《さごろも》物語
更級…更級《さらしな》日記
詞花…詞花《しか》和歌集
十訓…十訓《じっきん》抄
拾遺…拾遺和歌集
成尋阿闍梨母集…成尋《じょうじん》阿闍梨《あざり》母《のははの》集
続古今…続《しょく》古今和歌集
新古今…新古今和歌集
菅笠…菅笠《すがさ》日記
千載…千載《せんざい》和歌集
撰集…撰集《せんじゅう》抄
竹取…竹取《たけとり》物語
玉の小櫛…源氏物語玉《たま》の小櫛《おぐし》
著聞…古今著聞集《ここんちょもんじゅう》
堤中納言…堤《つつみ》中納言《ちゅうなごん》物語
徒然…徒然草《つれづれぐさ》

土佐…土佐《とさ》日記
とはずがたり…とはずがたり
野ざらし…野ざらし紀行
浜松中納言…浜松《はままつ》中納言物語
文正…文正《ぶんしょう》草子
平家…平家物語
平中…平中《へいちゅう》物語
弁内侍…弁内侍《べんのないし》日記
方丈…方丈記
発心…発心《ほっしん》集
枕…枕《まくらの》草子
増鏡…増鏡《ますかがみ》
万葉…万葉集
源家長日記…源《みなもとの》家長《いえなが》日記
無名抄…無名抄《むみょう》
紫式部…紫式部日記
大和…大和《やまと》物語
落柿舎…落柿舎《らくししゃの》記《き》

はしがき

この単語集も刊行してもうすぐ20年を迎えます。この間、私たちの予想をはるかに超える支持を得て、今もって毎年その支持は広がり続けています。

私たちの目指したことは、「重要な古語の一つ一つを実感を伴って分かるようにしたい、そして記憶に残る単語集にしたい」ということでしたが、このように多くの支持を得たのは、数ある単語集の中で「分かりやすさが違う。だから頭にすっきり入ってくる」と認められたお陰だと考えています。

今回の改訂では、単語の解説とイラストを今一度見直し、磨きをかけるとともに、慣用句をさらに増やしました。また新たに、例文音読動画で古文の例文を繰り返し聞いて学習できる工夫をしました。よって、書名も「読んで見て覚える」に「聞いて」が加わりました。

これまで生徒さんから「語呂でなく本質が的確に説明されている」「イラストがかわいい」「印象に残る覚え方が示してある」といった様々な感想をいただいてきましたが、最も嬉しく思ったのは、「この単語集に出会って、嫌いな古文が好きになりました」の一言です。この単語集を使って、入試古文が読めるようになるのはもちろん、古文の世界っておもしろいかもしれないとあなたに思ってもらえるとしたら、私たちとしてこの上もない幸いです。

著者しるす

目次

付録の章〈常識語53語〉 299

コラム

本書の使い方

084 □□

つれづれなり〔徒然なり〕 ① ⓐ

単調な時間の流れの中で**心も晴れず、暇をもて余すような気持ち**、これが「つれづれなり」です。

② 1（することもなく）**退屈である**・所在ない
2（しんみりと）**ものさびしい**

a
1 日もいと長きに、**つれづれなれば**、（光源氏《ひかるげんじ》は）夕暮れのいたう霞《かす》みたるに紛れて、かの小柴垣《こしばがき》のもとに立ち出《い》で給《たま》ふ。（源氏・若紫）
▼春の日も大変長く、〔**（することもなく）退屈である**〕ので、（光源氏は）夕方の立ちこめた霞《かすみ》に紛れて、あの小柴垣の所に出て行きなさる。

2 そこはかとなく、**つれづれに**心細うのみ覚ゆるを、（源氏・末摘花）
▼なんとなく、〔**（しんみりと）ものさびしく**〕心細いとだけ思われるので、

④

261 □□

つま〔夫・妻〕

妻から夫を、夫から妻を呼ぶ語です。だから、「つま」は**「夫」の意で使われることもあります**。また、物の端《はし》を「つま」と言います。

つま ↗夫・妻 ↘端

1 **夫**・妻

③
関 ⓐ つま〔端〕ⓑ（名詞）ⓒ…1 はし・へり 2 端緒・きっかけ ⓓ

b
1 《男と女が草むらに隠れていると、追って来た人が野に火をつけようとした。女は次のような歌を詠んだ。》
武蔵野《むさしの》は今日《けふ》はな焼きそ若草の**つま**もこもれり我もこもれり（伊勢・十二段）
▼武蔵野を今日は焼かないでください。〔**夫**〕も（草の中に）隠れています。わたしも隠れています。

c
「若草の」は「つま」にかかる枕詞《まくらことば》です。枕詞は訳しません。

⑤

⑥ 例文音読・入試問題

1 見出し

古文中にもっともよく現れる表記を見出しに掲げています。

ⓐ〔　〕は古文中に漢字表記でも現れることを示しています。

*動詞・形容詞は活用の種類を掲げています。

2 訳語

さまざまな訳出例を番号ごとに分類して掲げています。

まず優先して覚えたい訳語を赤い字で示しています。

3 関・同・反・類

ⓐ見出し語の関連語・同義語・反対語・類義語であることを示しています。

ⓑ〔　〕は古文によく現れる漢字表記を示しています。

ⓒ（　）は品詞などを示しています。

ⓓ訳語を番号ごとに分類して示しています。

*⬅が下についた語は例文があることを示しています。

4 解説

訳語を理解して覚えるための解説を掲げました。

古語が実感できるイラストと、意味の図式化が解説を補足します。

5 例文

見出しの語が用いられている例文を掲載しています。現代語訳部分の赤い字は、チェックシートを使って隠すことができます。

a（　）は例文の内容を補足しています。

b《　》は文脈の中で例文を読めるように、場面や状況を掲げています。

c 例文の後の吹き出しの中には、例文における訳語の説明や、おさえておきたい古典常識、文法事項などを掲載しています。

6 QRコード

読み取ると、簡単に次の内容を確認することができます。

例文音読…315の見出し語について、例文の音読を動画で確認することができます。音声に合わせて音読してみましょう。

入試問題…古文単語が出題された入試問題を掲載しています。学習した単語が入試では実際にどのように問われているのか、確認してみましょう。

索引

索引には、見出し語と常識語の二種類が含まれています。

見出し語は、第一章・第二章・敬語の章・慣用句の章に収録した全ての語を五十音順に配置しています。また、見出し語として併記されている表記も個別に項目化しています。関連語・同義語・反対語・類義語にはそれぞれ関・同・反・類マークを付しています。なお、訳語は重要度の高いものを掲載しています。

常識語は、古典常識の章に収録した語と、付録の章の和歌と文学史に関わる語を配置し、常のマークを付しています。

索引としての機能に加え、チェックボックスもありますので、学習後の確認や簡便な暗記リストとしても活用できます。

あ

□ あ 名 …… P226
このわたし・あの人

□ 常 愛敬《あいぎやう》 …… P297

□ 202 あいなし 形 …… P170
つまらない・なんとなく

□ 常 閼伽《あか》 …… P288

□ 027 関 あかし〔明かし〕形 …… P52
明るい

□ 慣用 あかず〔飽かず〕慣 …… P258
満足しない・飽きることがない

□ 常 赤染衛門《あかぞめゑもん》 …… 巻末

□ 常 県召《あがためし》 …… P289

□ あかなくに〔飽かなくに〕慣 …… P258
満足していないのに・名残惜しいのに

□ 091 あからさまなり 形動 …… P96
ほんのちょっと

□ 慣用 あからめもせず 慣 …… P258
よそ見もしない

□ 027 あきらむ〔明らむ〕動 …… P52
明らかにする

□ 073 関 あきる〔呆る〕動 …… P83
途方に暮れる

□ あく〔飽く〕動 …… P258
満足する・飽きる

□ 173 あくがる 動 …… P151
(魂が体から)さまよい出る・浮かれ歩く

□ 常 総角《あげまき》 …… P298

□ 常 袙《あこめ》 …… P292

□ 浅葱《あさぎ》 …… カバー袖

□ 常 浅茅《あさぢ》 …… P283

□ 073 あさまし 形 …… P83
驚くほどだ・あきれるほどだ・情けない

□ 言換 あさましくなる 慣 …… P61
死ぬ

□ 073 関 あさむ 動 …… P83
驚く・あきれる

□ 常 阿闍梨《あざ(じゃ)り》 …… P288

□ 040 関 あし 形 …… P65
悪い

□ あしこ 名 …… P226
あそこ

□ 126 同 あした〔朝〕名 …… P119
朝・翌朝

□ 常 網代《あじろ》 …… P281

□ 309 あそばす〔遊ばす〕敬動 …… P245
(何かを)なさる

□ 100 あそび〔遊び〕名 …… P102
管弦の遊び
□ 100 関 あそぶ 動 …… P102
管弦を楽しむ
□ 常 朝臣《あそん》 …… P290
□ 087 同 あだあだし 形 …… P94
不誠実だ・浮気だ
□ 087 あだなり〔徒なり〕形動 …… P94
はかない・浮気だ
□ 215 関 あたら 連体 副 …… P178
惜しむべき・惜しいことに
□ 215 あたらし〔惜し〕形 …… P178
惜しい
□ 202 同 あぢきなし 形 …… P170
おもしろくない・つまらない
□ 172 あつかふ〔扱ふ〕動 …… P150
面倒を見る・もてあます
□ 090 あてなり〔貴なり〕形動 …… P95
高貴である・上品である
□ 090 同 あてやかなり 形動 …… P95
高貴だ・上品だ
□ 099 関 案内《あない》 名 …… P101
内容・事情・取り次ぎ
□ 163 あなかしこ〔～禁止〕副 …… P141
決して(～するな)

□ 234 あながちなり〔強ちなり〕形動 …… P194
強引だ・むやみに
□ 慣用 あなかま 慣 …… P258
ああ、うるさい・静かに
□ 254 あなた 名 …… P203・P226
向こう
□ 174 関 あはす 動 …… P152
結婚させる
□ 083 関 あはれ 感 …… P90
ああ
□ 083 関 あはれがる 動 …… P90
心に深く感じる
□ 083 あはれなり 形動 …… P90
しみじみと心に深く感じられる
□ 083 関 あはれむ 動 …… P90
心に深く感じる
□ 174 あふA〔合〔会・逢〕ふ〕動 B〔敢ふ〕動 …… P152
A結婚する
B〈打消を伴い〉耐えられない・〈動詞につき、打消を伴い〉～きれない
□ 常 葵《あふひ》 …… P281
□ 常 葵祭《あふひまつり》 …… P289

□ 287 あへて〔敢へて〕〔～打消〕副 …… P223
まったく(～ない)
□ 205 あへなし〔敢へ無し〕形 …… P172
落胆している・はかない
□ 常 海人《あま》 …… P297
□ 常 海士《あま》 …… P297
□ 常 海女《あま》 …… P297
□ 150 あまた〔数多〕副 …… P134
たくさん
□ 056 あやしA〔怪し〕形 B〔賤し〕形 …… P74
A不思議だ
B身分が低い・粗末だ
□ 275 関 あやなし〔文無し〕形 …… P215
わけがわからない
□ 241 あやにくなり 形動 …… P197
意地が悪い・あいにくだ
□ 275 あやめ〔文目〕名 …… P215
(物事の)道理
□ 常 菖蒲《あやめ》 …… P283
□ 慣用 あらぬ 連体 …… P259
別の
□ 233 あらはなり〔顕なり〕形動 …… P193
まる見えである

□ 115 関 あらまし 名 …… P111
予想・期待
□ 193 あらまほし 形 …… P164
望ましい
□ 035 関 あり 動 …… P57
ある・いる・(ものごとを)する
□ 常 有明《ありあけ》 …… P282
□ 慣用 ありありて 慣 …… P259
生き続けて・結局
□ 041 ありがたし 形 …… P66
めったにない・すばらしい
□ 008 ありく〔歩く〕 動 …… P41
出歩く・～しまわる・～続ける
□ 慣用 ありし 連体 …… P259
以前の・あの
□ 慣用 ありつる 連体 …… P259
先程の
□ 常 在原業平《ありはらのなりひら》 …… 巻末
□ 277 あるじA〔主〕 名
B〔饗〕 名 …… P216
A主人
Bもてなし
□ あれ 名 …… P226
このわたし・あの人
□ 慣用 あれかにもあらず 慣 …… P260
呆然としている
□ 慣用 あれかひとか 慣 …… P260
呆然としている
□ 青《あを》 …… カバー袖
□ 常 行脚《あんぎゃ》 …… P288

い

□ 常 有職《いうそく》 …… P283
□ 089 いうなり〔優なり〕 形動 …… P95
優れている・優雅である
□ 129 いかが 副 …… P121
どのように・どうして(～だろうか)・どうして(～
だろうか、いや、～ない)・どんなにか(～だろう)
□ 慣用 いかがはせむ 慣 …… P260
どうしようもない
□ 128 いかで 副 …… P120
どうして(～だろうか)・どうして(～だろうか、
いや、～ない)・なんとかして(～よう・～たい)
□ 128 いかでか 副 …… P120
どうして(～だろうか)・どうして(～だろうか、
いや、～ない)・なんとかして(～よう・～たい)
□ 129 いかに 副 …… P121
どのように・どうして(～だろうか)・どうして(～
だろうか、いや、～ない)・どんなにか(～だろう)
□ 言換 いかにもなる 慣 …… P61
死ぬ
□ 常 五十日《いか》の祝《いは》ひ …… P289
□ 211 いぎたなし 形 …… P176
寝坊だ
□ 慣用 いざさせ給《たま》へ 慣 …… P260
さあいらっしゃい
□ 慣用 いさ～知《し》らず 慣 …… P260
さあ、～分からない
□ 慣用 いざ給《たま》へ 慣 …… P260
さあいらっしゃい
□ 常 十六夜《いざよひ》 …… P282
□ 常 十六夜日記《いざよひにっき》 …… 巻末
□ 109 いそぎ〔急ぎ〕 名 …… P108
準備
□ 109 関 いそぐ〔急ぐ〕 動 …… P108
準備する
□ 常 五十《いそぢ》 …… P298
□ 228 いたし〔甚し・痛し〕 形 …… P187
すばらしい・ひどい・はなはだしく・
〈「いたく(う)」の形で打消を伴って〉それほど
□ 常 出《い》だす 動 …… P316
歌を詠む
□ 088 いたづらなり〔徒らなり〕 形動 …… P94
役に立たない・むなしい

□ 言換 いたづらになる 慣 …… P61
死ぬ
□ 010 同 いたはる 動 …… P42
病気で苦しむ・苦労する
□ 常 一期《いちご》 …… P298
□ 慣用 いちのひと〔一の人〕 慣 …… P261
摂政・関白
□ いつ 名 …… P226
いつ
□ いづかた 名 …… P226
どちら
□ いづく 名 …… P226
どこ
□ いづこ 名 …… P226
どこ
□ 131 いつしか 副 …… P123
いつの間にか・(できるだけ) 早く(～てほしい)
□ いづち 名 …… P226
どちら
□ いづれ 名 …… P226
どれ
□ 066 同 いときなし 形 …… P79
幼い
□ 066 同 いとけなし 形 …… P79
幼い

□ 慣用 いともあらず 慣 …… P261
たいしたこともない
□ 慣用 いとしもなし 慣 …… P261
たいしたこともない
□ 134 いとど 副 …… P125
ますます
□ 134 関 いとどし 形 …… P125
いっそうはなはだしい
□ 065 いとほし 形 …… P78
気の毒だ
□ 244 いとま〔暇〕 名 …… P199
暇・(仕事を)休むこと
□ 常 戌《いぬ》 …… P282
□ 常 乾《いぬゐ》 …… P282
□ 066 いはけなし 形 …… P79
子どもっぽい
□ 慣用 いはむかたなし〔言はむ方なし〕 慣 …… P261
言いようもない
□ 213 関 いぶかし 形 …… P177
気がかりだ・もっと知りたい
□ 言換 いふかひなくなる 慣 …… P61
死ぬ
□ 慣用 いふかひなし 慣 …… P262
言ってもかいがない・つまらない・取るに足りない

□ 213 いぶせし 形 …… P177
うっとうしい・気がかりだ
□ 慣用 言ふばかりなし・言ふはかりなし 慣 …… P261
言いようもない
□ 慣用 ～(と)いふもおろかなり 慣 …… P262
(～という言葉では)言い尽くせない
□ 慣用 いふもさらなり〔言ふも更なり〕 慣 …… P262
言うまでもない
□ 慣用 ～(と)いふもなかなかなり 慣 …… P262
(～という言葉では)言い尽くせない
□ 慣用 ～(と)いふもなべてなり 慣 …… P262
(～という言葉では)言い尽くせない
□ 慣用 ～(と)いふも世《よ》の常《つね》なり 慣 …… P262
(～という言葉では)言い尽くせない
□ 慣用 ～(と)いへばおろかなり 慣 …… P262
(～という言葉では)言い尽くせない
□ 慣用 いへばさらなり 慣 …… P262
言うまでもない
□ 慣用 ～(と)いへば世《よ》の常《つね》なり 慣 …… P262
(～という言葉では)言い尽くせない
□ 281 いま〔今〕 副 …… P220
すぐに・もう

□ 076 同 いまいまし〔忌ま忌まし〕形 …… P85
不吉だ
□ 314 います 敬動 …… P249
いらっしゃる・〜(て)いらっしゃる
□ 314 いますかり・いますがり 敬動 …… P249
いらっしゃる・〜(て)いらっしゃる
□ 314 いまそかり・いまそがり 敬動 …… P249
いらっしゃる・〜(て)いらっしゃる
□ 281 関 今《いま》はかう 慣 …… P220
もはやこれまで
□ 281 関 今《いま》は限《かぎ》り 慣 …… P220
もはやこれまで
□ 281 関 今《いま》はかく 慣 …… P220
もはやこれまで
□ 281 関 いまめかし 形 …… P220
当世風だ
□ 常 今様《いまやう》 …… 巻末
□ 075 いみじ 形 …… P84
すばらしい・ひどい・とても
□ 260 いも〔妹〕名 …… P205
いとしいあなた

□ 056 同 いやし 形 …… P74
身分が低い・みすぼらしい
□ 026 いらふ〔答ふ〕動 …… P52
答える
□ 026 関 いらへ 名 …… P52
返事・返答
□ 常 入相《いりあひ》 …… P283
□ 慣用 色《いろ》に出《い》づ 慣 …… P262
(こらえきれず)表情に出る
□ 慣用 寝《い》を寝《ぬ》 慣 …… P263
寝る

う

□ 常 卯《う》 …… P282
□ 296 承《うけたまは》る 敬動 …… P235
お受けする・お聞きする
□ 061 うし〔憂し〕形 …… P76
つらい・いやだ
□ 常 丑《うし》 …… P282
□ 常 艮《うしとら》 …… P282
□ 失《うしな》ふ 動 …… P61
殺す
□ 069 うしろめたし 形 …… P80
気がかりだ
□ 069 うしろめたなし 形 …… P80
気がかりだ

□ 069 反 うしろやすし 形 …… P80
安心だ
□ 言換 失《う》す 動 …… P61
死ぬ
□ 薄色《うすいろ》 …… カバー袖
□ 常 うそぶく 動 …… P316
歌を詠む
□ 147 うたて 副 …… P132
いやな感じに・異様に怪しく
□ 147 関 うたてし 形 …… P132
いやだ
□ 103 うち〔内裏・内〕名 …… P104
宮中・帝
□ 常 うち出《い》だす 動 …… P316
歌を詠む
□ 常 うち出《い》づ 動 …… P316
歌を詠む
□ 常 袿《うちき(ぎ)》 …… P293
□ 237 うちつけなり 形動 …… P195
にわかだ・軽率だ
□ 166 関 うちとく 動 …… P147
くつろぐ・油断する
□ 常 卯月《うづき》 …… P282
□ 052 うつくし〔美し〕形 …… P72
かわいい

□ 常 空蝉《うつせみ》 …… P283
□ 276 うつつ〔現〕名 …… P215
現実・正気
□ 169 うつろふ〔移ろふ〕動 …… P149
色あせる
□ 常 内舎人《うどねり》 …… P291
□ 常 采女《うねめ》 …… P286
□ 常 卯《う》の花《はな》 …… P281
□ 常 初冠《うひかうぶり》 …… P289
□ 常 産養《うぶやしな》ひ …… P289
□ 101 うへ〔上〕名 …… P103
帝・（貴人の）奥様
□ 283 うべ〔宜〕副 …… P221
なるほど
□ 283 関 うべなり〔宜なり〕形動 …… P221
もっともだ
□ 常 午《うま》 …… P282
□ 072 関 うらなし〔心なし〕形 …… P82
（心の内を）包み隠すことがない
□ 195 関 うるさし 形 …… P165
煩わしい・立派だ
□ 195 うるせし 形 …… P165
賢い・巧みだ
□ 045 うるはし 形 …… P68
きちんとしている・美しい

□ 184 うれふ〔愁ふ・憂ふ〕動 …… P157
（嘆き）訴える
□ 184 関 うれへ〔愁へ・憂へ〕名 …… P157
訴え

え

□ 152 え（〜打消）副 …… P135
〈下に打消を伴い〉（〜する）ことができない
□ 常 詠《えい》ず 動 …… P316
歌を詠む
□ 152 関・慣用 えならず 慣 …… P135・P263
言いようもない・言いようもなくすばらしい
□ 常 烏帽子《えぼし》 …… P292
□ 152 関・慣用 えもいはず 慣 …… P135・P263
言いようもない・言いようもなくすばらしい

お

□ 240 おいらかなり 形動 …… P197
おっとりしている
□ 183 おきつ〔掟つ〕動 …… P157
決めておく・指図する
□ 012 おくる〔後る・遅る〕動 …… P43
先立たれる
□ 025 反 おこす 動 …… P51
よこす

□ 011 関 おこたり 名 …… P42
（過失の）おわび・謝罪
□ 011 おこたる〔怠る〕動 …… P42
病気が治る
□ 009 関 おこなひ 名 …… P41
仏道修行
□ 009 おこなふ〔行ふ〕動 …… P41
仏道修行をする
□ 259 おとうと〔弟〕名 …… P204
妹
□ 常 御伽草子《おとぎざうし》 …… 巻末
□ 186 同 おとづる 動 …… P158
訪ねる
□ 259 おとと〔弟〕名 …… P204
妹
□ 常 大臣《おとど》 …… P290
□ 047 おとなし〔大人し〕形 …… P69
思慮分別がある・主だっている
□ 186 同 おとなふ 動 …… P158
訪ねる
□ 慣用 音《おと》に聞《き》く 慣 …… P263
噂《うわさ》に聞く
□ 060 おどろおどろし 形 …… P76
大げさだ・気味が悪い

- □ 017 関 おどろかす 動 …… P 45
  起こす・（はっと）気づかせる
- □ 017 おどろく〔驚く〕動 …… P 45
  目を覚ます・（はっと）気づく
- □ おの 名 …… P 226
  このわたし
- □ 132 おのづから〔自ら〕副 …… P 123
  たまたま・〈仮定・推定表現を伴い〉もしかして
- □ おのれ 名 …… P 226
  このわたし
- □ 313 おはします 敬動 …… P 248
  いらっしゃる・～（て）いらっしゃる
- □ 313 おはす 敬動 …… P 248
  いらっしゃる・～（て）いらっしゃる
- □ 大内山《おほうちやま》 名 …… P 104
  宮中
- □ 242 おぼえ〔覚え〕名 …… P 198
  （世間の）評判・寵愛されること
- □ 154 おほかた〔大方〕（～打消）副 …… P 136
  まったく（～ない）
- □ 207 おほけなし 形 …… P 173
  身のほど知らずだ
- □ 常 凡河内躬恒《おほしかふちのみつね》 …… 巻末
- □ 301 思《おぼ》し召《め》す 敬動 …… P 239
  お思いになる

- □ 291 仰《おほ》す 敬動 …… P 232
  おっしゃる
- □ 301 思《おぼ》す 敬動 …… P 239
  お思いになる
- □ 291 関 仰《おほ》せ 名 …… P 232
  お言葉・ご命令
- □ 081 おぼつかなし〔覚束無し〕形 …… P 88
  はっきりしない・気がかりだ・待ち遠しい
- □ 240 同 おほどかなり 形動 …… P 197
  おっとりしている
- □ 常 大殿油《おほとなぶら》 …… P 296
- □ 302 おほとのごもる〔大殿籠る〕敬動 …… P 239
  おやすみになる
- □ 常 大伴黒主《おほとものくろぬし》 …… 巻末
- □ 常 大伴家持《おほとものやかもち》 …… 巻末
- □ 102 おほやけ〔公〕名 …… P 103
  朝廷・帝
- □ 019 おぼゆ〔覚ゆ〕動 …… P 46
  思われる・思い出される・似る
- □ 229 関 おぼろけならず 慣 …… P 190
  並ひととおりではない
- □ 229 おぼろけなり 形動 …… P 190
  並ひととおりだ・並ひととおりではない
- □ 常 御座《おまし》（所《どころ》） …… P 295

- □ 104 御前《おまへ》 名 …… P 105
  （神仏や貴人の）お側
- □ 039 関 おもしろし 形 …… P 64
  すばらしい
- □ 237 関 思《おも》はずなり 形動 …… P 195
  思いがけない・不満だ
- □ 301 同 思《おも》ほす 敬動 …… P 239
  お思いになる
- □ 182 同 およすく・およすぐ 動 …… P 156
  成長する・大人びる
- □ 093 おろかなり〔疎かなり〕形動 …… P 97
  いい加減だ・並ひととおりだ・（～という言葉では）言い尽くせない
- □ 302 同 おんとのごもる〔御殿籠る〕敬動 …… P 239
  おやすみになる
- □ 常 陰陽師《おんやうじ》 …… P 288

か

- □ か 名 …… P 226
  あの人・あれ
- □ 004 関 かいまみ〔垣間見〕名 …… P 38
  のぞき見
- □ 004 かいまみる〔垣間見る〕動 …… P 38
  のぞき見る
- □ 常 更衣《かうい》 …… P 286
- □ 常 冠《かうぶり》 …… P 292

□ 常 高欄《かうらん》 …… P294
□ 136 関 かかり 動 …… P126
こうである
□ 136 関 かかるほどに 慣 …… P126
こうしているうちに
□ 136 関 かかれど 接 …… P126
こうではあるが
□ 136 関 かかれば 接 …… P126
こうであるので
□ 176 かきくらす〔掻き暗す〕動 …… P153
空を暗くする・悲しみにくれる
□ 265 かぎり〔限り〕名 …… P208
限界・極致・臨終・すべて
□ 265 関 限《かぎ》りなし 形 …… P208
この上もない
□ 136 かく 副 …… P126
このように
□ 常 学生《がくしやう》 …… P283
□ 言換 隠《かく》る 動 …… P61
死ぬ
□ 112 かげ A〔影〕名 B〔陰〕名 …… P109
A光・姿
B陰

□ 288 かけて（〜打消）副 …… P224
まったく・決して（〜ない）
□ 288 かけても（〜打消）副 …… P224
まったく・決して（〜ない）
□ 常 筧《かけひ》 …… P298
□ 190 かこつ〔託つ〕動 …… P161
嘆く
□ 190 関 かごと〔託言〕名 …… P161
言い訳・恨み言
□ 190 関 かごとがまし 形 …… P161
恨みがましい
□ 慣用 かごとばかり 慣 …… P264
ほんの少し・形ばかり
□ 常 襲《かさね》 …… P293
□ 常 汗衫《かざみ》 …… P293
□ 言換 飾《かざ》り下《お》ろす 慣 …… P60
出家する
□ かしこ 名 …… P226
あそこ
□ 225 かしこし〔畏し・賢し〕形 …… P185
おそれ多い・優れている・うまい具合に
□ 189 かしこまる〔畏まる〕動 …… P160
恐縮する・恐縮して正座する
□ 015 かしづく 動 …… P44
大切に育てる・大切に世話をする

□ 言換 頭《かしら》下《お》ろす 慣 …… P60
出家する
□ 慣用 数《かず》ならず 慣 …… P263
ものの数ではない・取るに足りない
□ 慣用 数《かず》にもあらず 慣 …… P263
ものの数ではない・取るに足りない
□ 224 かたじけなし〔忝し〕形 …… P184
おそれ多い・面目ない
□ 常 方違《かたたが》へ …… P288
□ 111・常 かたち〔形・容貌〕名 …… P109・P297
容貌
□ 言換 かたちを変《か》ふ 慣 …… P60
出家する
□ 常 荷田春満《かだのあづままろ》 …… 巻末
□ 070 かたはらいたし 形 …… P81
きまり悪い・苦々しい・気の毒だ
□ 常 帷子《かたびら》 …… P296
□ 常 方塞《かたふた》がり …… P288
□ 263 かたへ〔片方〕名 …… P206
半分・傍ら・仲間
□ 232 反 かたほなり 形動 …… P193
不完全だ・未熟だ
□ 146 かたみに〔互に〕副 …… P131
互いに

□ 166 かたらふ〔語らふ〕動 …… P147
語り合う・親しく交際する・（男女が）契る・説得する

□ 常 徒歩《かち》 …… P298

□ 284 かつ 副 …… P222
一方では・すぐに

□ 023 かづく〔被く〕A 動 カ四 B 動 カ下二 …… P49
Aかぶる・〈貴人からほうびとして〉いただく
B〈貴人がほうびとして〉与える

□ 023 関 潜《かづ》く 動 …… P49
潜る

□ 124 同 かづけもの 名 …… P117
ほうびの品物

□ 053 かなし 形 …… P72
いとしい

□ 053 関 かなしうす 動 …… P72
かわいがる

□ かなた 名 …… P226
あちら

□ 常 土器《かはらけ》 …… P296

□ 286 かまへて（〜打消・禁止）副 …… P223
決して（〜ない・〜するな）・〈意志・命令などの表現を伴い〉なんとかして

□ 常 唐衣《からぎぬ》 …… P293

□ 常 狩衣《かりぎぬ》 …… P292

□ 091 類 かりそめなり 形動 …… P96
ほんの一時的である

□ 169 関 かる〔離る〕動 …… P149
離れる

□ 251 かれ 名 …… P202・P226
あの人

□ 常 上達部《かんだちめ》 …… P290

□ 常 神無月《かんなづき》 …… P282

□ 常 冠《かんむり》 …… P292

き

□ 言換 消《き》え入《い》る 動 …… P61
死ぬ・気絶する

□ 常 義経記《ぎけいき》 …… 巻末

□ 020 関 聞《き》こえ 名 …… P47
噂・評判

□ 292 聞《き》こえさす 敬動 …… P233
申し上げる・（お）〜申し上げる

□ 311 聞《き》こし召《め》す 敬動 …… P247
お聞きになる・召し上がる

□ 020・292 関 聞《き》こゆ 動 …… P47・P233
聞こえる・評判になる・分かる

□ 292 聞《き》こゆ 敬動 …… P233
申し上げる・（お）〜申し上げる

□ 常 階《きざはし》 …… P295

□ 常 如月《きさらぎ》 …… P282

□ 常 几帳《きちやう》 …… P295

□ 常 牛車《ぎつしや》 …… P291

□ 常 後朝《きぬぎぬ》 …… P285

□ 266 きは〔際〕名 …… P209
身分

□ 105 行幸《ぎやうかう》 名 …… P105
帝のお出まし

□ 言換 消《き》ゆ 動 …… P61
死ぬ

□ 231 関 清《きよ》げなり 形動 …… P192
さっぱりとして美しい

□ 231 清《きよ》らなり 形動 …… P192
清らかで美しい

□ 常 琴《きん》（の琴《こと》） …… P283

□ 常 君達《きんだち》 …… P297

□ 常 公達《きんだち》 …… P297

く

□ 常 公卿《くぎやう》 …… P290

□ 常 供御《く(ぐ)ご》 …… P297

□ 常 公事《くじ》 …… P289

□ 032 具《ぐ》す 動 …… P55
伴う・連れる・添える

□ 朽葉《くちば》 …… カバー袖

□ 214 くちをし〔口惜し〕形 ……… P178
残念だ
□ 005 関 くどく〔口説く〕動 ……… P38
繰り返し同じことを言う・意中を訴える
□ 常 功徳《くどく》 ……… P288
□ 常 供奉《ぐぶ》 ……… P297
□ 199 関 隈《くま》名 ……… P167
人目につかない片隅・暗い物陰
□ 199 くまなし〔隈無し〕形 ……… P167
陰がない・なんでも知っている
□ 雲《くも》の上《うへ》名 ……… P104
宮中
□ 103 類 雲居《くもゐ》名 ……… P104
宮中
□ 常 蔵人《くらうど》 ……… P290
□ 慣用 くるしからず 慣 ……… P264
不都合ではない・差し支えない
□ 紅《くれなゐ》 ……… カバー袖

け

□ 270 け〔故〕名 ……… P211
ため
□ 295 啓《けい》す 敬動 ……… P235
(中宮・東宮に)申し上げる
□ 231 けうらなり 形動 ……… P192
清らかで美しい

□ 常 下向《げかう》 ……… P298
□ 常 袈裟《けさ》 ……… P288
□ 常 懸想《けさう》 ……… P285
□ 常 戯作《げさく》 ……… 巻末
□ 218 けし〔怪し・異し〕形 ……… P180
異様だ
□ 218 関 けしうあらず 慣 ……… P180
悪くはない
□ 218 関 けしうはあらず 慣 ……… P180
悪くはない
□ 218 関 けしからず 慣 ……… P180
よくない
□ 113 けしき〔気色〕名 ……… P110
様子・機嫌・意向
□ 113 関 気色立《けしきだ》つ 動 ……… P110
様子が外に現れる
□ 慣用 けしきばかり 慣 ……… P264
ほんの少し・形ばかり
□ 113 関 気色《けしき》ばむ 動 ……… P110
様子が外に現れる
□ 常 下衆《げす》 ……… P297
□ 常 下種《げす》 ……… P297
□ 常 解脱《げだつ》 ……… P288
□ 常 結縁《けちえん》 ……… P288

□ 265 関 けぢめ 名 ……… P208
違い・隔て・隔たり
□ 135 関 けに 副 ……… P125
いっそう
□ 135 げに〔実に〕副 ……… P125
(実際)本当に
□ 常 検非違使《けびゐし》 ……… P291
□ 常 脇息《けふそく》 ……… P296
□ 226 関 けやけし 形 ……… P186
際立っている・すばらしい・異様だ
□ 常 験者《げんざ(じや)》 ……… P288
□ 慣用 見参《げんざん》に入《い》る 慣 ……… P264
(貴人に)お目にかかる・(貴人に)お目にかける
□ 常 元服《げんぶく》 ……… P289
□ 常 建礼門院《けんれいもんゐんの》右《う》京《きやうの》大夫集《だいぶしふ》 ……… 巻末

こ

□ こ 名 ……… P226
この人・これ
□ 018 こうず〔困ず〕動 ……… P46
疲れる
□ 常 小袿《こうちき(ぎ)》 ……… P293
□ 紅梅《こうばい》 ……… カバー袖
□ 常 勾欄《こうらん》 ……… P294
□ 105 御幸《ごかう》名 ……… P105
上皇のお出まし

□ 常 国性爺合戦《こくせんやかっせん》 …… 巻末
□ 常 苔《こけ》の衣《ころも》 …… P288
□ 250 ここ 名 …… P202・P226
このわたし
□ 010 関 心地《ここち》 名 …… P42
病気・気分(の悪さ)
□ 常 九十《ここのそぢ》 …… P298
□ 九重《ここのへ》 名 …… P104
宮中
□ 151 ここら 副 …… P134
たくさん・たいそう
□ 慣用 こころあり 慣 …… P264
情趣を解する・道理を解する・思いやりがある
□ 061 同 心憂《こころう》し 形 …… P76
つらい・いやだ
□ 慣用 心置《こころお》く 動 …… P265
心を留める・気がねする
□ 220 こころぐるし〔心苦し〕 形 …… P181
気の毒だ・気がかりだ
□ 114 こころざし〔心ざし・志〕 名 …… P111
愛情・お礼の贈り物
□ 204 こころづきなし 形 …… P171
気にくわない
□ 248 こころづくし〔心尽くし〕 名 …… P201
もの思いをすること

□ 慣用 こころなし 形 …… P264
情趣を解さない・道理を解さない・思いやりがない
□ 051 こころにくし 形 …… P71
奥ゆかしい
□ 慣用 心《こころ》の闇《やみ》 慣 …… P265
心の迷い・分別を失った親心
□ 247 同 心《こころ》ばせ 名 …… P201
気だて・心づかい
□ 247 こころばへ〔心ばへ〕 名 …… P201
気だて・心づかい・趣
□ 030 関 心《こころ》まうけ 名 …… P54
心積もり
□ 082 こころもとなし〔心許無し〕 形 …… P89
かすかだ・不安だ・じれったい
□ 204 同 こころやまし 形 …… P171
不愉快だ・いらだたしい
□ 慣用 こころやる 動 …… P266
気晴らしをする・得意になる
□ 慣用 こころゆく 動 …… P266
満足する・気が晴れる
□ 慣用 こころをやる 慣 …… P266
気晴らしをする・得意になる
□ 常 古今著聞集《ここんちょもんじふ》 …… 巻末
□ 常 輿《こし》 …… P291

□ 常 後生《ごしやう》 …… P288
□ 185 関 こしらふ 動 …… P158
なだめすかす・説得する
□ 常 後世《ごせ》 …… P288
□ 常 五節《ごせち》 …… P289
□ 常 去年《こぞ》 …… P298
□ 古代紫《こだいむらさき》 …… カバー袖
□ こち 名 …… P226
こちら
□ 常 東風《こち》 …… P281
□ 217 こちたし 形 …… P179
(噂や評判が)うるさい・大げさだ・はなはだしい
□ 217 関 こちなし 形 …… P179
不作法だ・無骨だ
□ 116 こと〔言〕 名 …… P112
言葉・和歌
□ 常 琴《こと》 …… P283
□ 060 同 ことごとし 形 …… P76
大げさだ
□ 116 関 ことなり〔異なり〕 形動 …… P112
異なっている・格別だ
□ 116 関 ことに〔殊に〕 副 …… P112
特に・とりわけ

□ 119・071 関 ことわり〔理〕名 …… P82・P114
道理
□ 119 関 ことわりなり 形動 …… P114
もっともである・当然である
□ 119 関 ことわる 動 …… P114
（道理に従って）判断・説明する
□ 256 こなた 名 …… P203・P226
このわたし
□ 258 同 このかみ〔兄〕名 …… P204
兄・姉・年長者
□ 常 近衛《このゑ》 …… P291
□ 常 御辺《ごへん》 …… P203・P226・P297
□ 315 御覧《ごらん》ず 敬動 …… P249
御覧になる
□ 315 関 御覧《ごらん》ぜさす 敬動 …… P249
御覧に入れる・お目に掛ける
□ 253 これ 名 …… P202・P226
このわたし
□ 常 更衣《ころもがへ》 …… P289

さ

□ 137 さ 副 …… P126
そのように
□ 常 斎宮《さいぐう》 …… P288
□ 常 宰相《さいしやう》 …… P290

□ 常 斎院《さいゐん》 …… P288
□ 常 箏《さう》（の琴《こと》） …… P283
□ 057 さうざうし 形 …… P74
もの足りない
□ 常 曹司《ざうし》 …… P296
□ 198 さうなし〔双無し〕形 …… P166
比べるものがない
□ 198 関 左右《さう》なし 形 …… P166
あれこれ考えない・決着がつかない
□ 303 さうらふ〔候ふ〕敬動 …… P240
（貴人の側に）お仕え申し上げる・あります・〜（でござい）ます
□ 245 才《ざえ》 名 …… P200
（漢学・漢詩文の）教養・（和歌・音楽などの）才能
□ 222 さかし〔賢し〕形 …… P182
優れている・しっかりしている・こざかしい
□ 222 関 さかしら 名 …… P182
利口ぶること・こざかしさ
□ 208 さがなし 形 …… P174
意地が悪い・いたずらだ
□ 常 前駆《さき》 …… P291
□ 常 先《さき》 …… P291
□ 常 前《さき》 …… P291
□ 常 防人《さきもり》 …… P291

□ 常 狭衣物語《さごろもものがたり》 …… 巻末
□ 026 関 さしいらへ 名 …… P52
返事・返答
□ 常 桟敷《さじき》 …… P298
□ 常 指貫《さしぬき》 …… P292
□ 168 関 （動詞＋）さす 接尾 …… P148
しかけてやめる
□ 145 さすがに 副 …… P131
そうはいってもやはり・なんといってもやはり
□ 慣用 させる 連体 …… P266
たいした（〜ない）
□ 268 沙汰《さた》 名 …… P210
評議・裁き・命令・噂
□ 289 さだめて〔定めて〕（〜推量）副 …… P224
きっと（〜だろう）
□ 常 皐月《さつき》 …… P282
□ 279 さて〔然て〕副 …… P218
そのまま・そのほか
□ 279 関 さてしもあらず 慣 …… P218
そのままにしてはおけない
□ 279 関 さてしもあるべきことならず 慣 …… P218
そのままにしてはおけない
□ 280 さながら〔然ながら〕副 …… P219
そのまま・すべて

- □ 常 讃岐典侍日記《さぬきのすけにっき》…… 巻末
- □ 188 関 さはり〔障り〕名 …… P160
  支障
- □ 188 さはる〔障る〕動 …… P160
  差し支える・妨げられる
- □ 慣用 さはれ 感 …… P266
  どうとでもなれ・それはそうだが
- □ 慣用 さばれ 感 …… P266
  どうとでもなれ・それはそうだが
- □ 常 雑色《ざふしき》…… P291
- □ 303 さぶらふ〔候ふ〕敬動 …… P240
  (貴人の側に)お仕え申し上げる・あります・〜(でござい)ます
- □ 272 同 さま〔様〕名 …… P213
  様子・方法・方角
- □ 慣用 さまばかり 慣 …… P264
  ほんの少し・形ばかり
- □ 言換 様《さま》を変《か》ふ 慣 …… P60
  出家する
- □ 常 更科紀行《さらしなきこう》…… 巻末
- □ 常 更級日記《さらしなにっき》…… 巻末
- □ 慣用 さらずは 慣 …… P267
  そうでないならば
- □ 慣用 さらで 慣 …… P267
  そうでなくて・それ以外で
- □ 慣用 さらでだに 慣 …… P267
  そうでなくてさえ・ただでさえ
- □ 慣用 さらでは 慣 …… P267
  そうでなくては・そうでなかったら
- □ 慣用 さらでも 慣 …… P267
  そうでなくても
- □ 238 さらなり〔更なり〕形動 …… P196
  言うまでもない
- □ 155 さらに〔更に〕(〜打消) 副 …… P137
  まったく(〜ない)
- □ 慣用 さらにもあらず 慣 …… P262
  言うまでもない
- □ 慣用 さらにもいはず 慣 …… P262
  言うまでもない
- □ 慣用 さらぬA〔然らぬ〕慣 B〔避らぬ〕慣 …… P267
  Aそうではない
  B避けられない
- □ 137 関 さり 動 …… P126
  そうである
- □ 137 関 さりとて 接 …… P126
  そうであるといって・だからといって
- □ 137 関 さりとも 接 …… P126
  そうではあっても・いくらなんでも
- □ 137 関 さりながら 接 …… P126
  そうではあるが
- □ 慣用 さりぬべき 慣 …… P268
  そうなるはずの・ふさわしい・立派な
- □ 034 さるA〔避る〕動 B〔去る〕動 …… P56
  A避ける
  B(その時に)なる
- □ 034 関 さる〔然る〕連体 …… P56
  しかるべき・立派な
- □ 常 申《さる》…… P282
- □ 慣用 さることにて 慣 …… P268
  言うまでもないことで・ともかくとして
- □ 慣用 さるべき 慣 …… P268
  そうなるはずの・ふさわしい・立派な
- □ 慣用 さるべきにや〔ありけむ〕慣 …… P268
  そうなるはずの前世からの因縁であったのだろうか
- □ 137 関 さるほどに 接 …… P126
  そうしているうちに
- □ 慣用 さるものにて 慣 …… P268
  言うまでもないことで・ともかくとして
- □ 137 関 されば 接 …… P126
  そうであるから

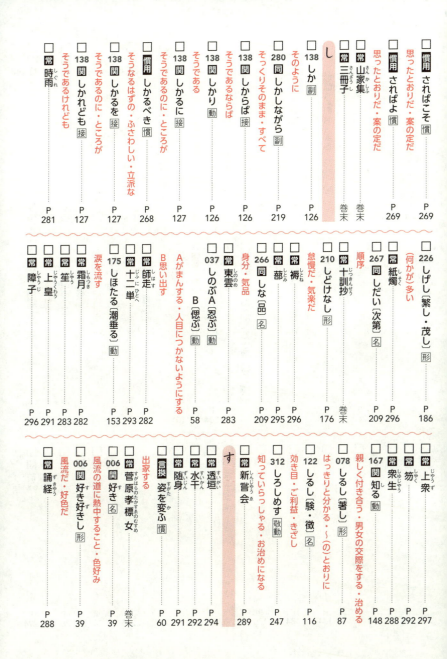

□006 好《す》く 動……P39
風流を好む

□常 宿世《すくせ》……P288

□227 すごし〔凄し〕形……P186
気味が悪い・さびしい・(ぞっとするほど)すばらしい

□179 関 すさびごと 名……P155
慰みごと

□179 すさぶ〔荒ぶ・進ぶ・遊ぶ〕動……P155
(何かに)興じる・気の向くままに(何かを)する

□063 すさまじ 形……P77
興ざめだ・殺風景だ

□085 すずろなり〔漫ろなり〕形動……P92
なんということ(わけ)もない・思いがけない・むやみやたらだ

□200 ずちなし〔術無し〕形……P168
どうしようもない

□141 すなはち〔即ち・則ち・乃ち〕副……P128
すぐに

□常 簀子《すのこ》……P295

□蘇芳《すはう》……カバー袖

□常 炭櫃《すびつ》……P296

□180 すまふ〔争ふ・辞ふ〕動……P155
抵抗する・断る

□常 墨染《すみぞ》め(衣《ごろも》)……P288

□167 住《す》む 動……P148
(女のもとに)通う

□常 受領《ずりやう》……P291

せ

□260 反 せ〔背〕名……P205
いとしい人

□099 消息《せうそこ》 名……P101
手紙・訪問の申し入れ

□258 せうと〔兄人〕名……P204
兄

□慣用 せきあへず〔塞き敢へず〕慣……P269
(涙などを)せき止めきれない

□235 せちなり〔切なり〕形動……P194
切実である・大切である

□常 節会《せちゑ》……P289

□200 同・慣用 せむかたなし 形……P168・P260
どうしようもない

□282 せめて 副……P221
強いて・ひどく

□常 前駆《せんぐ(ぜんく)》……P291

□常 前栽《せんざい》……P294

□常 宣旨《せんじ》……P297

□常 前世《ぜんせ(ぜ)》……P288

□常 先達《せんだつ》……P297

□常 善知識《ぜんちしき》……P288

そ

□そ 名……P226
その人・それ

□294 奏《そう》す 敬動……P234
(帝・上皇・法皇に)申し上げる

□常 僧都《そうづ》……P288

□常 束帯《そくたい》……P292

□249 そこ 名……P202・P226
あなた

□203 関 そこはかとなし 形……P170
何ということもない

□150 同 そこばく 副……P134
たくさん

□151 そこら 副……P134
たくさん・たいそう

□085 そぞろなり〔漫ろなり〕形動……P92
なんということ(わけ)もない・思いがけない・むやみやたらだ

□そち 名……P226
そちら

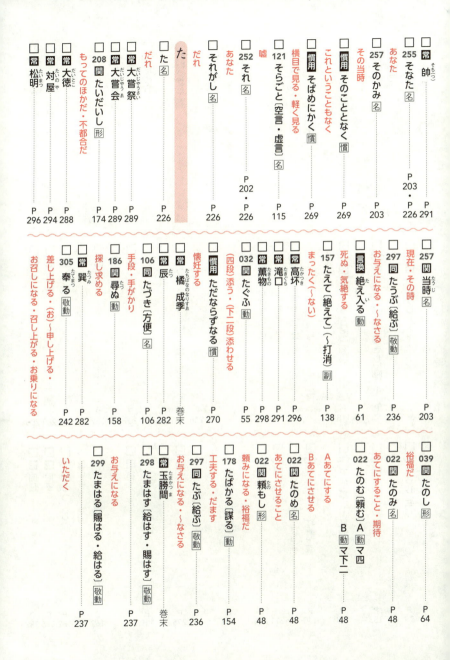

- □ 297 給《たま》ふ A 敬動 ハ四 …… P236
  B 敬動 ハ下二
  Aお与えになる・下さる・～なさる・お～になる
  B～(ており)ます
- □ 108 ためし〔例〕名 …… P107
  先例
- □ 164 ためらふ 動 …… P146
  気持ちを静める
- □ 言換 絶《た》ゆ 動 …… P61
  死ぬ・気絶する
- □ 106 たより〔頼り・便り〕名 …… P106
  よりどころ・つて・よい機会
- □ たれ 名 …… P226
  だれ

ち

- □ 慣用 力《ちから》なし 形 …… P270
  どうしようもない・しかたない・どうにもならない
- □ 273 ちぎり〔契り〕名 …… P214
  約束・宿縁
- □ 常 地下《ぢげ》 …… P290
- □ 常 稚児《ちご》 …… P297
- □ 常 除目《ぢもく》 …… P289
- □ 常 聴聞《ちやうもん》 …… P288
- □ 常 中宮《ちゆうぐう》 …… P286
- □ 常 重陽《ちようやう》 …… P289
- □ 常 勅勘《ちよくかん》 …… P297

つ

- □ 常 朔日《ついたち》 …… P282
- □ 常 築地《ついぢ》 …… P294
- □ 267 ついで〔序〕名 …… P209
  序列・機会
- □ 常 追儺《ついな》 …… P289
- □ 310 つかうまつる〔仕うまつる〕敬動 …… P246
  お仕え申し上げる・(何かを)し申し上げる・(お)～申し上げる
- □ 常 司召《つかさめし》 …… P289
- □ 300 関 つかはす〔遣はす〕敬動 …… P238
  (人や物を)おやりになる
- □ 310 つかまつる〔仕まつる〕敬動 …… P246
  お仕え申し上げる・(何かを)し申し上げる・(お)～申し上げる
- □ 125 関 つきごろ〔月頃〕名 …… P118
  数か月(の間)
- □ 042 つきづきし〔付き付きし〕形 …… P66
  似つかわしい
- □ 042 反 つきなし 形 …… P66
  ふさわしくない
- □ 常 晦日《つごもり》 …… P282
- □ 常 厨子《づし》 …… P296
- □ 192 関 つつまし 形 …… P162
  遠慮される・気がひける
- □ 192 つつむ〔慎む〕動 …… P162
  遠慮する
- □ 常 苞《つと》 …… P298
- □ 126 つとめて 名 …… P119
  早朝・翌朝
- □ 常 局《つぼね》 …… P296
- □ 261 つま〔夫・妻〕名 …… P205
  夫
- □ 261 関 つま〔端〕名 …… P205
  はし・端緒
- □ 常 妻戸《つまど》 …… P295
- □ 269 関 罪《つみ》 名 …… P211
  罪・(罪を犯して受ける)罰
- □ 160 つやつや(～打消) 副 …… P140
  まったく(～ない)
- □ 158 つゆ〔露〕(～打消) 副 …… P138
  少しも(～ない)
- □ 176 関 つゆけし〔露けし〕形 …… P153
  涙がちだ
- □ 067 つらし〔辛し〕形 …… P79
  薄情だ

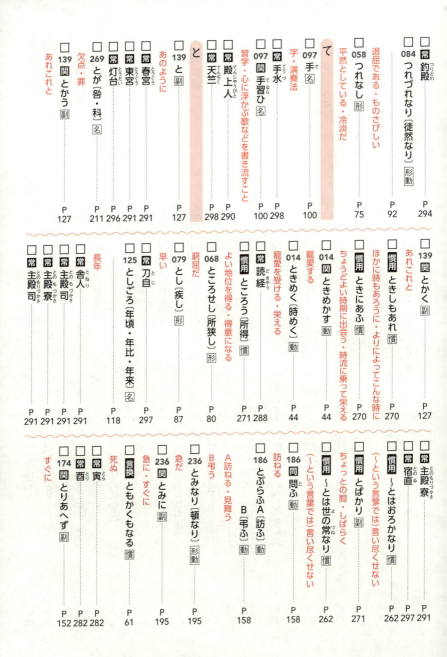

な

□な 名 …… P226
あなた
□242 関 名《な》 名 …… P198
評判
□153 な〜そ 副 …… P136
（〜する）な・（〜し）てはならない
□常 内侍《ないし》 …… P286
□常 尚侍《ないしのかみ》 …… P286
□常 掌侍《ないしのじょう》 …… P286
□常 典侍《ないしのすけ》 …… P286
□常 長月《ながつき》 …… P282
□144 なかなか 副 …… P130
かえって
□096・144 関 なかなかなり〔中々なり〕 形動 …… P99・P130
中途半端だ・かえってしないほうがよい・かえってないほうがましだ
□144 なかなかに 副 …… P130
かえって
□013・常 ながむA〔眺む〕 動 B〔詠む〕 動 …… P43・P316
Aもの思いに沈む
B（漢詩や和歌を）口ずさむ
□常 長押《なげし》 …… P295

□慣用 なさけあり 慣 …… P264
情趣を解する・道理を解する・思いやりがある
□慣用 なさけなし 形 …… P264
情趣を解さない・道理を解さない・思いやりがない
□130 なじかは 副 …… P122
どうして（〜か）
□130 同 なぞ〔何ぞ〕 副 …… P122
どうして
□049 なつかし 形 …… P70
親しみ深い
□常 撫子《なでしこ》 …… P283
□慣用 なでふA 連体 B 副 …… P271
Aなんという
Bどうして
□130 など 副 …… P122
どうして（〜か）
□130 などか 副 …… P122
どうして（〜か）
□130 などて 副 …… P122
どうして（〜か）
□慣用 〜などもおろかなり 慣 …… P262
（〜という言葉では）言い尽くせない
□慣用 〜なども世《よ》の常《つね》なり 慣 …… P262
（〜という言葉では）言い尽くせない

□常 七十《ななそぢ》 …… P298
□130 同 なに〔何〕 副 …… P122
どうして
□慣用 名《な》に負《お》ふ 慣 …… P272
名前を持つ・有名である
□130 同 なにか〔何か〕 副 …… P122
どうして
□なにがし 名 …… P226
だれ
□慣用 何《なに》かせむ 慣 …… P272
いったい何になろうか・何にもならない
□慣用 名《な》にし負《お》ふ 慣 …… P272
名前を持つ・有名である
□130 同 なにしに〔何しに〕 副 …… P122
どうして
□慣用 何《なに》にかはせむ 慣 …… P272
いったい何になろうか・何にもならない
□230 関 なのめならず 慣 …… P191
並ひととおりではない
□230 なのめなり〔斜めなり〕 形動 …… P191
並ひととおりだ・いい加減だ・並ひととおりではない
□148 なべて 副 …… P133
一般に・並ひととおり

□148 関 なべてならず 慣 …… P133
並ひととおりでない
□133 なほ〔猶〕副 …… P124
なんといってもやはり・それでもやはり
□093 類 なほざりなり 形動 …… P97
本気でない・いい加減だ
□常 直衣《なほし》 …… P292
□043 なまめかし 形 …… P67
上品だ・若々しい
□043 関 なまめく 動 …… P67
落ち着いて上品だ・若くみずみずしい
□059 なめし 形 …… P75
無礼だ
□010 なやむ〔悩む〕動 …… P42
病気になる
□036 関 ならひ〔慣らひ〕名 …… P58
習慣
□036 ならふ〔慣らふ・馴らふ〕動 …… P58
慣れる・なじむ
□なれ 名 …… P226
あなた
□なんぢ 名 …… P226
あなた

□慣用 なんでう・何条《なんでう》A 連体 B 副 …… P271
Aなんという
Bどうして
□慣用 なんでふA 連体 B 副 …… P271
Aなんという
Bどうして

に

□051 関 にくし 形 …… P71
気にくわない・いやだ
□198 同 二《に》なし 形 …… P166
この上もない
□鈍色《にびいろ》 …… カバー袖
□常 新嘗祭《にひなめまつり》 …… P289
□027 関 にほひ 名 …… P53
美しい色つや・香り
□028 にほふ〔匂ふ〕動 …… P53
美しく映える
□常 日本霊異記《にほんりやういき》 …… 巻末
□常 女御《にようご》 …… P286
□常 女房《にようばう》 …… P285

ぬ

□常 額田王《ぬかたのおほきみ》 …… 巻末
□常 塗籠《ぬりごめ》 …… P295

ね

□常 子《ね》 …… P282
□216 ねたし〔妬し〕形 …… P179
くやしい
□慣用 音《ね》に泣《な》く 慣 …… P272
声を上げて泣く
□182 ねぶ 動 …… P156
年をとる・大人びる
□239 ねむごろなり〔懇ろなり〕形動 …… P196
心を込めている・親密だ
□慣用 音《ね》を泣《な》く 慣 …… P272
声を上げて泣く
□239 ねんごろなり〔懇ろなり〕形動 …… P196
心を込めている・親密だ
□029 ねんず〔念ず〕動 …… P53
我慢する

の

□慣用 ～のがり 慣 …… P273
～のもとへ
□290 のたまはす〔宣はす〕敬動 …… P232
おっしゃる
□290 のたまふ〔宣ふ〕敬動 …… P232
おっしゃる
□024 ののしる 動 …… P50
大声で騒ぐ・評判になる・羽振りをきかす

□ 常 野分《のわき》……P281

は

□ 言換 はかなくなる 慣……P61
死ぬ

□ 203 はかなし 形……P170
頼りない・ちょっとしたことだ

□ 196 はかばかし 形……P165
しっかりしている・はっきりしている

□ 常 袴着《はかまぎ》……P289

□ 178 同 はかる 動……P154
企てる・だます

□ 常 白氏文集《はくしもんじふ》……巻末

□ 慣用 ～ばこそあらめ 慣……P273
～ならばともかく（実際はそうではない）

□ 常 階《はし》……P295

□ 209 はしたなし 形……P174
きまり悪い・（いたたまれないほど）そっけない・激しい

□ 209 関 はしたなむ 動……P174
恥ずかしい思いをさせる

□ 常 半蔀《はじとみ》……P295

□ 常 蓮《はす》……P288

□ 284 関 はた 副……P222
また・やはり

□ 常 蓮《はちす》……P288

□ 050 はづかし〔恥づかし〕形……P71
立派だ

□ 常 葉月《はづき》……P282

□ 縹《はなだ》……カバー袖

□ 304 はべり〔侍り〕敬動……P241
（貴人の側に）お仕え申し上げる・あります・～（でござい）ます

□ 262 はらから〔同胞〕名……P206
兄弟

ひ

□ 120 ひがこと・ひがごと〔僻事〕名……P115
間違い

□ 120 関 ひがひがし 形……P115
ひねくれている・風流心がない

□ 285 同 日暮《ひぐ》らし 副……P222
一日中

□ 125 関 ひごろ〔日頃〕名……P118
数日（の間）

□ 常 廂《ひさし》……P295

□ 常 庇《ひさし》……P295

□ 常 直垂《ひたたれ》……P292

□ 常 篳篥《ひちりき》……P283

□ 常 未《ひつじ》……P282

□ 常 坤《ひつじさる》……P282

□ 慣用 人《ひと》となる 慣……P273
一人前になる・正気に戻る

□ 一日《ひとひ》 名……P222
一日中

□ 常 単《ひとへ》……P293

□ 常 単衣《ひとへ》……P293

□ 慣用 ひとやりならず 慣……P273
他人からさせられるのではない・自分のせいである

□ 常 火取《ひとり》……P296

□ 212 ひとわろし〔人悪し〕形……P177
みっともない

□ 285 ひねもす〔終日〕副……P222
一日中

□ 檜皮《ひはだ》……カバー袖

□ 285 同 日一日《ひひとひ》 名……P222
一日中

□ 243 ひま〔隙・暇〕名……P199
すき間・合間

□ 常 火桶《ひをけ》……P296

□ 064 びんなし〔便無し〕形……P78
不都合だ・気の毒だ

ふ

□ 033 経《ふ》 動……P56
（時間が）たつ・（場所を）通る

□ 常 衾《ふすま》 …… P296
□ 常 伏籠《ふせご》 …… P296
□ 常 文月《ふづき》 …… P282
□ 064 同 ふびんなり〔不便なり〕形動 …… P78
不都合だ・気の毒だ
□ 098 文《ふみ》・書《ふみ》 名 …… P101
手紙・漢詩
□ 常 文月《ふみづき》 …… P282
□ 278 ふるさと〔古里・故郷〕名 …… P216
なじみの土地・（家を離れた人にとって）わが家
□ 常 文屋康秀《ふんやのやすひで》 …… 巻末

ほ

□ 115 ほい〔本意〕名 …… P111
かねてからの願い
□ 072 本意《ほい》なし 形 …… P82
残念だ
□ 常 乾飯《ほしいひ》 …… P298
□ 274 ほだし〔絆〕名 …… P214
障害となるもの
□ 常 発心《ほっしん》 …… P288
□ 常 発心集《ほっしんしふ》 …… 巻末
□ 264 ほど〔程〕名 …… P207
ころ・広さ・身分・様子
□ 常 法皇《ほふわう》 …… P291

ま

□ 030 まうく〔設く〕動 …… P54
用意する
□ 030 関 まうけ 名 …… P54
用意・もてなし
□ 030 関 まうけの君《きみ》 名 …… P54
皇太子
□ 293 申《まう》す 敬動 …… P234
申し上げる・（お）～申し上げる
□ 307 まうづ〔詣づ〕敬動 …… P244
参上する
□ 常 籬《まがき》 …… P294
□ 308 まかづ〔罷づ〕敬動 …… P245
（貴所から）退出する
□ 308 まかる〔罷る〕敬動 …… P245
（貴所から）退出する
□ 121 反 まこと〔真〕名 …… P115
真実
□ 201 まさなし 形 …… P168
よくない
□ 314 まします 敬動 …… P249
いらっしゃる・～（て）いらっしゃる
□ 314 ます 敬動 …… P249
いらっしゃる・～（て）いらっしゃる

□ 221 関 まだき 副 …… P181
早くも
□ 221 関 またし 形 …… P181
完全だ
□ 221 まだし〔未し〕形 …… P181
まだ早い
□ 198 同 又《また》なし 形 …… P166
この上もない
□ 慣用 またの 慣 …… P274
次の
□ 常 政《まつりごと》 …… P297
□ 177 まどふ〔惑ふ〕動 …… P154
迷う・ひどく（～する）
□ 常 真《ま》名《な》 …… P283
□ 常 真《ま》字《な》 …… P283
□ 181 まねぶ〔学ぶ〕動 …… P156
まねる・（見聞した物事をそのまま）伝える
□ 223 まばゆし 形 …… P183
まぶしい・（まぶしいほど）美しい・恥ずかしい・見ていられない
□ 232 まほなり 形動 …… P193
完全である
□ 021 まぼる〔守る〕動 …… P48
見つめる・監視する

□ 慣用 ～ままに 慣 …… P274
～(する)とすぐに・～ので・～につれて
□ 086 まめなり〔実なり・忠実なり〕形動 …… P93
まじめである・実用的である
□ 086 同 まめまめし 形 …… P93
まじめだ・実用的だ
□ 086 まめやかなり〔実やかなり・忠実やかなり〕形動 …… P93
まじめである・実用的である
□ 021 まもる〔守る〕動 …… P48
見つめる・監視する
□ まろ 名 …… P226
このわたし
□ 常 客人《まろうと(ど)》 …… P298
□ 306 参《まゐ》らす 敬動 …… P243
差し上げる・(お)～申し上げる
□ 307 まゐる〔参る〕敬動 …… P244
参上する・(貴人に何かをして)差し上げる・召し上がる

み

□ 常 巳《み》 …… P282
□ 170 みいだす〔見出だす〕動 …… P149
外を見る
□ 170 反 見入《みい》る 動 …… P149
外から中を見る
□ 常 御酒《みき》 …… P297
□ 常 御髪《みぐし》 …… P297
□ 言換 御髪下《みぐしお》ろす 慣 …… P60
出家する
□ 002 見《み》す 動 …… P37
結婚させる
□ 常 御簾《みす》 …… P295
□ 092 みそかなり〔密かなり〕形動 …… P96
ひそかに
□ 常 三十《みそぢ》 …… P298
□ 常 三十路《みそぢ》 …… P298
□ 常 御帳台《みちやうだい》 …… P295
□ 132 関 みづから〔自ら〕名 …… P123
わたし・その人自身
□ 常 水無月《みなづき》 …… P282
□ 常 壬生忠岑《みぶのただみね》 …… 巻末
□ 言換 身罷《みまか》る 動 …… P61
死ぬ
□ 111 同 みめ〔見目〕名 …… P109
見た目・容貌
□ 常 冥加《みやうが》 …… P288
□ 常 命婦《みやうぶ》 …… P286
□ 常 名聞《みやうもん》 …… P288
□ 常 名利《みやうり》 …… P288
□ 常 御息所《みやす(ん)どころ》 …… P286
□ 003 見《み》ゆ 動 …… P37
見える・思われる・見せる・(女性が)結婚する
□ 105・常 みゆき〔行幸・御幸〕名 …… P105・P289
(帝や上皇の)お出まし
□ 001 見《み》る 動 …… P36
思う・(男女の)関係を結ぶ・面倒を見る
□ 常 澪標《みをつくし》 …… P283

む

□ 慣用 昔《むかし》の人《ひと》 慣 …… P274
亡くなった人・昔の知人
□ 060 同 むくつけし 形 …… P76
気味が悪い・恐ろしい・無骨だ
□ 095 むげなり〔無下なり〕形動 …… P98
ひどい・ひどく
□ 185 むすぶA〔結ぶ〕動 B〔掬ぶ〕動 …… P158
Aできる
B(両手で水などを)すくう
□ 常 六十《むそぢ》 …… P298
□ 062 むつかし 形 …… P77
うっとうしい・気味が悪い

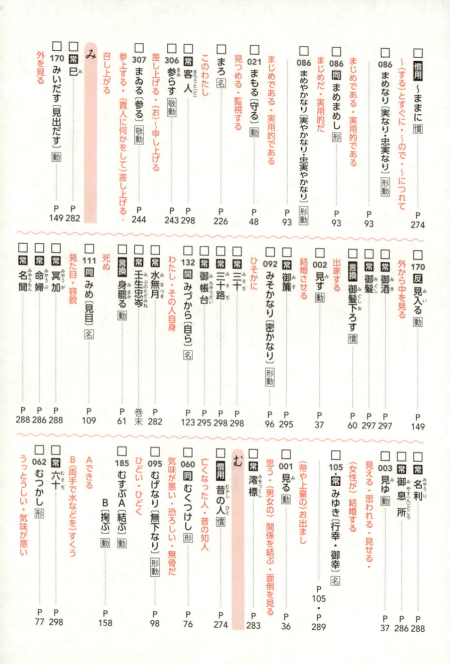

□ 062 関 むつかる 動 …… P77
不愉快に思う

□ 常 睦月《むつき》 …… P282

□ 言換 むなしくなる 慣 …… P61
死ぬ

□ 283 むべ〔宜〕副 …… P221
なるほど

□ 283 関 むべなり〔宜なり〕形動 …… P221
もっともだ

□ 常 無名草子《むみやうざうし》 …… 巻末

□ 常 無名抄《むみやうせう》 …… 巻末

め

□ 074 めざまし〔目覚まし〕形 …… P84
気にくわない・すばらしい

□ 300 召《め》す 敬動 …… P238
(人を側に)お呼びになる・(物を側に)お取り寄せになる・お召しになる・お乗りになる

□ 016 めづ〔愛づ〕動 …… P45
愛する・感嘆する

□ 016 関 めづらし 形 …… P45
すばらしい

□ 044 めでたし 形 …… P67
すばらしい

□ 常 乳母《めのと》 …… P297

□ 慣用 目《め》もあやなり 慣 …… P274
まぶしいほど立派だ

□ 055 めやすし〔目安し〕形 …… P73
(見た目の)感じがよい

も

□ 常 裳《も》 …… P293

□ 萌黄《もえぎ》 …… カバー袖

□ 常 裳着《もぎ》 …… P289

□ 常 望月《もちづき》 …… P282

□ 171 もてなす 動 …… P150
振る舞う・取り扱う

□ 言換 もとどり切る 慣 …… P60
出家する

□ 170 関 求《もと》む 動 …… P149
探す

□ 常 物忌《ものいみ》 …… P288

□ 107 物語《ものがたり》 名 …… P107
世間話

□ 212 関 ものぐるほし 形 …… P177
正気を失ったようだ

□ 035 関 ものし 形 …… P57
不快だ・見苦しい

□ 035 ものす〔物す〕動 …… P57
(ものごとを)する・いらっしゃる

□ 常 物怪《もののけ》 …… P288

□ 常 物詣《ものまうで》 …… P288

□ 慣用 ものもおぼえず 慣 …… P260
呆然としている

□ 百敷《ももしき》 名 …… P104
宮中

□ 常 母屋《もや》 …… P295

□ 常 唐土《もろこし》 …… P298

□ 常 文集《もんじふ》 …… 巻末

や

□ 272 やう〔様〕名 …… P213
様子・理由・方法・〜ことには

□ 142 やうやう〔漸う〕副 …… P129
しだいに

□ 142 やうやく〔漸く〕副 …… P129
しだいに

□ 慣用 〜やおそきと 慣 …… P275
〜(する)とすぐに

□ 140 やがて 副 …… P128
(ある状態が)そのまま・(時間的に)すぐに

□ 088 同 やくなし〔益なし〕形 …… P94
かいがない・むだだ

□ 046 やごとなし 形 …… P68
高貴だ・並々でない

□ 077 やさし〔恥し・優し〕形 …… P86
優美だ・上品だ・殊勝だ

□ 165 やすらふ〔休らふ〕動 …… P 146
ためらう・立ち止まる

□ 常 八十《やそぢ》 …… P 298

□ 187・言換 やつす 動 …… P 60・P 159
質素にする・出家する

□ 187 関 やつる 動 …… P 159
目立たない服装（様子）になる

□ 143 やはら〔柔ら・和ら〕副 …… P 129
そっと

□ 常 八重葎《やへむぐら》 …… P 283

□ 常 山賤《やまがつ》 …… P 297

□ 168 やむ〔止む〕動 …… P 148
（そのまま）終わる

□ 046 やむごとなし 形 …… P 68
高貴だ・並々でない

□ 142 同 やや 副 …… P 129
しだいに

□ 常 弥生《やよひ》 …… P 282

□ 慣用 やらむかたなし 形 …… P 275
（心を）晴らしようがない・どうしようもない

□ 慣用 やらん 慣 …… P 275
〜であろうか

□ 常 遣戸《やりど》 …… P 295

□ 常 遣水《やりみづ》 …… P 294

□ 025 やる〔遣る〕動 …… P 51
（物を）送る・〜きれない

□ 025 関 やる〔破る〕動 …… P 51
破る

□ 慣用 やるかたなし 形 …… P 275
（心を）晴らしようがない・どうしようもない

□ 143 やをら〔柔ら・和ら〕副 …… P 129
そっと

□ 046 やんごとなし 形 …… P 68
高貴だ・並々でない

ゆ

□ 048 ゆかし 形 …… P 70
見たい・聞きたい・知りたい・心ひかれる

□ 080 ゆくりなし 形 …… P 88
突然だ

□ 常 泔坏《ゆするつき》 …… P 296

□ 159 ゆめ（〜打消・禁止）副 …… P 139
決して（〜ない）・決して（〜するな）

□ 159 ゆめゆめ（〜打消・禁止）副 …… P 139
決して（〜ない）・決して（〜するな）

□ 076 ゆゆし 形 …… P 85
不吉だ・すばらしい・はなはだしく

□ 271 関 ゆゑ〔故〕名 …… P 212
理由・風情・由緒

よ

□ 127 世《よ》 名 …… P 119
男女の仲・夫婦の仲

□ 110 用意《ようい》 名 …… P 108
気配り

□ 040 関 よし 形 …… P 65
身分が高い・教養がある・よい

□ 271 よし〔由〕名 …… P 212
風情・由緒・手立て・こと

□ よしあり 動 …… P 212
由緒・教養がある・風情がある

□ よしづく 動 …… P 212
由緒ありげな振る舞いや様子をする

□ 206 よしなし〔由無し〕形 …… P 172
つまらない・関係がない

□ 206 関 よしなしごと 名 …… P 172
つまらないこと

□ よしばむ 動 …… P 212
由緒ありげな振る舞いや様子をする

□ 常 四十《よそぢ》 …… P 298

□ 156 世《よ》に（〜打消）副 …… P 137
まったく（〜ない）・（打消を伴わないで）実に

□ 慣用 世《よ》にあり 慣 …… P 276
この世に生きている・世間に認められている

□127 世《よ》の中《なか》 名 …… P119
男女の仲・夫婦の仲
□005 よばふ〔呼ばふ〕 動 …… P38
呼び続ける・求婚する
□285 反 夜一夜《よひとよ》 名 …… P222
一晩中
□常 読本《よみほん》 …… 巻末
□常 四方《よも》 …… P298
□162 よも（〜打消推量） 副 …… P141
まさか（〜ないだろう）
□常 蓬生《よもぎふ》 …… P283
□285 反 夜《よ》もすがら 副 …… P222
一晩中
□246 よろこび〔喜び〕 名 …… P200
（昇進・任官の）お礼
□246 関 よろこび申《まう》し 名 …… P200
お礼を申し上げること
□040 よろし 形 …… P65
悪くはない・普通だ
□118 よろづ〔万〕 名 …… P113
さまざま・何ごとにつけても
□言換 世《よ》を出《い》づ 慣 …… P60
出家する
□言換 世《よ》を厭《いと》ふ 慣 …… P60
出家する
□言換 世《よ》を捨《す》つ 慣 …… P60
出家する
□言換 世《よ》を背《そむ》く 慣 …… P60
出家する
□言換 世を遁《のが》る 慣 …… P60
出家する
□言換 世《よ》を離《はな》る 慣 …… P60
出家する

ら

□024 関 らうがはし 形 …… P50
騒がしい・乱雑だ
□054 関 らうたげなり 形動 …… P73
かわいらしい
□054 らうたし 形 …… P73
かわいい
□常 郎等《らうどう》 …… P291
□194 らうらうじ〔労労じ〕 形 …… P164
巧みだ・上品だ

り

□常 梁塵秘抄《りやうぢんひせう》 …… 巻末

れ

□慣用 例《れい》ならず 慣 …… P276
いつもではない・体調がいつもどおりでない
□慣用 例《れい》の 慣 …… P276
いつものように・いつもの
□123 料《れう》 名 …… P117
ため
□常 連歌《れんが》 …… 巻末

ろ

□124 ろく〔禄〕 名 …… P117
ほうび

わ

□わ 名 …… P226
このわたし
□191 関 わきがたし 形 …… P161
理解しがたい
□191 わく〔分く〕 動 …… P161
理解する
□常 和琴《わごん》 …… P283
□117 わざ〔業〕 名 …… P113
こと・葬儀
□149 わざと 副 …… P133
わざわざ・特に・（下に「の」を伴い）正式な
□149 関 わざとならず 慣 …… P133
ことさらではない
□102 反 私《わたくし》 名 …… P103
個人的なこと
□007 関 わたす 動 …… P40
移す

□ 常 渡殿《わたどの》 …… P294
□ 007 わたる〔渡る〕動 …… P40
通る・いらっしゃる・～続ける・一面に(～する)
□ 010 わづらふ 動 …… P42
苦しむ・～しかねる
□ 219 わびし〔侘びし〕形 …… P180
苦しい
□ 038 わぶ〔侘ぶ〕動 …… P59
困る・嘆く・～かねる
□ 常 円座《わらふだ》 …… P296
□ 常 破子《わりご》 …… P298
□ 常 破籠《わりご》 …… P298
□ 071・119 関 わりなし 形 …… P82・P114
ひどい・どうしようもない・苦しい
□ われ 名 …… P226
このわたし
□ 慣用 われかにもあらず 慣 …… P260
呆然としている
□ 慣用 われかひとか 慣 …… P260
呆然としている
□ 040 反 わろし 形 …… P65
よくはない

ゐ

□ 常 亥《ゐ》 …… P282
□ 031 ゐる A〔居る〕動 B〔率る〕動 …… P54
A座る・～ている
B連れる

ゑ

□ 常 衛士《ゑじ》 …… P291

を

□ 039 をかし 形 …… P64
すばらしい・滑稽だ
□ 094 関 をこ 名 …… P98
愚かなこと
□ 094 関 をこがまし 形 …… P98
ばかばかしい
□ 094 をこなり〔痴なり・烏許なり・尾籠なり〕形動 …… P98
愚かだ・ばかばかしい
□ 161 をさをさ(～打消) 副 …… P140
ほとんど(～ない)
□ 197 をさをさし〔長長し〕形 …… P166
しっかりしている
□ 常 折敷《をしき》 …… P296
□ 097 関 男手《をとこで》 名 …… P100
漢字
□ 慣用 男《をとこ》になる 慣 …… P273
男子が元服して一人前になる
□ 常 尾花《をばな》 …… P281
□ 常 女郎花《をみなへし》 …… P283
□ 097 関 女手《をんなで》 名 …… P100
平仮名

第一章
最重要語

見出し語　163 語
関 連 語　140 語

001
□□

見《み》る

マ行上一段

1 見る・会う
2 **思う**・分かる
3 （男女の）**関係を結ぶ**・結婚する・妻とする
4 **面倒を見る**・世話をする

「見る」の1・2の意味は、現代語や英語のseeとほぼ同じです。

大切なのは3です。高貴な女性は、父親や兄弟など身近な人以外、自分の姿を男性に見せることはありませんでしたから、「見る」ということは、相手の姿を見るような**「特別な関係になる」＝「結婚する」**ということを意味したのです。

4は「面倒を見る」という言い方を今でもすることから分かるでしょう。

2 めでたしと**みる**人の、心劣りせらるる本性《ほんしやう》見えむこそ、口惜《くちを》しかるべけれ。（徒然・一段）

▼すばらしいと〔**思う**〕人が、思っていたより劣っている人だと感じられるような本性が見えるのは、残念であるにちがいない。

3 はやく**みし**女のこと、ほめ言ひ出《い》でなどするも、程経《ほどへ》たることなれど、なほにくし。（枕・にくき物）

▼（今の彼が）以前〔**関係を結ん**〕だ女性のことを、ほめて口に出したりするのも、時がたったことであっても、やはり気にくわない。

女性をめったに見る機会のなかった当時は、男性が女性を見たということは、深い関係にあったということなのです。ところで、みなさん、恋人に昔の彼や彼女のことを言うのはやめておいた方がよいようです。

4 《帝《みかど》に差し上げようと大切に育ててきた娘であったが、》（娘に恋しい人ができたので）親も**見**ずなりにけり。（大和・一〇五段）

▼（娘に恋しい人ができたので）親も（娘の）〔**面倒を見**〕なくなってしまった。

002 □□

見《み》す

サ行下二段

「見＋す」の二単語にはなりません。

ミスしないように！

○ 見せ／奉る

× 見／せ／奉る

1 見せる・（様子を）見させる

2 **結婚させる**

2 宮仕へに次ぎては、親王《みこ》たちにこそは**見せ**奉らめ。（源氏・若菜下）

▼（大切に育てている娘の将来は）宮仕え（をさせるか、それ）に次いでは、親王たちと〔**結婚させ**〕申し上げるのがよかろう。

「親王」とは天皇の子どもや兄弟のことです。

003 □□

見《み》ゆ

ヤ行下二段

「見ゆ」は**「ゆ」に自発・可能・受身の意**があり、「見える」「見ることができる」「見られる・（人に見られることはこちらから）見せる」「（女性が男性に姿を見せることから）結婚する」などと訳します。

見ゆ＝見る＋自発・受身・可能

1 **見える・思われる**

2 見られる・**見せる**

3 （女性が）**結婚する**

1 都の中《うち》とも**見え**ぬ所のさまなり。（更級）

▼都の中とも〔**見え**（**思われ**）〕ない場所の様子である。

2 さて、出《い》でて行くと**見え**て、前栽《せんざい》の中に隠れて、（大和・一四九段）

▼そして、（男は）出て行くと〔**見せ**〕て、庭の植え込みの中に隠れて、

3 いかならむ人にも**みえ**て、身をも助け、幼き者どもをもはぐくみ給《たま》ふべし。（平家・巻七）

▼（相手が）どのような男でも〔**結婚し**〕て、（あなた自身の）身を守り、幼い子どもたちを（大切に）育ててください。

例文音読・入試問題

004 □□
かいまみる〈垣間見る〉
マ行上一段

垣根の間（＝すき間）**から**（女性の家をのぞいて）**見る**という意です。

1 のぞき見る

関 かいまみ〈垣間見〉（名詞）…のぞき見

1 女、をとこの家にいきて**かいまみ**けるを、（伊勢・六三段）

▼女は、男の家に行って〔**のぞき見**〕たところ、

通常は男性が女性をのぞき見るのですが、これは女性が主語となるまれな事例。この女性（実はかなり年配）には男性への抑えきれない強い思いがあって、このような常識はずれの行為に及んだのです。「のぞき見」は今では犯罪ですが、「噂《うわさ》に聞く」ことと並んで昔は女性を知る重要な手段だったのです。

005 □□
よばふ〈呼ばふ〉
ハ行四段

動詞「呼ぶ」の未然形に反復・継続を表す助動詞の「ふ」がついてできたもので、**「呼び続ける」の意**です。

男性が女性を呼び続け、「言い寄る・求婚する」の意になります。

呼ぶ ＋ ふ（反復・継続）↓ 求婚する

1 呼び続ける
2 求婚する・言い寄る

関 くどく〈口説く〉（動詞）… 1 繰り返し同じことを言う 2 意中を訴える・祈願する

1 あとに**呼ばふ**声あり。かへりみれば人なし。（宇治・巻十五・十一話）

▼後ろで〔**呼び続ける**〕声がする。振り返ってみると誰もいない。

2《実に奥ゆかしくて、かわいらしい人だったので、》**よばふ**人もいと多かりけれど、かへりごともせざりけり。（大和・一四二段）

▼〔**求婚する**〕人も実に多かったが、返事もしなかった。

006 □□

好《す》く

カ行四段

1 **風流を好む**・芸道に熱中する
2 色ごとを好む・恋愛に熱中する

関 好《す》き（名詞）…1 風流の道に熱中すること 2 色好み・恋愛
好《す》き好《ず》きし（形容詞）…1 風流だ 2 好色だ

動詞「好く」の連用形が名詞化した**「好き」は「風流」「色好み」の意**を表します。
名詞「好き」を繰り返して形容詞化した「好き好きし」は、「風流だ」「色好みだ」という意です。

古文の世界では、恋愛も「風流」の一つ。結局心を動かすことができなくてはならないのですね。

1 よき人は、ひとへに**すける**様《さま》にも見えず、（徒然・一三七段）
▼身分が高く教養がある人は、ひたすら〔**風流を好ん**〕でいるようにも見えず、

わざとらしくなく、さりげないのがいいようですね。

関 むかし、**すき**者ども集まりて、歌よみけるに、（伊勢・異十六段）
▼昔、〔**風流**〕人たちが集まって、歌を詠んだが、

関《光源氏《ひかるげんじ》の息子の夕霧《ゆうぎり》は自分のことを棚に上げ説教する父を、》
「かかる**すき**はいでや」と見奉り給《たま》ふ。（源氏・横笛）
▼「（父上もご自身の）このような〔**色好み（恋愛）**〕はさあどうだろうか」と思い申し上げなさる。

関《光源氏は僧都《そうず》に若紫《わかむらさき》の素性を聞こうとしている。》
すきずきしき方にはあらで、まめやかに聞こゆるなり。（源氏・若紫）
▼（姫君のことは）〔**好色な**〕気持ちからではなく、まじめに申し上げるのである。

好色な気持ちからではないというのですが……、大ウソです！

例文音読・入試問題

007

□□

わたる〈渡る〉

ラ行四段

1 行く・来る・**通る**〔移動を表す〕

2〈主に「わたらせ給《たま》ふ」の形で〉**いらっしゃる**〔存在・状態を表す〕

3〈動詞の連用形について〉**〜続ける**

4〈動詞の連用形について〉**一面に**（〜する）

関 わたす（他動詞）…移す

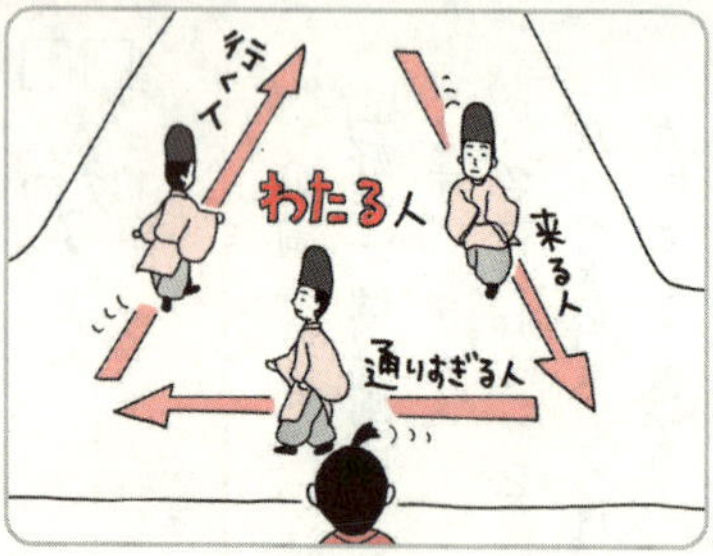

「渡る」は現代語では「川を渡る」「橋を渡る」「横断歩道を渡る」といったように、横切って向こう側に行くという意味で主に使いますが、古文では**「行く・来る・通る」**など一般に**「移動する」**ことを表す動詞です。

動詞の連用形につく「わたる」は、時間的継続または空間的広がりを表します（後者は「空が晴れわたる」「声が響きわたる」など今でもよく使っています）。

1 むかし、男、後涼殿《こうらうでん》のはさまを**渡り**ければ、（伊勢・一〇〇段）

▼昔、男が、後涼殿（と清涼殿《せいりょうでん》）のすき間を〔**通っ**〕たところ、

2 高倉《たかくら》の宮の御子《おんこ》の宮たちのあまた**わたらせ給ひ**候《さうら》ふなる。（平家・巻四）

▼高倉の宮のお子様の宮たちが大勢〔**いらっしゃる**〕そうです。

「わたらせ給ふ」は「おはします」（→P248）と同じ意味になります。

3 女のえ得《う》まじかりけるを、年を経てよばひ**わたり**けるを、（伊勢・六段）

▼女で手に入れられそうもなかった女（＝妻にしたくてもできなかった女）を、何年間も求婚し〔**続け**〕ていたが、

4 夕霧立ち**わたり**て、（更級）

▼夕霧が〔**一面に**〕立って、

関 （紫《むらさき》の上《うえ》を）二条《にでう》の院に**渡し**奉り給ひつ。（源氏・若菜下）

▼（紫の上を）二条院に〔**移し**〕申し上げなさった。

「渡る」は自動詞で「移動する」。「渡す」は他動詞で「（誰かを・何かを）移動させる」ということです。

008 □□ ありく〈歩く〉

カ行四段

現代語の「歩《ある》く」に相当するのは古語では「歩《あゆ》む」。人が一歩一歩ゆっくり歩くこと。それに対して古語の「歩《あり》く」は**広く動き回る**ことを表し、船や牛車《ぎっしゃ》での移動も含みます。

1 **歩き回る・動き回る・出歩く**
2 **〈動詞の連用形について〉〜しまわる**
3 **〈動詞の連用形について〉〜続ける**

1 もし**歩《あり》く**べきことあれば、自ら歩《あゆ》む。（方丈）
▼もし〔**出歩か**〕なければならないことがあると、自分（の足）で歩く。

2 蛍のとび**ありける**を、（大和・四〇段）
▼蛍が飛び〔**まわっ**〕ていたのを、

3 後《うし》ろ見**ありき**給ふめる。（源氏・東屋）
▼世話をし〔**続け**〕なさっているようだ。

009 □□ おこなふ〈行ふ〉

ハ行四段

仏道修行は仏教思想が浸透した当時の生活に密着した**「おこない」**なのです。

1 **仏道修行をする**・勤行《ごんぎょう》する

関 おこなひ（名詞）…仏道修行

1 山にこもりて**おこなは**む。（宇津保・忠こそ）
▼山に籠もって〔**仏道修行をし**〕よう。

例文音読・入試問題

010

なやむ〈悩む〉

マ行四段

現代語では精神的に苦しむことですが、古語では**肉体の病気で苦しむこと**を主に表します。関の「わづらふ」は身も心も苦しむこと、動詞について「〜しかねる」の意です。

1 **病気になる**・病気で苦しむ

関 わづらふ(動詞)…苦しむ・〜しかねる
心地《ここち》(名詞)…病気・気分(の悪さ)
同 いたはる(動詞)…1病気で苦しむ 2苦労する・骨を折る

1 身にやむごとなく思ふ人の**なやむ**を聞きて、(枕・うれしき物)
▼自分にとって大事に思っている人が〔**病気で苦しむ**〕のを聞いて、

関 中納言、たちまちに御**ここち**も止《や》みてめでたし。(落窪・巻三)
▼中納言は、たちまちにご〔**病気**〕も治り、すばらしいことだ。

「心地」には「気分」だけでなく「病気」という意味もあるのです。

同 日ごろ**いたはる**ところ侍《はべ》りて、(宇津保・国譲下)
▼数日来〔**病気で苦しむ**〕ことがございまして、

011

おこたる〈怠る〉

ラ行四段

現代語と同じ「おこたる・なまける」の意もありますが、覚えておくべき意味は「**病気が治る**」です。

前提として誰かが病気になっている状況が存在しますから、現代語の意味とは明確に区別できます。

1 **病気が治る**

関 おこたり(名詞)…(過失の)おわび・謝罪

1《病気になった人のことを心配していたとき、》**おこたり**たる由《よし》、消息《せうそこ》聞くも、いとうれし。(枕・うれしき物)
▼〔**病気が治っ**〕たという知らせを聞くのも、とてもうれしい。

関「**おこたり**申しにまうでたるなり」といひて(無名抄)
▼「〔**おわび**〕を申し上げに参上したのです」と言って

012
□□ おくる〈後る・遅る〉

ラ行下二段

1 **先立たれる**・死に後れる
2 後になる・残される・劣る

もともとは文字通り「(他のものより)遅れる・後になる」という意味です。ただし、重要なのは、大切な人が亡くなって、本来は一緒に死ぬべきなのに**「死に後れる」**という意味です。

多くは「誰々におくる」という形で出てきます。

1 故姫君は、十《とを》ばかりにて殿に**おくれ**給ひしほど、(源氏・若紫)
▼亡くなった姫君は、十歳ぐらいで父君に〈**先立たれ**〉なさったとき、

013
□□ ながむ A〈眺む〉 B〈詠む〉

マ行下二段

A 1 **もの思いに沈む**・もの思いにふける・もの思いしながらぼんやり見る
B 2 (漢詩や和歌を)**口ずさむ**・(声に出して)歌う

入試ではほとんどAの意味を問うてきますが、Bも皆無ではありませんので、知っておくべきでしょう。

1 暮れがたき夏の日ぐらし**ながむれ**ば (伊勢・四五段)
▼なかなか暮れない夏の(日に)一日中〈**もの思いに沈んでいる**〉と、

2 「こぼれてにほふ花桜かな」と**ながめ**ければ、その声を院聞こしめさせたまひて、(今昔・二七巻・二九話)
▼(誰かが)「咲きこぼれて美しい桜の花よ」と〈**口ずさん**〉だので、その声を院がお聞きになって、

014 □□

ときめく〈時めく〉

カ行四段

名詞「時」に接尾語「めく」がついて動詞になったもの。**よい時機**（タイミング）**に巡り合い、人や世間に愛される**のです。

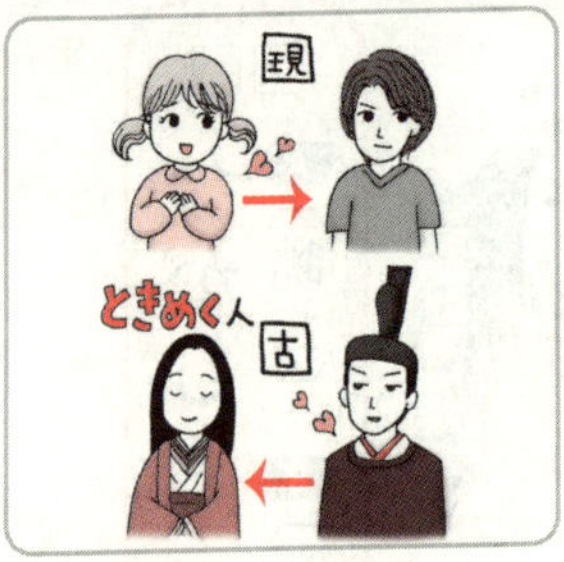

1 **寵愛《ちょうあい》を受ける**・特別に愛される
2 （時流に乗って・時宜を得て）**栄える**・もてはやされる

関 ときめかす（他動詞）…寵愛する

1 いとやむごとなき際《きは》にはあらぬが、すぐれて**ときめき**給《たま》ふありけり。（源氏・桐壺）

▼それほど高貴な身分ではない方で、際だって（帝《みかど》の）〔**寵愛を受け**〕ていらっしゃる方があった。

2 世の中に**ときめき**給ふ雲客《うんかく》、桂《かつら》より遊びて帰り給ふが、（著聞・和歌）

▼世の中で〔**（時流に乗って）栄え**〕なさっている殿上人《てんじょうびと》が、桂から遊んでお帰りになっていたが、

015 □□

かしづく

カ行四段

「かしらづく」が変化した語で、頭を地につけて相手に敬意を表すところから、親や乳母《めのと》などがへりくだって娘などを献身的に**大切に育てる**ことをいうようになりました。

1 **大切に育てる**
2 **大切に世話をする**

1 親たち**かしづき**給ふことかぎりなし。（堤中納言・虫めづる姫君）

▼親たちが（姫君を）〔**大切に育て**〕なさることこの上ない。

2 この少将をばよき聟《むこ》とて**かしづき**、（宇治・巻二・八話）

▼この少将をよい婿として〔**大切に世話をし**〕、

016 めづ〈愛づ〉

ダ行下二段

漢字をあてて覚えましょう。まさに対象に「愛」、つまり好ましい思いを抱くことをいいます。

関の「めづらし」はよいことだけに使いますが、よいことにも悪いことにも使う語として「めづらかなり」があります。

1 **愛する**・好む・かわいがる
2 ほめる・たたえる・**感嘆する**

関 めづらし（形容詞）…すばらしい

1 いかなる人、蝶《てふ》**めづる**姫君につかまつらむ。（堤中納言・虫めづる姫君）

▼どのような人が、蝶《ちょう》を〔**愛する**〕姫君にお仕えしているのだろう。

2 この歌に**めで**てあひにけり。（伊勢・九五段）

▼（女は）この歌に〔**感嘆し**〕て（男に）逢《あ》ってしまった。

なかなか男になびかなかった女も男の詠んだ歌に感動したのです。古文の世界では歌は絶大な力を発揮することがよくあります。

017 おどろく〈驚く〉

カ行四段

「おどろく」とは何か強い物音に「はっとする」ということで、眠っている・夢を見ているという状況では**「目を覚ます」**の意になります。

1 **目を覚ます**・起きる
2 （はっと）**気づく**
3 驚く〔現代語と同じ〕

関 おどろかす（他動詞）…1 起こす 2 （はっと）気づかせる

1 抱《いだ》きて寝たるに、**おどろき**て児《ちご》を見るになし。（今昔・十二巻・三四話）

▼抱《だ》いて寝たのに、〔**目を覚まし**〕て子どもを見るといない。

2 秋来《き》ぬと目にはさやかに見えねども風の音《おと》にぞ**おどろか**れぬる（古今・一六九）

▼秋が来たと目にははっきりと見えないが、風の音に自然と〔**気づい**〕てしまった。

「おどろか」の下の「れ」は自発の助動詞「る」の連用形です。

例文音読・入試問題

018 □□

こうず〔困ず〕

サ行変格

「もう、動けない……」と**肉体が困る状態は疲れている**のです。

1 **疲れる**
2 悩む・困る

1 このごろ物《もの》の怪《け》にあづかりて**こうじ**にけるにや、ゐるままにすなはちねぶり声なる、いとにくし。（枕・にくき物）
▼（験者《げんざ》は）このごろ物の怪（の退治）にかかわって〔**疲れ**〕てしまったのであろうか、座るとすぐにそのまま眠り声である（＝眠たそうな声になる）のは、実に気にくわない。

019 □□

おぼゆ〔覚ゆ〕

ヤ行下二段

「おぼゆ」は「おもふ（思ふ）」の未然形に奈良時代の自発の助動詞「ゆ」がついた「おもはゆ」が「おもほゆ」「おぼゆ」と変わったものです。**敬語動詞の「思《おぼ》す」**（↓P239）**と混同しないように！** 活用の行が異なるので、活用語尾で判断できます。

1 **思われる**
2 思い出す・**思い出される**
3 **似る**・似ている

1 世の中にまた類《たぐひ》ある事とも**おぼえ**ず。（更級）
▼世の中にまた類例があることとも〔**思われ**〕ない。

2 うちある調度も昔**おぼえ**て、（徒然・十段）
▼ちょっと（置いて）ある調度も昔が〔**思い出され**〕て、

3 少し**おぼえ**たるところあれば、子なめりと見給《たま》ふ。（源氏・若紫）
▼少し〔**似**〕ているところがあるので、（尼君の）子であろうと（光《ひかる》源氏《げんじ》は）ご覧になる。

思ふ＋ゆ（自発）→おぼゆ

光源氏が最愛の女性、若紫《わかむらさき》（＝後《のち》の紫の上）に出会った場面です。

020 □□

聞《き》こゆ

ヤ行下二段

1 **聞こえる**
2 噂《うわさ》される・**評判になる**
3 **分かる**

関 聞《き》こえ（名詞）…噂・評判

「聞こゆ」は現代語の「（耳に）聞こえる」で、2や3の意味にもなりますが、誰かに向かって（特に高貴な人に対して）「聞こゆ」とあったような場合は、一般動詞ではなく敬語動詞です（↓P233）。

1 鶴《つる》は、いとこちたきさまなれど、鳴く声雲居《くもゐ》まで**きこゆる**、いとめでたし。（枕・鳥は）

▼鶴は、とても大げさな様子（＝姿）であるが、鳴く声が天まで〔**聞こえる**〕のは、実にすばらしい。

2 都に**きこえ**たる白拍子《しらびやうし》の上手《じやうず》一人《いちにん》出で来たり。（平家・巻一）

▼都で〔**評判になっ**〕ている（＝評判の）白拍子の名人が一人出て来た。

「白拍子」とは平安時代末期に起こった歌舞。またそれを行う遊女。

3 **きこえ**ぬことども言ひつつよろめきたる、いとかはゆし。（徒然・一七五段）

▼（年をとった法師が）〔**分から**〕ないことを言ってはよろめいているのは、とても見るにたえない。

「かはゆし」は「かわいい」という意味ではありません。

例文音読・入試問題

021 □□

まもる・まぼる〈守る〉

ラ行四段

1 **見つめる**
2 監視する

もともとは**「目守《まも》る」**、つまり見ることをkeepするという意味です。

目（見ること）をkeep
↓
見つめる

1《匂《におう》の宮は、養母の紫《むらさき》の上《うえ》に死後の供養《くよう》を頼まれて、うちうなづきて、御顔を**まもり**て、涙の落つべかめれば立ちておはしぬ。（源氏・御法）

▼（匂の宮は）うなずいて、（紫の上の）お顔を〔**見つめ**〕て、涙が落ちてきそうなので立って（部屋の外へ）いらっしゃった。

022 □□

たのむ〈頼む〉

A マ行四段　B マ行下二段

A 1 **あてにする**・頼りにする・期待する

B 2 **あてにさせる**・頼りにさせる・期待させる

関 たのみ（名詞）…あてにすること・期待
たのめ（名詞）…あてにさせること
頼《たの》もし（形容詞）…1 頼みになる 2 裕福だ・豊かだ

1 後《のち》の矢を**たのみ**て、初めの矢になほざりの心あり。（徒然・九二段）

▼あとの矢を〔**あてにし**〕て、最初の矢（を射るの）にいい加減な気持ちが起こる。

2《継母《ままはは》だった人は梅の花が咲いたら作者のもとを訪れると約束してくれたのに来てくれない。》
たのめしをなほや待つべき（更級）

▼（あなたがわたしに）〔**あてにさせ**〕たことをやはり待つべきでしょうか。

活用の種類で意味が異なる代表例。1と2と訳語が似ているので混乱しやすいようですが、取り違えると主語と相手が逆になるので要注意です！

「し」は過去の助動詞「き」の連体形で、連用形に接続します。

023

□□

かづく〔被く〕

A カ行四段

B カ行下二段

A 1 **かぶる**
2 (貴人からほうびとして)**いただく**

B 3 **かぶせる**
4 (貴人がほうびとして)**与える**

関 潜《かづ》く(動詞)…潜る

「かづく」も**活用の種類の違いで主語と相手が入れ替わる**ので注意！ 四段は「ほうびをいただく」、下二段は「ほうびを与える」の意です。

また、まれに関に示した「潜《かづ》く」の場合もありますが、平仮名表記でも「潜《もぐ》る」の意味なので文脈から容易に分かります。

1 《仁和寺《にんなじ》の法師が酔って興《きょう》に入ったあまり、》傍《かたは》らなる足鼎《あしがなへ》を取りて、頭《かしら》に**かづき**たれば、(徒然・五三段)

▼側《そば》にある(三本)足の鼎《かなえ》(＝食物を煮るのに用いる鉄や土製の容器)を取って、頭に〔**かぶっ**〕たところ、

2 禄《ろく》に大袿《おほうちき》**かづき**て、(大和・一三二段)

▼ほうびとして大袿を〔**いただい**〕て、

ほうびはほとんどが衣服で、もらった人は左肩に掛けて退出します。

4 (中納言は)御衣《おほんぞ》脱ぎて**かづけ**給うつ。(竹取・燕の子安貝)

▼(中納言は)お召し物を脱いで〔**(ほうびとして)与え**〕なさった。

「かづけ給うつ」の「給う」は、「給ひ」がウ音便になった形です。

関 《海はやはり実に恐ろしいと思うが、》まいて海女《あま》の**かづき**しに入《い》るは憂《う》きわざなり。(枕・うちとくまじき物)

▼まして海女が〔**潜り**〕をしに(海に)入るのはつらいことである。

	語幹	未然形	連用形	終止形	連体形	已然形	命令形
A 四段	かづ	か	き	く	く	け	け
B 下二段	かづ	け	け	く	くる	くれ	けよ

例文音読・入試問題

024

□□

ののしる

ラ行四段

1 大声を出す・**大声で騒ぐ**
2 **評判になる**・噂《うわさ》になる
3 勢いが盛んである・**羽振《はぶ》りをきかす**

関 らうがはし（形容詞）…
1 騒がしい ←
2 乱雑だ・乱れている

古語の「ののしる」は単に**「大声を出して騒ぎ立てる」**ということであって、「口汚く非難する」という現代語の「ののしる」とは違います。

1の「大声で騒ぐ」ことが世間全体に広がると、2の「評判になる」、さらにその人の状態は3の「勢いが盛んである」ということになります。

1 里《さと》びたる声したる犬どもの出《い》で来《き》て**ののしる**も、いと恐ろしく、（源氏・浮舟）

▼田舎《いなか》びた声をした何匹かの犬が出て来て〔**大声で騒ぐ**〕のも、とても恐ろしく、

関 皆同じく笑ひののしる、いと**らうがはし**。（徒然・五六段）

▼皆同じように笑い大声を出すのが、実に〔**騒がしい**〕。

2 この世に**ののしり**たまふ光源氏《ひかるげんじ》、かかるついでに見たてまつりたまはんや。（源氏・若紫）

▼この世で〔**評判になっ**〕ていらっしゃる光源氏を、この機会に拝見しなさいませんか。

「たてまつり」は謙譲の補助動詞、「たまは」は尊敬の補助動詞、「ん」は推量の助動詞「ん（＝む）」の勧誘用法です。「見る」の謙譲表現は、「見申し上げる」より「拝見する」と訳すのがいいでしょう。

3 左の大臣《おとど》の北の方《かた》にて**ののしり**給《たま》ひける時、（大和・一二四段）

▼左大臣の夫人として〔**羽振りをきかせ**〕ていらっしゃったときに、

025

□□

やる〈遣る〉

ラ行四段

1 (人を)行かせる・(物を)送る

2 〈動詞＋「やらず」の形で〉～きれない・最後まで(～し)ない

反 おこす(動詞)…よこす

関 やる〔破る〕(動詞)…破る

「やる(遣る)」は「おこす(遣す)」とセットで覚えるといいでしょう。**「やる」は先方に物や人を送ること**で、**「おこす」はこちらへ人や物を送ってくること**、つまりよこすことです。

この「おこす」は四段活用の「起こす」と違い、下二段活用です。

下に打消を伴った「～やらず」は、動詞の連用形について、「最後まで～きれない」という意味になります。

「遣る」の同訓異字に「破《や》る」があります。これは紙や布を破《やぶ》るの意です。

1 人の許《がり》いふべき事ありて、文を**やる**とて、(徒然・三一段)

▼(ある)人のもとへ言わなければならないことがあって、手紙を〔**送る**〕といって(＝ときに)、

反 かしこより人**おこせ**ば、これをやれ。(伊勢・九六段)

▼あちらから(使いの)人を〔**よこし**〕たら、これをやってくれ。

「やる」と「おこす」は、「(こちらから向こうに)言ひやる」と「(向こうからこちらに)言ひおこす」、「(こちらから向こうを)見やる」と「(向こうからこちらを)見おこす」のように、複合動詞においても反対語として使われます。

関 (こんな日記は)とまれかうまれ、とく**破《や》り**てむ。(土佐・二月十六日)

▼(こんな日記は)ともかく、早く〔**破っ**〕てしまおう。

2 《老人は大君《おおいぎみ》のつらそうな様子を語る。》

言ひも**やらず**泣くさま、ことわりなり。(源氏・総角)

▼(老人が)言い〔**きれず**〕泣く様子は、もっともである。

026 □□

いらふ〔答ふ〕

ハ行下二段

漢字をあてて覚えましょう。「こたふ」がきちんとした返事をするのに対して、「いらふ」はいい加減な返事や社交辞令的な応答に用いられるようです。

1 答える

関 いらへ・さしいらへ（名詞）…返事・返答

1 《稚児《ちご》は自分の仕える僧たちが、ぼたもちを作ろうと言ったのを聞いて心待ちにしていたが、寝ないで待っているのもみっともないだろうと思い、寝たふりをしていた。やがてぼたもちはできあがり、稚児の期待どおり僧は声をかけてくれたが、》

ただ一度に**いらへ**むも、待ちけるかともぞ思ふとて、（宇治・巻一・十二話）

▼ただ一度で〔**答える**〕ようなのも、待っていたのかと思うと困ると考えて、

「もぞ～（連体形）」で「～すると困る」という意です。

027 □□

あきらむ〔明らむ〕

マ行下二段

漢字をあてれば**「明らかな状態にする」**という意味が見えるはずです。

「あきらむ」に現代語の「あきらめる」の意味が出てくるのは江戸時代になってからです。

1 明らかにする・はっきりさせる

関 あかし〔明かし〕（形容詞）…明るい ⬅

1 何事なりとも**あきらめ**申さん。（徒然・一三五段）

▼何事であっても〔**明らかにし**〕て差し上げよう。

関 火の**あかき**所へ出《い》で来たりて、（宇治・巻十四・十一話）

▼（入道は）灯火の〔**明るい**〕所へ出て来て、

形容詞の「あかし」は、「赤し」はまれで、「明るい」という意味の「明かし」が普通です。歌の中では地名の「明石《あかし》」とよく掛詞《かけことば》になります。

028 □□ にほふ〈匂ふ〉

ハ行四段

1 **美しく映える**・美しく輝く
2 香りがする〈現代語と同じ〉
関 にほひ（名詞）…1 美しい色つや 2 香り

「に」は「丹《に》」で「赤い土」の意、「ほ」は「穂」または「秀」で「外に現れる」「他より秀でている」の意、それに「ふ」をつけて動詞化した語で、主に**視覚的な美しさ**をいいます。

1 いにしへの奈良の都の八重桜《やへざくら》けふ九重《ここのへ》に**にほひ**ぬるかな（詞花・二九）
▼昔の（都である）奈良の都で咲いた八重桜が、今日この宮中で〈**美しく咲い**〉たなあ。

「にほふ」と同じく「かをる」にも2だけでなく1の意味もあります。訳すときは花なら「咲く」、夕焼けなら「映える」といったようにその状態をイメージして訳してください。

029 □□ ねんず〈念ず〉

サ行変格

1 **我慢する**
2（心の中で）祈る〈現代語と同じ〉

しっかり覚えておくべき意味は1です。2は現代語でも使いますね。

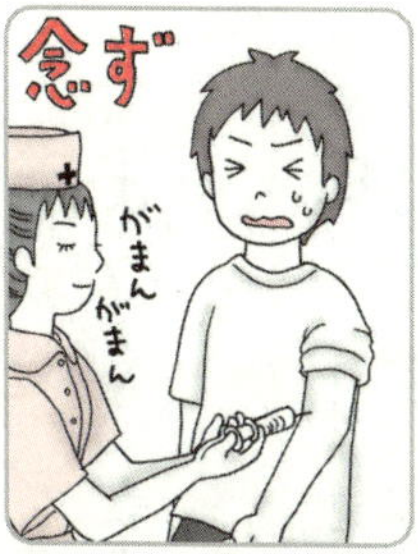

1《伏見稲荷《ふしみいなり》に一念発起《ほっき》して参詣《さんけい》したときに、》中の御社《みやしろ》のほどの、わりなうくるしきを、**念じ**のぼるに、（枕・うらやましげなる物）
▼中のお社のあたりが（急坂で）、どうしようもなく苦しいのを、〈**我慢して**〉登っていると、

030 □□

まうく〈設く〉

カ行下二段

関の「まうけの君」は、「次の天皇として用意された人」つまり、「皇太子」という意味です。また、「心」に「まうく」の名詞形「まうけ」がついた「心まうけ」は、「心の用意」つまり、「心積もり」という意味になります。

1 準備する・**用意する**

関 **まうけ**(名詞)…1 準備・用意 2 ごちそう・もてなし
心《こころ》まうけ(名詞)…心積もり〈心の用意〉
まうけの君《きみ》(名詞)…皇太子

1 懐《ふところ》に**設け**たる、柄《つか》短き筆など、御車とどむる所にて奉れり。(源氏・澪標)

▼(惟光《これみつ》は)懐に〈**用意し**〉ていた、柄の短い筆などを、お車をとめる場所で(光源氏《ひかるげんじ》に)差し上げた。

関 (一の皇子《みこ》は)疑ひなき**まうけの君**と、世にもてかしづききこゆれど、(源氏・桐壺)

▼(一の皇子は)疑いもない〈**皇太子**〉と(して)、世間でも大切にし申し上げるが、

031 □□

ゐる A〈居る〉 B〈率る〉

ワ行上一段

「ゐる」は**「ゐ」に漢字をあてる問題が出されることがあります**ので、意味から「居」か「率」か判断してください。

A 1 **座る** 2 じっとしている・(人が)留《とど》まる・(鳥が)とまる 3〈動詞の連用形について〉**〜ている**

B 4 **連れる**・伴う

1 三寸《さんずん》ばかりなる人、いとうつくしうて**ゐ**たり。(竹取・かぐや姫の生ひ立ち)

▼三寸(=約九センチ)くらいの人が、とてもかわいらしく〈**座っ**〉ている。

ご存じ、かぐや姫を竹取の翁《おきな》が見つけたところです。

「ゐて行く」の「ゐ」は「率」です。

ゐる↘居る↓座る
↙率る↓連れる

3 物の隠れよりしばし見**ゐ**たるに、（徒然・三二段）
▼物の陰からしばらく見〔**てい**〕たところ、

4 やうやう夜も明けゆくに、見れば**率**《ゐ》て来《こ》し女もなし。（伊勢・六段）
▼しだいに夜も明けていくので、見ると〔**連れ**〕て来た女もいない。

032 □□ 具《ぐ》す

サ行変格

1 **伴う・連れる・添える**

関 たぐふ（動詞）…1（四段）添う・伴う 2（下二段）添わせる・伴わせる・比べる

「具」は「道具」の「具」。訓読みすると「具《そな》える」や「具《そな》わる」で、ある行為をするときに、**「伴う」物や人**をいいます。その「具」にサ変動詞の「す」がついたものです。

入試では活用の種類が問われることもあります。

1 坏《つき》なども**具せ**ざりければ、手にむすびて食はす。（伊勢・異二段）
▼（男は）器《うつわ》なども〔**伴っ**〕（＝持っ）ていなかったので、（水を）手ですくって（女に）飲ませる。

1 《故中務《なかつかさ》の宮は北の方《かた》がお亡くなりになって後《のち》、》ちひさき君たちをひき**ぐし**て、三条《さんでう》右大臣殿にすみたまひけり。（大和・九四段）
▼幼いお子様たちを引き〔**連れ**〕て（＝お子様たちと一緒に）、三条の右大臣のお屋敷に住んでいらっしゃった。

1 かの奉《たてまつ》る不死の薬壺《くすりつぼ》に文《ふみ》**具して**、御使《おほんつかひ》に賜《たま》はす。（竹取・富士の煙）
▼（帝《みかど》は）あの（かぐや姫が）差し上げた不死の薬の壺に、手紙を〔**添え**〕て、お使いにお与えになる。

例文音読・入試問題

033

経《ふ》

ハ行下二段

1 (時間が)**たつ**〔経過する〕
2 (場所を)**通る**〔経由する〕

1・2の意味とも二字熟語**「経過・経由」**として覚えればいいでしょう。

経 → 経過する
経 → 経由する

1 日ごろ**経**て、宮に帰りたまうけり。(伊勢・八三段)
▼数日が〔**たっ**〕て、御所にお帰りになった。

2 黒崎《くろさき》の松原を**へ**て行く。(土佐・二月一日)
▼黒崎の松原を〔**通っ**〕て行く。

034

さる A〔避る〕 B〔去る〕

ラ行四段

A 1 **避ける**
B 2 (時節が)来る・(その時に)**なる**
3 立ち去る・過ぎ去る〔現代語と同じ〕

関 さる〔然る〕(連体詞)
…しかるべき・立派な

「さる」には**「避る」**(現代語では「避ける」)と、「その季節・時間になる」という意の**「去る」**があることが重要です。

春去る
→ 現 夏になる
→ 古 春になる

1 え**さら**ぬことのみいと重なりて、(徒然・五九段)
▼〔**避ける**〕ことのできないことばかりがますます重なって、

2 夕**され**ば野辺《のべ》の秋風身にしみて鶉《うづら》鳴くなり深草《ふかくさ》の里 (千載・二五九)
▼夕方に〔**なる**〕と野辺の秋風が身にしみて、鶉が鳴く声が聞こえてくる。深草の里で。

『千載《せんざい》和歌集』の撰者《せんじゃ》、藤原俊成《ふじわらのとしなり》が詠んだ歌で、彼はこの歌を自分の代表歌であると考えていたようです。

035

ものす〈物す〉

サ行変格

①（ものごとを）**する**
②〈「ものし給ふ」の形で〉**いらっしゃる**

関 ものし（形容詞）…不快だ・見苦しい ←
あり（動詞）…①ある・いる ②（ものごとを）する ←

「ものす」は**いろいろな動詞の代わりに用いられます（＝代動詞）**。多くは日常的な状態や行為を表す動詞「あり」「言ふ」「行く」「来」「書く」などの代わりに用いられています。サ変動詞の「す」にも同じ用法があります。

「あり」は「ある・いる」と訳せないときは「言ふ」などの代動詞です。ただし「ものす・す」と異なり、「のたまふ」など**敬語動詞の代わり**に用いられることがあるので注意！

ものす
＝
いろいろなものごとをする

動詞「ものす」と混同してはいけない語に形容詞の「ものし」があります。「ものしきさま」や「ものしく見え」は形容詞の「ものし」です。

① さる御文《おほんふみ》をだに**ものせ**させ給《たま》へ。（落窪・巻一）
▼せめてそのようなお手紙だけでもお〔**書き**〕ください。

雨が降ってきたので、少将は結婚して間もない姫君の所に行けなくなりました。それに対して従者の帯刀《たちはき》が言った言葉です。

① 《光源氏《ひかるげんじ》はお尋ねになった。》中将はいづこより**ものし**つるぞ。（源氏・野分）
▼中将（＝夕霧《ゆうぎり》）はどこから〔**来**〕たのか。

② かく世を離るるさまに**ものしたまへ**ば、（源氏・夕顔）
▼（あなたは）このように俗世を離れた（＝出家した）様子で〔**いらっしゃる**〕ので、

関 宮はいとどしき御心なれば、いと**ものしき**御気色《りしき》にて、（源氏・賢木）
▼宮はいっそう激しいご性格であるので、実に〔**不快な**〕ご様子で、

関（夫が）「見むと思はば」と**ある**を、（蜻蛉・上巻）
▼（夫が）「見たいと思うならば」と〔**言う**〕のを、

関（宮はお手紙に）「あさましく」と**あり**。（和泉式部）
▼（宮はお手紙に）「あきれたことです」と〔**お書きになっている**〕。

例文音読・入試問題

036 □□

ならふ〔慣らふ・馴らふ〕

ハ行四段

1 慣れる
2 親しくなる・なじむ

関 ならひ〔慣らひ〕（名詞）…習慣・ならわし

動詞「慣《な》る」に反復や継続の意味を表す助動詞「ふ」がついてできたものです。

1の「慣れる」ことが、2の「親しくなる・なじむ」状態につながってゆくのです。

慣る＋ふ（反復・継続）↓慣れる

1 さすが**ならは**ぬ道なれば、（とはずがたり・巻四）

▼それでもやはり〔**慣れ**〕ない道であるので、

2《山の桜はまだ盛りで、霞《かすみ》の様子も美しく見えるので、》（光源氏《ひかるげんじ》は）かかる有様も**ならひ**給《たま》はず、ところせき御身にて、珍しう思《おぼ》されけり。（源氏・若紫）

▼（光源氏は）このような（山の）様子にも〔**なじみ**〕なさっていなくて、（簡単には外出できない）窮屈なご身分で、（山の景色を）すばらしいとお思いになった。

037 □□

しのぶ A〔忍ぶ〕 B〔偲ぶ〕

バ行上二段・四段

訳語自体を覚えようとするよりも、訳語の下にあるように「しのぶ」とは1**「耐え忍ぶ」**2**「人目を忍ぶ」**3**「過去や人を偲ぶ」**と考えれば現代語につながりますね。

A **1** 我慢する・こらえる〔耐え忍ぶ〕
2 人目につかないようにする〔人目を忍ぶ〕
B **3** 思い出す・恋い慕う〔過去・人を偲《しの》ぶ〕

1《ほかの女のもとに夫が通うようになった妻は平気を装っていたが、》心地にはかぎりなく妬《ねた》く心憂《う》く思ふを、**しのぶる**になむありける。（大和・一四九段）

▼（妻は）心ではこの上なく妬ましくつらく思っているのを、〔**我慢する**〕のであった。

2寺、社などにしのびてこもりたるもをかし。（徒然・十五段）

▼寺や、神社などに〔人目を忍ん〕で籠もっているのもすばらしい。

3なき人をしのぶる宵《よひ》のむら雨に濡《ぬ》れてや来つる山時鳥《ほととぎす》（源氏・幻）

▼亡き人を〔思い出す〕夜の俄雨《にわかあめ》に濡れてやってきたのか。山の時鳥は。

038 □□ わぶ〈侘ぶ〉

バ行上二段

「わぶ」は思うようにならない事態を前にした**困惑や悲哀や失意の気持ち**を表します。「わびる・謝る」の意ではありません。形容詞形が「わびし」です。

1 困る・嘆く・つらく思う
2 〈動詞の連用形について〉～かねる・～することができない

1《光源氏は酔ったふりをして宴を退出し、寝殿の女房に話しかけた、》いといたう強《し》ひられて、**わび**にて侍《はべ》り。（源氏・花宴）

▼実にひどく（酒を）強制されて、〔困っ〕てしまっております。

1限りなく遠くも来にけるかな、と**わび**合へるに、（伊勢・九段）

▼（男たちは）この上なく遠くまで来てしまったものだなあと、〔嘆き〕合っていると、

2《人々は飢饉《ききん》に苦しんで、》念じ**わび**つつ、様々の財物《たからもの》かたはしより捨つるが如《ごと》くすれども、（方丈）

▼我慢し〔かね〕て、様々な宝物を片っ端から捨てるようにする（＝安く売り払う）が、

例文音読・入試問題

出家する の言い換え表現

古文の世界では、俗世《ぞくせ》に絶望したり、現世での寿命が尽きることを意識したりしたときには、出家をすることがよくあり、その表現もたくさんあります。来世での幸福（＝極楽往生《ごくらくおうじょう》＝極楽に生まれ変わること）を願って、仏道修行に専念するために出家をしたのです。

「出家する」ことをいう表現は次の三つに大きく分けられます。

1 衣服などを変える
- **やつす**
- **かたち（様《さま》・姿《すがた》）を変《か》ふ**

2 髪を切ったり、剃《そ》ったりする
- **御髪《みぐし》（頭《かしら》・飾《かざ》り）下《お》ろす**
- **もとどり切る**

3 世《よ》（＝俗世）を離れる
- **世を背《そむ》く（遁《のが》る・離《はな》る・厭《いと》ふ・出《い》づ・捨《す》つ）**

・いかがはせむ、**かたちをかへて**、（蜻蛉・中巻）

▼どうしようもない、（わたしは）〔**出家し**〕て、

> 女性が出家する場合は、頭髪を剃り上げるのではなく、肩の辺りで切りそろえていました。その髪型を「尼《あま》そぎ」といいます。

・思ひのほかに、**御髪下ろし**たまうてけり。（伊勢・八三段）

▼（親王《みこ》は）思いがけず、〔**出家し**〕なさってしまった。

・**世を背き**ぬべき身なめり。（源氏・帚木）

▼（わたしは）きっと〔**出家し**〕なければならない身であるようだ。

> 「出家」といっても、次のようにさまざまな状態があります。
>
> a 剃髪《ていはつ》し僧衣を着てはいるが、寺に入らず、家にいる人。これを「入道《にゅうどう》」といいます。藤原道長《ふじわらのみちなが》や平清盛《たいらのきよもり》がそうで、出家はしても政治の実権をすっかり手放してもいません。
>
> b 人里離れた庵《いおり》で孤独に仏道修行に励む人（隠遁者《いんとんしゃ》）。
>
> c 比叡山《ひえいざん》などの寺に入る人。
>
> d 仏道修行の旅に出る人（行脚《あんぎゃ》する人）。

死ぬ の言い換え表現

古文の世界では死という忌まわしいことを直接言うことを避けて、「この世からいなくなる」とか「むなしく無常な結果となる」といった婉曲《えんきょく》な（＝遠回しな）表現をするのが普通で、以下のようないろいろの言い方があります。

- **失《う》す**
- **身罷《みまか》る**
- **隠《かく》る**
- **消《き》ゆ**
- **絶《た》ゆ**
- **消《き》え入《い》る**
- **絶《た》え入《い》る**

- **いたづらになる**
- **はかなくなる**
- **むなしくなる**
- **あさましくなる**
- **いかにもなる**
- **ともかくもなる**
- **いふかひなくなる**

「絶ゆ」「消え入る」「絶え入る」には、「気絶する」の意味もあります。また、「失す」の他動詞形「失《うし》ふ」には「殺す」という意味があります。

・その人、ほどなく**うせ**にけりと聞きはべりし。（徒然・三一段）
▼その人は、まもなく〔**亡くなっ**〕てしまったと聞きました。

・左の大臣《おとど》の御母菅原《すがはら》の君**かくれ**給《たま》ひにけり。（大和・九八段）
▼左大臣《さだいじん》の御母上の菅原の君がお〔**亡くなり**〕になってしまった。

「隠る」は高貴な人物の死に際して多く使われる語です。

・そこに**いたづらになり**にけり。（伊勢・二四段）
▼（女は）そこで〔**死ん**〕でしまった。

・遂《つひ》にいと**あさましくなら**せ給ひぬ。（増鏡・十四巻）
▼（春宮《とうぐう》は）ついにお〔**亡くなり**〕になってしまった。

「（いと）あさましくなる」は直訳すれば「（実に）嘆かわしい状態になる」となりますが、死ぬことを遠回しに表現しています。

・義仲《よしなか》都にて**いかにもなる**べかりつるが、（平家・巻九）
▼この義仲は都で〔**死ぬ**〕はずであったのが、

原義は「どのようにもなる」という意味ですが、「どうなってもいい」ということは「死んでもいい」ということですから、「死ぬ」ことを婉曲にいうようになりました。多くは『平家《へいけ》物語』など軍記物語で使用されます。

セットで一語・接頭語

「おいっ、芝生の中に入ってはダメだ。そこの看板に『立入禁止』と書いてあるだろう」。

僕と友人は中学生のときに校長先生に叱られてしまいました。僕たちはしたり顔でこう答えました。

「立って入ってはいません。座ってま〜す」。

僕たちはいけない子どもたちでした。そうです、「立ち入り」は「立って入る」という意味ではなく、単に「入る」という意味で、「立ち」は具体的な動作を示してはいませんよね。

このように実質的な意味を持たず、飛ばして読めばよい語（＝訳すときには無視すればよい語）が古文にもいくつかあります。動詞の前につくものとしては以下のものがよく出てきます。

- 「**うち**」（例　うち出《い》づ・うち語らふ）
- 「**もて**」（例　もて騒ぐ・もてかしづく）
- 「**とり（取り）**」（例　とりつくろふ・取り扱ふ）
- 「**さし（差し）**」（例　さし向かふ・差し仰《あふ》ぐ）
- 「**たち（立ち）**」（例　たち隠る・立ち後る）
- 「**あひ（相）**」（例　あひ添ふ・相果つ）

（注　ただし、たとえば「立ち」には具体的に「立つ」という動作が示される場合（例　立ち待つ）、「あひ」には「一緒に・互いに」などといった意味が含まれる場合（例　あひ乗る）もあります。そのいずれになるかはそれぞれを訳してみて判断しなければなりません）。

こういった、ある語の前に常につき、その語と一つになって一単語を構成するものを**接頭語**と呼びます。それだけでは独立して使われず、**必ず後の語とセットで一単語になる**ので、単語を抜き出す文法問題などでは接頭語を忘れないように注意して下さい。

では、次の一文から上一段活用の動詞を抜き出してみましょう。


女の顔をうち見て口よりつゆばかりの物を落して置きたり。

（『宇治拾遺物語』）


「**うち見**」が正解です。「見」だけ抜き出すと、接頭語「**うち**」が残ってしまいますね。

動詞の前につく接頭語のほかには、名詞の前につく「**み**」「**さ**」「**御**」などの接頭語があります。「み」「さ」は和歌で語調を整えるために使用されます（例　み吉野・さ夜《よ》）。

「御」は読解の手助けをしてくれます。「御」は尊敬の意を表し、登場人物に関わる情報をつかむ手がかりになるのです。たとえば、「御使《つかひ》」というのは高貴な人の使いということです（「使いの人」が高貴な人であるわけではありません）。「御乳母《めのと》」でしたら、高貴な人の乳母ということです。「物語」は、「世間話・雑談」という意味で、女房同士の会話であったりしますが、「御物語」とあればその会話に貴人が加わっていることになります。「御文《ふみ》」は高貴な人からのお手紙（たまに高貴な人への手紙）ということです。


接頭語と似ていますが、常にある語の後につき、その語と一つになって一単語を構成するものを**接尾語**といいます。接尾語の代表的なものとしては名詞の後ろにつく「**ども**」、形容詞の語幹などについて形容動詞を作る「**げなり**（→P64）」などがあります。

重要なものは名詞につく次のものです。

- 「**所**《ところ》」は貴人の数を数えるときに使います。
（例　二所《ふたところ》…「お二人・お二方」）
- 「**ども**」は原則的に複数を表すので、現代語では「子どもが一人います」と言えますが、古語では誤りです。「子ども」は「二人以上の子どもたち」なのです。
- 「**ばら**」も複数を表しますが、人を表す語にのみつくのが「ども」と異なります。
- 「**ら**」は現代語と同じく複数を表すこともありますが、卑下や親しみも表します。

039

をかし

シク活用

1 **すばらしい**〔美しい・かわいい・おもしろい・風流だなど肯定的に評価する様子や心情を表す〕
2 おかしい・**滑稽《こっけい》だ**

関 おもしろし（形容詞）…すばらしい・楽しい・風流だ
たのし（形容詞）…裕福だ

『源氏《げんじ》物語』は「（ものの）あはれ」の文学、『枕草子《まくらのそうし》』は「をかし」の文学といわれます。「をかし」は**心で受け止めたことを肯定的に評価する語**です。2の現代語と同じ場合以外は、状況に応じて具体的なほめ言葉を考えてください。

「興趣がある」などと一つ覚えのあいまいな訳をしたり、辞書に羅列してある訳語を覚えるのではなく、本文に応じてあなたの日ごろ使っている言葉で訳してください。

関の「おもしろし」も「をかし」と同じように考えましょう。

1 《夏は夜がいい。闇夜でもたくさんの蛍が飛び交っている。》また、ただひとつふたつなど、ほのかにうちひかりて行くも**をかし**。（枕・春は曙）

▼また、一匹か二匹ほど、ほのかに光って（飛んで）行くのも、〔**すばらしい（すてきだ・美しい・風情がある）**〕。

1 笛をいと**をかしく**吹き澄まして、過ぎぬなり。（更級）

▼笛をとても〔**すばらしく（うまく）**〕澄んだ音色で吹いて、通り過ぎて行ってしまったようだ。

2 妻《め》、「**をかし**」と思ひて、笑ひてやみにけり。（今昔・二八巻・四二話）

▼妻は、「〔**滑稽だ（おかしい）**〕」と思って、笑って終わった。

「げなり」は「様子である・らしい」という意を添える接尾語で形容動詞をつくります。

童《わらは》の**をかしげなる**、出《い》で来《き》てうち招く。（源氏・夕顔）

▼女の童《わらわ》（＝召し使いの少女）で〔**かわいい様子の**〕童が、出てきて手招きをする。

040 □□

よろし

シク活用

[1] 悪くはない・まあよい
[2] 普通だ

関 よし（形容詞）…[1]身分が高い・教養がある ⬅ [2]よい
あし（形容詞）…悪い
反 わろし（形容詞）…よくはない

「よろし」と「わろし」は現代語とはニュアンスが異なります。**「よし」と「あし」が絶対的評価**であるのに対し、**「よろし」と「わろし」は相対的評価**、つまり訳語としては前者は「悪くはない・普通だ」、後者は「よくはない」と訳します。

「よし」と「あし」は現代語と同じく、それぞれ「よい」「悪い」と訳しておけばよいのですが、「よき人」は「身分が高く教養がある人」と訳します。

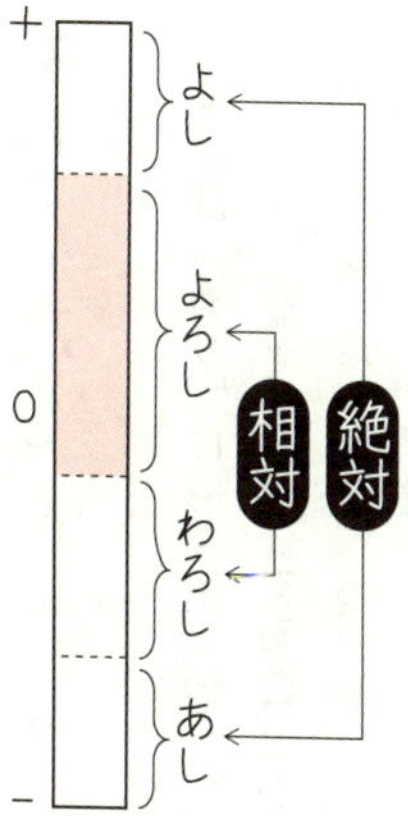

[1]《静縁法師《じょうえん》が鴨長明《かものちょうめい》に自作の歌についての評価を聞いた。》
「**よろしく**侍《はべ》り。」（無名抄）
▼「〔**悪くはない**〕です（＝悪くはありません）。」

長明はこの返答にさらに次のように言葉を継ぎました。「ただし、『泣かれぬる』という詞《ことば》があまりに浅はかすぎて、どうかと思われます」。このことからも「よろし」は絶対的な肯定評価を表す語ではないことが分かるでしょう。

[2]《光源氏《ひかるげんじ》が三歳のとき、母である桐壺《きりつぼ》の更衣《こうい》が亡くなった。》
よろしき事にだに、かかる別れの悲しからぬはなきわざなるを、ましてあはれに言ふかひなし。（源氏・桐壺）
▼〔**普通の**〕状況でさえ、このような（母子の）別れが悲しくないことはないことだが、まして（源氏の幼さを考えると）かわいそうでどうしようもない。

関 **よき人**はあやしきことを語らず。（徒然・七三段）
▼〔**身分が高く教養がある人**〕は不思議な（＝妙な）ことを語らない。

『徒然草《つれづれぐさ》』の作者、兼好《けんこう》法師のあこがれていた平安時代の貴族、彼らの知的なセンス、教養はその身分の高さに支えられていたのです。

例文音読・入試問題

041

ありがたし

ク活用

ラ変動詞「有り」に形容詞「難《かた》し」がついてできた語で、**「存在することが難しい」**との意。現代語の「有り難う」はめったにない（＝有り難い）ことをしてもらったときに生じる感謝の気持ちを表す語です。

有り＋難し→めったにない

1 **めったにない**・珍しい
2 （めったにないほど）**すばらしい**

1 **ありがたき**もの。舅《しうと》にほめらるる婿《むこ》。（枕・ありがたき物）
▼〔**めったにない**〕もの。舅《しゅうと》（＝妻の父）にほめられる婿。

2 「さ候《さうら》へばこそ、世に**有り難き**ものには侍《はべ》りけれ」とていよいよ秘蔵《ひさう》しけり。（徒然・八八段）
▼「そうでございますから、実に〔**すばらしい**〕ものなのでございますよ」と言ってますます大切にしまっていた。

ある人が、書家の小野道風《おののとうふう》の書いた『和漢朗詠集《わかんろうえいしゅう》』を持っていると言っていましたが、小野道風は九六六年没、『和漢朗詠集』は一〇一二年ごろに成立。その矛盾を指摘されて言った言葉です。

042

つきづきし〈付き付きし〉

シク活用

漢字をあてて覚えましょう。「付き」を二つ重ねて、ぴったり付いている、つまり、**その場の雰囲気と調和している様子**を表します。

1 **似つかわしい**・ふさわしい

反 つきなし（形容詞）…ふさわしくない・似つかわしくない

1 家居《いへゐ》の**つきづきしく**、あらまほしきこそ、仮の宿りとは思へど、興あるものなれ。（徒然・十段）
▼住居が（住んでいる人に）〔**似つかわしく**〕、理想的であるのは、（現世における）仮の宿だとは思っても、興味をそそられるものである。

何に対して似つかわしいのかは、書かれていないことが多いので補って訳すように心がけてください。

043 □□

なまめかし

シク活用

四段動詞「なまめく」の形容詞化した語。「なま」が初々しさ、若々しさを表し、接尾語「めく」はその状態になることをいいます。その「若々しい・みずみずしい」という意味から、さらに「表面的には若々しく見えても実は**落ち着いた美しさ、上品さ**がそなわっている」という意味に広がりました。

1 優美だ・**上品だ**
2 **若々しい**・みずみずしい

関 なまめく（動詞）…1 落ち着いて上品だ 2 若くみずみずしい

1 （春宮《とうぐう》は）あてに**なまめかしく**おはします。（源氏・若菜下）
▼（皇太子は）高貴で〔**上品で（優美で）**〕いらっしゃる。

2 《光源氏《ひかるげんじ》は四十歳のお祝いをお迎えになるが、》**なまめかしく**、人の親《おや》げなくおはしますを、（源氏・若菜上）
▼〔**若々しく**〕、人の親という様子ではなくていらっしゃるので、

044 □□

めでたし

ク活用

下二段動詞「愛《め》づ」の連用形「愛で」に形容詞「甚《いた》し」がついた「めでいたし」の変化した語で、**「ひどく賞賛すべき状態だ」**という意です。

愛《め》づ＋甚《いた》し↓めでたし

1 **すばらしい**

1 藤《ふぢ》の花は、しなひ長く、色濃く咲きたる、いと**めでたし**。（枕・木の花は）
▼藤《ふじ》の花は、花房のしだれが長く、色が濃く咲いているのが、とても〔**すばらしい**〕。

045 うるはし

シク活用

容姿の**きちんと整った美しさ**から礼儀正しさ、誠実さなど態度の立派さまで意味に広がりをもちますが、あまりにきまじめで「堅苦しい」という意味になることもあります。

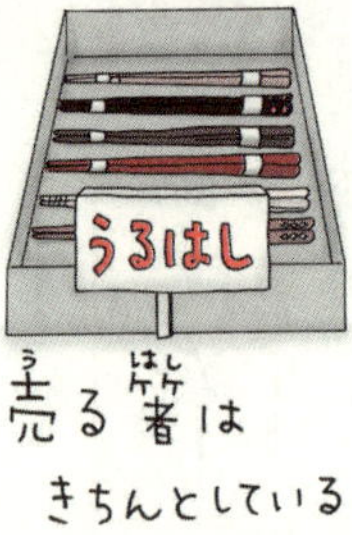

1 **きちんとしている**・整っている・端正だ
2 立派だ・**美しい**・見事だ

1 日《ひ》の装束《さうぞく》**うるはしく**したる人の、太刀《たち》帯《は》きて笏《しやく》取り、（今昔・二七巻・二話）
▼晴れの装束《しやうぞく》を〔**きちんと**〕着た人が、太刀を身につけて笏を（手に）取り、

「日」は「晴れ」と同じで、「公・公式」の意。「褻《け》」の反対語です。

2 （枇杷殿《びわどの》は）あまり御心《みこころ》**うるはしく**すなほにて、へつらひ飾りたる小国には負はぬ御相なり。（大鏡・雑々物語）
▼（枇杷殿は）あまりにお気持ちが〔**美しく**〕素直で、へつらい飾った小国（＝この国）には似合わないご人相である。

046 やむごとなし

ク活用

「止《や》む事無し」と漢字をあてて覚えましょう。「止む」は重要語句（↓P148）。**「そのままにしておくことができないほどだ」**という意から、「放っておけない・捨てておけない」、さらに「格別だ」

1 **高貴だ**・尊い
2 格別だ・**並々でない**・優れている
※「やんごとなし」「やごとなし」となっても同じです。

1 **やむごとなき**人のかくれ給《たま》へるもあまた聞こゆ。（方丈）
▼〔**高貴な**〕人がお亡くなりになったということもたくさん聞こえる（＝耳にした）。

2 この大臣《おとど》の御おぼえいと**やむごとなき**に、（源氏・桐壺）

「高貴だ」という意を表すようになりました。

やむごとなし＝止む事無し
↓そのままにしておくことができない
↓高貴だ・格別だ

▼この大臣のご評判（＝人望）は実に〔**並々でない**〕ので、

「この大臣」とは左大臣のことで、光源氏《ひかるげんじ》はその姫君、葵《あおい》の上《うえ》を最初の正妻としました。

047 □□ おとなし〔大人し〕

シク活用

1 大人らしい・大人びている・ませている
2 **思慮分別がある**・落ち着いている
3 **主《おも》だっている**・年配で中心的な立場の者である

名詞「大人」からできた形容詞で、**「大人らしい要素をもっている」**ことをいいます。そこから「大人びている」「思慮分別がある」「主だっている」などの意味に広がりました。

大人し
＝
大人らしい
↓大人びている
↓思慮分別がある
↓主だっている

1 （春宮《とうぐう》は）十一になりたまへど、ほどより大きに**大人しう**きよらにて、（源氏・澪標）
▼（皇太子は）十一歳におなりになるが、年齢よりも大いに〔**大人びていて**〕美しく、

2 上人《しやうにん》なほゆかしがりて、**おとなしく**物知りぬべき顔したる神官を呼びて、（徒然・二三六段）
▼上人《しょうにん》はやはり知りたがって、〔**思慮分別があり**〕物を（よく）知っていそうな神官を呼んで、

3 **おとなしく**、もどきぬべくもあらぬ人のいひ聞かするを、（徒然・一六八段）
▼〔**主だっていて**〕、逆らって非難することができそうもない人が言い聞かせるのを、

048 □□ ゆかし

シク活用

1 見たい・聞きたい・知りたい
2 心ひかれる・慕わしい

四段動詞「行《ゆ》く」が形容詞化した語で、心が対象に向かって行く、つまり**心がひかれる様子**をいいます。訳すときは具体的に「見たい・聞きたい」などと訳すことが肝要です。

ゆかし＝対象へ行きたい心情

1 （天香具山《あまのかぐやま》は）年ごろ**ゆかしう**思ひわたりし所なりければ、（菅笠・下巻）

▼（天香具山は）長年〔**見たいと**〕（＝登りたく）思い続けていた所であったので、

2 山路《やまぢ》来て何やら**ゆかし**すみれ草（野ざらし）

▼（さびしい）山道をやってきて何やら〔**心ひかれる**〕。すみれ草よ。

049 □□ なつかし

シク活用

1 親しみ深い・心ひかれる・好ましい

四段動詞「なつく」が形容詞化した語で、**慣れ親しんでくっついていたいほど好ましく、親しみが感じられるさま**を表します。昔を思う懐古の気持ちを表すのは、鎌倉時代以降。

なつかし ≠ 昔なつかしい

1 （村上《むらかみ》天皇は）**なつかしう**なまめきたる方は、延喜《えんぎ》にはまさり申させたまへり。（大鏡・雑々物語）

▼（村上天皇は）〔**親しみ深く**〕優美な点では、醍醐《だいご》天皇にまさり申し上げなさっている。

古文では年号がその時代の天皇を表すことがあります。特に「延喜」が「醍醐天皇」、「天暦《てんりゃく》」が「村上天皇」のことをいうのは覚えておいてください。

050 □□

はづかし〔恥づかし〕

シク活用

現代語と同じ意味でも用いられますが、古文では**「こちらが恥ずかしくなるほど」相手が「立派だ」**の意味が重要です。

1 恥ずかしい・きまりが悪い〔現代語と同じ〕
2 〔こちらが恥ずかしくなるほど相手が〕**立派だ**

2 **はづかしき**人の、歌の本末《もとすゑ》問ひたるに、ふとおぼえたる、我ながらうれし。（枕・うれしき物）

▼〔**（こちらが恥ずかしくなるほど）立派な**〕方が、歌の上《かみ》の句や下《しも》の句を尋ねたときに、ふと思い出したのは、我ながらうれしい。

勝ち気な清少納言《せいしょうなごん》も立派な相手にはしおらしいところもあったようです。歌の「本《もと》」＝「上の句」と「末《すゑ》」＝「下の句」は必ず覚えてほしい語です。

051 □□

こころにくし

ク活用

「にくらしいと嫉妬心を抱くくらい、心ひかれる（相手がすばらしい）」という意味です。

こころにくし ≠ にくらしい

1 **奥ゆかしい**・上品だ・心ひかれる

関 にくし（形容詞）…気にくわない・いやだ

1《身分が高く教養がある人の住まいというものは、》うちある調度も昔覚えてやすらかなるこそ、**心にくし**と見ゆれ。（徒然・十段）

▼ちょっと（置いて）ある調度も昔が思い出されて（＝古風で）落ち着いているのが、〔**奥ゆかしい**〕と思われる。

例文音読・入試問題

052

うつくし〔美し〕

シク活用

奈良時代は、自分より弱い者、幼い者をいつくしむ肉親の情を表しましたが、平安時代には**客観的に小さくてかわいらしいもの**をいい表すようになり、平安時代後期以降には「美しい」という意味でも用いられるようになりました。

1 かわいい・いとしい
2 美しい〔現代語と同じ〕

1 **うつくしき**もの。瓜《うり》にかきたるちごの顔。（枕・うつくしき物）
▼〔**かわいい**〕もの。瓜に描いた幼児の顔。

うつくし
現 beautiful
古 lovely pretty

053

かなし

シク活用

「愛《かな》し」と漢字をあてて覚えましょう。現代語と同じ「悲し（哀し）」の場合もありますが、大切なのは「愛し」。文字どおり、「愛《いと》しい・かわいい」という意味です。

かなし＝愛し→いとしい

1 いとしい・かわいい
2 悲しい〔現代語と同じ〕

関 かなしうす（動詞）…かわいがる

1《男は新しい妻を河内《かわち》に持った。もとからの妻は河内に出かける男をこころよく送り出す。疑念を抱いた男は出かけるふりをして庭の植え込みに身を隠す。妻は男の向かったであろう遠く険しい山の方を見つめ、男の身を案じる歌を詠んだのだった。》
（男は）限りなく**かなし**とおもひて、河内《かふち》へも行かずなりにけり。（伊勢・二三段）
▼（男はもとからの妻を）この上なく〔**いとしい**〕と思って、河内へも行かなくなってしまった。

054 □□

らうたし

ク活用

1 **かわいい**・いじらしい

関 **らうたげなり**（形容動詞）…かわいい様子だ・かわいらしい

もとは「労《らう》」＋「甚《いた》し」で、子どもなどを労をいとわず**いたわりたい、世話したいと思う気持ち**を表します。

1 （赤ちゃんが）かい付きて寝たる、いと**らうたし**。（枕・うつくしき物）

▼（赤ちゃんが）抱きついて寝てしまったのは、とても〔**かわいい**〕。

関 （若紫《わかむらさき》は）頰《つら》つきいと**らうたげに**て、（源氏・若紫）

▼（若紫は）顔つきがとても〔**かわいらしく**〕て、

「らうたげに」は形容動詞「らうたげなり」の連用形です。「らうたげなり」は形容詞「らうたし」の語幹に形容動詞をつくる接尾語の「げなり」がついたもので、「かわいい様子だ・かわいらしい」と訳します。

055 □□

めやすし〔目安し〕

ク活用

1 （見た目の）**感じがよい**・見苦しくない

漢字をあてて覚えましょう。**見た目が安らかな状態**をいい、容姿や外見について多く用いますが、精神的な面に用いることもあります。

1 （女房は）髪ゆるるかに、いと長く、**めやすき**人なめり。（源氏・若紫）

▼（女房は）髪がゆったりと（して）、とても長く、〔**感じがよい**〕人であるようだ。

めやすし＝目安し
↓見た目が安らか
↓感じがよい

056 □□ あやし

A〔怪し〕 **B**〔賤し〕

シク活用

感動詞「あや」が形容詞化した語で、**人の理解を超えたものごとに対して、不思議だと思う気持ち**を表します。**B**の「賤《あや》し」は貴族には庶民の生活が理解できないところから、2・3の意味が生じました。

A 1 **不思議だ**・変だ・妙だ
B 2 **身分が低い**・卑《いや》しい
3 **粗末だ**・みすぼらしい

同 いやし（形容詞）…
1 身分が低い
2 みすぼらしい

1 ただ文字《もじ》一つに、**あやしう**、あてにもいやしうもなるは、いかなるにかあらむ。（枕・ふと心おとりとかするものは）

▼ただ文字一つで、〔**不思議に**〕（＝不思議なことに）、（文全体が）上品にも下品にもなるのは、どういうことであろうか。

現代にも通じる思いですね。言葉は一語もおろそかにできません。

2 **あやし**の身には得《え》がたき物にて、（発心・第六・七）

▼〔**身分が低い**〕わが身には手に入れにくい物で、

3 **あやしき**舟どもに柴《しば》刈り積み、（源氏・橋姫）

▼〔**粗末な**〕舟に木の枝を刈って積み、

057 □□ さうざうし

シク活用

現代語の「騒々しい」とは別の語です。「索索《さくさく》し」のウ音便形で、**「（当然あるはずのものがなくて）もの足りない・さびしい」という気持ち**を表します。

1 **もの足りない**・さびしい

1 帝《みかど》、**さうざうし**とや思《おぼ》し召《め》しけむ、殿上《てんじやう》に出《い》でさせおはしまして、（大鏡・道長）

▼帝は、〔**もの足りない**〕とお思いになったのだろうか、殿上《てんじょう》の間《ま》に出ていらっしゃって、

この後、帝は殿上人たちの語る怪談話に触発され、藤原道隆《ふじわらのみちたか》、道兼《みちかね》、道長《みちなが》三兄弟を胆試《きもだめ》しに行かせます。

058 つれなし

ク活用

1 平然としている・平気だ
2 冷淡だ・薄情だ

漢字をあてて覚えましょう。「連れ」が「無し」、つまり関連がない、**ほかからの働きかけに反応しない様子**をいいます。

連れ無し
＝
関連が無い → 反応しない ↘ 平然としている
　　　　　　　　　　　　↙ 冷淡だ

1 《勝負に負けたほうが、必ず仕返ししようとぴりぴりしているのもおもしろいが、》いと**つれなく**、なにとも思ひたらぬさまにて、たゆめ過ぐすも、またをかし。（枕・うれしき物）

▼まったく〔**平然として**〕、なんとも思っていない様子で、（相手を）油断させ過ごすのも、またおもしろい。

2 昔、をとこ、**つれなかり**ける女にいひやりける。（伊勢・五四段）

▼昔、男が、（自分に）〔**冷淡だっ**〕た女に言い贈った（歌）。

059 なめし

ク活用

1 無礼だ

「なめ」は、漢字をあてると「滑走路」や「円滑」や「滑《なめ》らか」の「滑」で、ぬるぬるとすべる感じをいい、そこから**相手を軽く扱う態度**をいうようになりました。現代語の「なめる（＝ばかにしてかかる）」はこの語が動詞化したものだといわれています。

1 文《ふみ》ことば**なめき**人こそいとにくけれ。（枕・文こと葉なめき人こそ）

▼手紙の言葉が〔**無礼な**〕人はほんとうに気にくわない。

060 □□

おどろおどろし

シク活用

1 **大げさだ**・仰々《ぎょうぎょう》しい
2 **気味が悪い**・恐ろしい

同 ことごとし（形容詞）…大げさだ
むくつけし（形容詞）…気味が悪い・恐ろしい・無骨だ

驚² = 大げさだ

四段動詞「驚く」の語幹を重ねて驚く様子を強めて形容詞化した語。その状況により、**大げさだと感じたり、気味が悪い、恐ろしいと感じる気持ち**を表します。

1 夜いたくふけて、門《かど》をいたう**おどろおどろしう**たたけば、（枕・里にまかでたるに）
▼夜がひどく更けて、門をとても〔**大げさに**〕たたくので、

2 いと**おどろおどろしく**かきたれ雨の降る夜、（大鏡・道長）
▼とても〔**気味悪く**〕激しく雨の降る夜、

「かきたる（掻き垂る）」は、雨や雪などが激しく降るさまを表す動詞です。

061 □□

うし〈憂し〉

ク活用

1 **つらい**・**いやだ**・情けない

同 心憂し（形容詞）…つらい・いやだ・情けない ←

うしはつらい。

ものごとが思いどおりにならない憂鬱《ゆううつ》な気持ちを表します。生きるうえで味わう本質的なつらさを表すのに、よく使われます。

1《新しい妻を得た男は全家財道具を運び出した。もとからの妻は言う。》
今日よりは**うき**世の中をいかでわたらむ。（大和・一五七段）
▼今日からは〔**つらい**〕世の中をどうして渡ってゆけばいいのだろう。

同《弘徽殿《こきでん》の女御《にょうご》は光源氏《ひかるげんじ》の舞う青海波《せいがいは》を見て若死にしそうだなどと縁起でもないことを言う。》
若き女房などは、**心うし**と耳とどめけり。（源氏・紅葉賀）
▼若い女房などは、〔**いや（な感じ）だ**〕と思って聞いていた。

062 □□ むつかし

シク活用

好ましくないことがらに対しての**心がふさがるような、不快感・恐怖心**を表します。

1 不快だ・煩《わずら》わしい・うっとうしい
2 気味が悪い・恐ろしい

関 むつかる（動詞）…不愉快に思う

1 女君は、暑く**むつかし**とて、御髪《みぐし》すまして、（源氏・若菜下）
▼女君（＝紫の上）は、「暑く、〔うっとうしい〕」と言って、御髪《おぐし》を洗って、

2 《光源氏は女（＝夕顔《ゆうがお》）をある荒れ果てた院に連れていった。》
奥の方《かた》は暗うもの**むつかし**と、女は思ひたれば、（源氏・夕顔）
▼奥の方は暗くなんとなく〔気味が悪い〕と、女は思っているので、

063 □□ すさまじ

シク活用

意に反して対象の不調和がどんどん進行する不快感、つまり、時機がずれていたり、場違いであったりして、それまでの気持ちが冷めてしまい、**不快で、しらけた感じ**になることを表します。

現代語と同じ「すさまじい（＝ものすごい）」の意として用いられることもあります。

1 興ざめだ・おもしろくない・しらけている
2 殺風景だ・寒々としている・荒涼としている

1 **すさまじき**もの。昼ほゆる犬、春の網代《あじろ》。（枕・すさまじき物）
▼〔興ざめな〕もの。昼ほえる犬、春の網代。

> 網代とは、冬、水中に竹や木を編んで立て、魚を捕らえるしかけのことです。春の網代は季節はずれなのです。（「網代」→P281）

2 冬の夜の月は、昔より**すさまじき**物の例《ためし》にひかれて侍《はべ》りけるに、（更級）
▼冬の夜の月は、昔から〔殺風景な（寒々とした）〕物の例として引かれておりましたが、

064 □□ びんなし〔便無し〕

ク活用

漢字をあてて覚えます。**「便《びん》」は「便宜《べんぎ》」（＝都合のよいこと）」**の「便」。それに「無し」がついて、**「都合が悪い」**という意を表します。

1 **不都合だ**・具合が悪い
2 **気の毒だ**・いたわしい〔鎌倉時代以降〕

同 ふびんなり〔不便なり〕（形容動詞）… 1 不都合だ 2 気の毒だ

1 《帝《みかど》はぜいたくを禁じていた。》
左の大臣《おとど》の、一の人といひながら、美麗《びれい》ことのほかにて参れる、**びんなきことなり**。（大鏡・時平）
▼左大臣（＝藤原時平《ふじわらのときひら》）が、最高の身分の人とはいいながらも、ことのほか華美な衣服で参内《さんだい》したのは、〔**不都合な**〕ことである。

2 《柿の木を売ったが、嵐《あらし》が来て柿の実がすべて落ちてしまったので、》
（買った人が）「きのふの価《あたひ》返しくれたびてんや」と侘《わ》びぬ。いと**びんなければ**、許しやりぬ。（落柿舎）
▼（買った人が）「昨日の代金を返してくださいませんか」と嘆いていた。とても〔**気の毒な**〕ので、（わたしは）許して（＝返して）やった。

「たび（給び）」は尊敬の補助動詞、「て」は完了の助動詞「つ」の未然形の強意用法、「ん」は推量の助動詞「ん」の終止形の勧誘用法です。

065 □□ いとほし

シク活用

もとは**弱い者を見てつらくて目を背けたくなる気持ち**を表しました。そこから同情を意味する「気の毒だ」になり、さ

1 **気の毒だ**・かわいそうだ
2 いとしい・かわいい

1 翁《おきな》を**いとほし**、かなしと思《おぼ》しつることも失《う》せぬ。（竹取・かぐや姫の昇天）
▼（かぐや姫は）翁を〔**気の毒だ**〕、いとしいとお思いになっていたこと（＝気持ち）もなくなってしまった。

らには同情が愛情に変わり、「いとしい・かわいい」と思う意を表すようになりました。

2 去り難き妻《め》、**いとほしき**子をふり捨て、（撰集・巻一・四話）

▼別れづらい妻、〔**かわいい**〕子をふり捨てて、

066 □□ いはけなし

ク活用

下二段動詞「稚《いは》く（＝幼い様子である）」に「はなはだしい」の意の「なし」がつき、形容詞化した語です。

1 幼い・あどけない・子どもっぽい

同 いとけなし（いときなし）（形容詞）…幼い ⬅

1 （若紫《わかむらさき》が）**いはけなく**かいやりたる額《ひたひ》つき、髪《かむ》ざし、いみじううつくし。（源氏・若紫）

▼（若紫が）〔**子どもっぽく**〕（髪を）かきあげた額《ひたい》の様子や、髪の生え具合が、とてもかわいらしい。

同 その子いまだ**いとけなき**程に、日本に帰る。（宇治・巻十四・四話）

▼その子はまだ〔**幼い**〕ころに、日本に帰る。

067 □□ つらし〈辛し〉

ク活用

現代語と同じ「つらい・苦痛だ」という意味もありますが、もともとは**「(自分がつらくなるほど相手が) 薄情だ」**という意味です。

1 薄情だ・冷淡だ
2 つらい〔現代語と同じ〕

1 《部屋に閉じ込められて勉強を強いられている夕霧《ゆうぎり》は父の光源氏《ひかるげんじ》のことをこう思った。》
つらくもおはしますかな。（源氏・少女）

▼（父上は）〔**薄情で**〕いらっしゃるなあ。

光源氏は親の七光りではなく実力で出世してほしいと思えばこそ息子を学問に専念させたのです。親の心子知らず、ですね。

068 □□ ところせし〈所狭し〉

ク活用

物理的に「場所が狭い」という意味から派生して、そう感じられるほど「（その場にいっぱい）あふれている」という意味や、心理的に「窮屈だ」という意味でも使われます。

1 （物理的に）**窮屈だ**・（窮屈なほどその場に）あふれている
2 （心理的に）**窮屈だ**・気詰まりだ
3 仰々《ぎょうぎょう》しい・大げさだ

1 小さき屋《や》ども作り集めて奉《たてまつ》り給《たま》へるを、**ところせき**まで遊び広げ給へり。（源氏・紅葉賀）
▼（光源氏《ひかるげんじ》が人形の）小さな家をたくさん作り集めて差し上げなさったのを、（紫の上は）〔**窮屈な**〕ほど（＝その場にいっぱい）広げて遊んでいらっしゃる。

2 《病気になった光源氏は加持祈禱《かじきとう》を受けるため北山の寺へ赴いた。》かかる有様もならひ給《たま》はず、**ところせき**御身にて、珍しう思《おぼ》されけり。（源氏・若紫）
▼（光源氏は）このような（山の）様子にもなじみなさっていなくて、（簡単には外出できない）〔**窮屈な**〕ご身分で、（山の景色を）すばらしいとお思いになった。

069 □□ うしろめた（な）し

ク活用

「後ろ目痛し」または「後ろ方《へ》痛し」が変化した語といわれ、**「（自分には見えない）後ろの方が気がかりだ」**という意味です。現代語と同じ「後ろめたい」という意味もあります。

1 **気がかりだ**

反 うしろやすし（形容詞）…安心だ

1 《尼君は若紫《わかむらさき》の髪をなでながら言った。》いとはかなうものし給ふこそ、あはれに**うしろめたけれ**。（源氏・若紫）
▼（あなたが）とても頼りなくていらっしゃるのが、かわいそうで〔**気がかりだ**〕。

母を亡くした若紫の祖母が尼君。将来を案じているのです。

070 □□

かたはらいたし

ク活用

①**きまり悪い**・恥ずかしい
②**苦々しい**・腹立たしい・見苦しい・聞き苦しい・みっともない
③**気の毒だ**・心苦しい

漢字をあてると「傍ら痛し」です。傍《かたわ》らの人から見られていることを強く意識して心が痛む、つまり、**そばの人に対して気がひける、きまり悪い**というのが①の意味です。入試ではこの意味が最も重要です。それとは違って、傍らの人の言動をそばで見て気がもめる、見てはいられないといった心の痛みを表すのが②と③です。

① 《平中《へいちゅう》（＝平貞文《たいらのさだふみ》）は大臣に言う。》御前《おまへ》にて申すは**かたはらいたき**事には候《さうら》へども、（今昔・三二巻・八話）

▼（大臣の）御前《ごぜん》で申し上げるのは〔**きまり悪い**〕ことではございますが、

② すべていとも知らぬ道の物がたりしたる、**かたはらいたく**聞きにくし。（徒然・五七段）

▼何ごともあまり知らない方面の話をしているのは、〔**苦々しく（みっともなく）**〕聞きづらい。

③ すのこは**かたはらいたけれ**ば、南のひさしに入れ奉る。（源氏・朝顔）

▼縁側（にお座りいただくの）は〔**気の毒な**〕ので、南の庇《ひさし》の間《ま》に（源氏を）お入れ申し上げる。

293ページの「寝殿（室内図）」を参考にしてください。「すのこ」は吹きさらしの縁側です。そこに光源氏を座らせておくのは「お気の毒で、心苦しい」ので、部屋の中である「ひさし」にお入りいただこうとしているのです。

例文音読・入試問題

071

わりなし

ク活用

「わり」は「理（＝ことわり）」で、「道理」。それが「無し」なので、**道理や常識に合わないこと、ひどい、どうしようもない状態**を表します。また、そういうものに出会って、困ったり苦しんだりする様子も表します。まれにではありますが、道理に合わないほどプラスの状態を表すこともあります。

わりなし＝理《ことわり》無し→道理に合わない

1 道理に合わない・ひどい・無理やりだ
2 しかたがない・どうしようもない
3 苦しい・つらい・困っている

関 ことわり〔理〕（名詞）
…道理→P114

1 **わりなく**ものうたがひする男にいみじう思はれたる女。（枕・くるしげなる物）
▼〔ひどく〕もの疑いをする（＝疑い深い）男にとても愛された女。

確かにその女性は迷惑なのでしょうが、男が疑い深くなるのは愛情の裏返しだともいいます。

2 **わりなう**おぼし乱れぬべし。（枕・清涼殿のうしとらのすみの）
▼きっと〔どうしようもなく〕思い乱れなさるにちがいない。

3 一昨日《をととひ》より腹を病《や》みて、いと**わりなけれ**ば、（源氏・空蟬）
▼おとといから腹が痛くて、とても〔苦しい〕ので、

右の三つの例でも分かるように、「ひどい」「どうしようもない」の二つの訳でなんとかなります。あとはそれを具体化するかどうかです。

072

本意《ほい》なし

ク活用

「本意」は「本来の意志・願い」の意味なので、それが「無い」ことから、**自**

1 不本意だ・残念だ

関 うらなし〔心なし〕（形容詞）…
1 （心の内を）包み隠すことがない
2 特に深い考えもない

1 人の語りいでたる歌物語の、歌のわろきこそ**ほいなけれ**。（徒然・五七段）
▼人が語り始めた歌物語で、歌のよくないのは〔残念だ〕。

分の意志・願いに合わない気持ちを表します。

ほいなし ＝ 本意無し ↓ 不本意だ

「歌」は歌物語における眼目なのです。感情のほとばしりです。いわば、たこ焼きの「たこ」。「歌」がよくない歌物語は価値がないのです。

073

あさまし

シク活用

1 驚くほどだ
2 あきれるほどだ
3 情けない・嘆かわしい

関 あきる〔呆る〕(動詞)…途方に暮れる・呆然《ぼうぜん》とする
あさむ(動詞)…驚く・あきれる

マ行四段動詞「あさむ」が形容詞化した語で、**驚いたりあきれたりする気持ち**を表します。古語ではよい意味に使われることもありますが、現代語と同様、悪い意味で使われるのがほとんどです。3の意味も忘れてはいけません。

1 このゐたる犬のふるひわななきて、涙をただおとしにおとすに、いと**あさまし**。(枕・うへにさぶらふ御ねこは)
▼このうずくまっていた犬がぶるぶる震えて、涙をただ落としに落とすので、ほんとうに〔**驚くほどだ**〕。

2 《かぐや姫との結婚の条件に蓬莱《ほうらい》の玉の枝を要求された庫持《くらもち》の皇子《みこ》が持ってきた物は偽物《にせもの》だった。》
かく**あさましき**そらごとにてありければ、(竹取・蓬莱の玉の枝)
▼このように〔**あきれるほどの**〕嘘《うそ》であったので、

3 物のあはれも知らずなり行くなん**あさましき**。(徒然・七段)
▼物の情趣も分からなくなってゆく(＝ものごとに感動しなくなってゆく)のは〔**情けない**〕。

例文音読・入試問題

074 □□

めざまし〔目覚まし〕

シク活用

上位の者が下位の者の言動を見て、**目が覚めるほどしゃくに障る**、逆にまた**目が覚めるほど感心する**気持ちを表します。

1 **気にくわない**・目障りだ
2 **すばらしい**・立派だ

1 《新しく桐壺《きりつぼ》の帝《みかど》のもとに入内《じゅだい》してきた桐壺の更衣《こうい》に対して》
はじめより我はと思ひ上がり給《たま》へる御方々、**めざましき**ものにおとしめそねみ給ふ。（源氏・桐壺）
▼はじめから我こそはと思い上がりなさっていた方々は（桐壺の更衣を）〔**気にくわない**〕者としてさげすみ、ねたみなさる。

帝に深く愛されたために桐壺の更衣はほかの女御《にょうご》・更衣の嫉妬の対象となってしまったのです。

2 気高《け》きさまして、**めざましう**もありけるかな。（源氏・明石）
▼（明石《あかし》の入道の娘は）気高い様子で、〔**すばらしい**〕なあ。

075 □□

いみじ

シク活用

四段動詞「忌《い》む」が形容詞化した語。対象が神聖、または穢《けが》れであり、決して触れてはならないと感じられる意から転

1 とてもよい・**すばらしい**
2 とても悪い・**ひどい**
3 〈「いみじく(う)」の形で副詞的に用いて〉**とても**・はなはだしく

1 世は定めなきこそ、**いみじけれ**。（徒然・七段）
▼この世は無常であるからこそ、〔**すばらしい**〕。

2 あな**いみじ**。犬を蔵人《くらうど》二人してうち給ふ。死ぬべし。

じて、**善《よ》し悪《あ》しを問わず程度がはなはだしい様子**を表すようになりました。
入試では善し悪しを具体化したものを選ぶ場合がよくあります。

いみじ↓とても⊕か⊖

（枕・うへにさぶらふ御ねこは）

▼ああ〔**ひどい**〕。犬を蔵人《くろうど》が二人でお打ちになっている。死ぬにちがいない。

清少納言たち女房がかわいがっていた翁丸《おきなまろ》という犬が、帝のかわいがっていた猫をいじめたといって、蔵人がたたいているのです。

3 風の音も**いみじう**心ぼそし。（更級）

▼風の音も〔**とても**〕心細い。

076 □□

ゆゆし

シク活用

1 **不吉だ**・縁起が悪い・恐ろしい

2 とてもよい・**すばらしい**・立派だ

3 〈「ゆゆしく(う)」の形で副詞的に用いて〉とても・**はなはだしく**

同 いまいまし〔忌ま忌まし〕（形容詞）…不吉だ・縁起が悪い

もとは神聖なもの、不浄なものなど、触れてはならないものを忌み避ける気持ちを表し、そこから**善し悪しを問わず程度がはなはだしい様子**を表すようになりましたが、**悪い意味（特に「不吉だ」）で用いられることが多い**のです。

ゆゆし↓とても⊕か⊖(不吉だ)

1 《桐壺の更衣（＝光源氏《ひかるげんじ》の母）の母は娘を亡くして、》**ゆゆしき**身にはべれば、（源氏・桐壺）

▼（わたしは娘に先立たれて）〔**不吉な**〕身でございますので、

2 **ゆゆしかり**ける者どもの心の大きさ広さかな。（宇治・巻三・九話）

▼〔**すばらしかっ**〕た者たちの心の大きさ広さだなあ（＝すばらしい、心の大きさ・広さをもった者たちだなあ）。

3 各々拝《をが》みて、**ゆゆしく**信《しん》おこしたり。（徒然・二三六段）

▼それぞれが拝んで、〔**はなはだしく**〕信仰心を起こした。

例文音読・入試問題

077

□□

やさし〔恥し・優し〕

シク活用

1 恥ずかしい・きまり悪い
2 **優美だ**・**上品だ**・風流だ
3 けなげだ・**殊勝だ**・感心だ

下二段動詞「痩す（＝やせる）」が形容詞化したもので、奈良時代には身が痩せ細るほど「つらい」、そこから「恥ずかしい」という気持ちを表すようになり、さらに平安時代に入って**「（自分が恥ずかしくなるほど相手が）優美だ・風流だ・上品だ・風流心がある」**、そして鎌倉時代には「けなげだ・殊勝だ」の意味が加わりました。

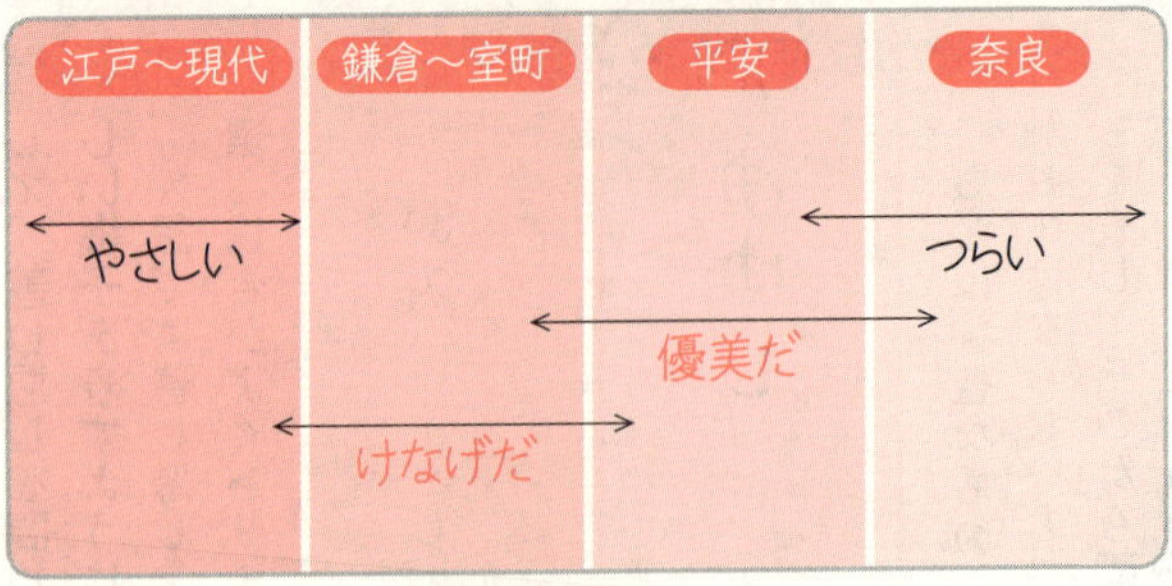

1 昨日今日御門《みかど》ののたまはむことにつかむ、人聞き**やさし**。（竹取・御門の求婚）

▼昨日今日、帝《みかど》のおっしゃることに付き従うようなこと（＝帝の求婚に応じること）は、人聞きが〔**恥ずかしい**〕（＝人聞きが悪い）。

かぐや姫は多くの求婚者を拒んできました。

2 いと若やかに愛敬《あいぎやう》づき、**やさしき**ところ添ひたり。（源氏・蜻蛉）

▼（宮の君は）実に若々しくかわいらしく、さらに〔**上品な**〕ところもある。

3 《味方の軍勢はみな落ち延びたのに、実盛《さねもり》ただ一人敵と交戦するために残った。》あな**やさし**。（平家・巻七）

▼ああ、〔**殊勝だ**〕（＝なんと、感心なことだ）。

『平家《へいけ》物語』など軍記物語においては「やさし」は肯定的に使われ、「殊勝だ（感心だ）・立派だ」と訳すことが多いのです。

078

□□

しるし〈著し〉

ク活用

1 はっきりと分かる・はっきりしている
2 〈「〜もしるく」の形で〉〜（の）とおりに

漢字をあてて覚えましょう。まさに**「著《いちじる》しい」**、つまり**はっきりしている様子**を表します。

1 東《あづま》よりの使ひ帰り来たる気色《けしき》**しるけれ**ど、（増鏡・十六巻）

▼関東からの使者が帰ってきた様子は〔**はっきりと分かる**〕が、

2 《亡くなった御息所《みやす(ん)どころ》の姉にあたる方は、一生結婚はしないと言っておられた。》

世とともにいひけるも**しるく**、男もせで、二十九にてなむ、うせたまひにける。（大和・一四二段）

▼常に言っていた〔**とおりに**〕、夫ももたないで、二十九歳で、お亡くなりになってしまった。

079

□□

とし〈疾し〉

ク活用

1 早い・速い

漢字をあてて覚えましょう。「疾走する」の**「疾」**ですね。

1 梅は白き、うす紅梅、一重《ひとへ》なるが**とく**咲きたるも、重なりたる紅梅の、匂《にほ》ひめでたきも、みなをかし。（徒然・一三九段）

▼梅は白いのも、薄紅梅色のも、一重《ひとえ》の梅で〔**早く**〕咲いたのも、八重の紅梅で、色美しく咲いたのも、みなすばらしい。

例文音読・入試問題

080 □□ ゆくりなし

ク活用

思いがけないことが突然に起こる状態をいいます。**「ゆっくりじゃない、突然だ」**と覚えましょう。

1 **突然だ**・思いがけない

1 眺めつつ来る間に、**ゆくりなく**風吹きて、(土佐・二月五日)

▼もの思いにふけりながら(舟を漕《こ》いで)来るうちに、〔**突然に**〕風が吹いて、

081 □□ おぼつかなし〈覚束無し〉

ク活用

「おぼ」は「おぼろ」と同じだといわれ、**対象が「はっきりしない」状態**。また**そういう状態に対する不安感**やまれに期待感をいいます。

たとえばあなたがずっと好きだった人に手紙を渡して公園でその人を待っているとします。来てくれるものかどうか「はっきりしない」状態です。その人が手紙を受け取るときに困った顔をしていたら、あなたは「不安」でいっぱい。でもほほえんでくれたなら、「待ち遠しい」

1 **はっきりしない**
2 **気がかりだ**・不安だ
3 **待ち遠しい**・じれったい

1 小町《こまち》が盛りなる事、その後《のち》のことにや、なほ**おぼつかなし**。(徒然・一七三段)

▼小野《おのの》小町が(若くて女)盛りであったのは、その(弘法大師《こうぼうだいし》の亡くなられた)後のことだろうか、やはり〔**はっきりしない**〕。

兼好《けんこう》が小野小町について述べている段の一節。彼女についてはよく分かっていない部分が多いのです。

2 《昔、ある僧が大納言家の法事に招かれたが、少し顔色が悪く、》やや久しく物もいはでありければ、人ども**おぼつかなく**思ひける程に、(宇治・巻一・十一話)

▼(僧は)かなりの間ものも言わないでいたので、人々は〔**気がかりに**〕思っていたときに、

気持ちに包まれていますよね。
入試では、2の意をよく問います。

はっきりしない → ⊖気がかりだ
↓
⊕待ち遠しい

082 □□
こころもとなし〔心許無し〕
ク活用

「もとな」は「やたらに・むやみに」の意で、**気持ちがむやみに動いて落ち着かない状態**をいいます。
入試では、2と3がよく問われます。

早く読んでみた〜い
源氏物語

3 都の音づれは、いつしか**おぼつかなき**ほどにしも、（十六夜）
▼都からの便りは、早く（来ないか）と〔**待ち遠しい**〕ときにちょうど、

京都からの長旅を終え、鎌倉の月影《つきかげ》が谷《やつ》に住むことになった阿仏尼《あぶつに》にとって唯一の慰めは、都の人々との和歌のやりとりでした。

1 はっきりしない・**かすかだ**
2 気がかりだ・**不安だ**
3 待ち遠しい・**じれったい**

1 花びらの端に、をかしきにほひこそ、**こころもとなう**つきためれ。（枕・木の花は）
▼花びらの端に、美しい色つやが、〔**かすかに**〕ついているようだ。

2 **こころもとなき**日数《ひかず》重なるままに、白河《しらかは》の関《せき》にかかりて、旅心定まりぬ。（奥の細道・白河の関）
▼〔**不安な**〕日々が重なるうちに、白河《しらかわ》の関にさしかかって、ようやく旅の覚悟が定まった。

3 《作者はやっと念願の『源氏《げんじ》物語』を叔母《おば》からもらった。》わづかに見つつ心も得ず**こころもとなく**思ふ源氏を、一の巻よりして、（更級）
▼少し見て内容も分からず〔**じれったく**〕思っていた『源氏物語』を、最初の巻からはじめて、

083 □□

あはれなり

1 **しみじみと心に深く感じられる**

〔趣深さ・悲しさ・いとしさなど心にしみるさまざまな様子や心情を表す〕

関 あはれ（感動詞）…ああ ←
あはれがる（動詞）…心に深く感じる ←
あはれむ（動詞）…心に深く感じる ←

「あはれ」という言葉は、「かわいそう」という哀れみを表すものだと思っている人が多いようですが、基本的には**対象に抱く共感・同情の念**を表します。「心にしみる美しい花だ」というときも、「とってもかわいい子だなあ」というときも、また下段の最初の例文のように「思いやりの深いなんと心のやさしい人なんだろう」というときにも使われるのです。

知的で明るい評価（客観的で外向き）

心にしみ入る共感・同情（主観的で内向き）

1 **あはれなり**つる心のほどなむ忘れむ世あるまじき。（更級）
▼〔**心に深く感じられ**〕た（あなたの）心は忘れるときはないでしょう。

作者の継母《ままはは》は、右の言葉を作者に残し、家を出て行きました。

1 **あはれなる**人を見つるかな。（源氏・若紫）
▼〔**かわいい**〕人を見たものだなあ。

まだ十歳余りだった紫《むらさき》の上《うえ》を初めて見たときの光源氏《ひかるげんじ》の感想です。

関 **あはれ**、いと寒しや。（源氏・夕顔）
▼〔**ああ**〕、とても寒いなあ。

感動詞「あはれ」は感嘆や詠嘆の気持ちをそのまま表す語です。

関 めでたく歌をうたふ。人々いみじう**あはれがり**て、（更級）
▼すばらしく歌を歌う。人々は大変〔**心に深く感じ**〕（＝感動し）て、

関 花をもてあそび、鳥を**あはれま**ずといふ事なし。（後拾遺・序）
▼花を楽しみ、鳥（の声）を〔**心に深く感じ**〕ないということはない。

この「あはれむ」は「心に深く味わう」、つまり賞美するの意です。

「あはれなり」と「をかし」

『更級日記《さらしな》』に次のような一節があります。筆者の姉が探していた物語が姉の死後に親戚から届き、筆者は改めて姉が逝ってしまったことを思います。「まことにぞあはれなるや」。この解釈を問う私に、Aさんは「本当にしみじみとした情趣があるなあ」と答え、私が目をぱちくりさせると、「辞書の訳語の中で古文ぽいものを選びました」と邪気なく言い継ぎます。「でもその訳の意味は自分で分かっている?」と尋ねると、「バレちゃいましたか」。はい、バレちゃいます。言葉は単なる記号ではありません。置き換えればよいというものではないのです。

『枕草子』の「うつくしきもの」の一文です。「をかしげなるちごの、あからさまにいだきて遊ばしうつくしむほどに、かいつきて寝たる、いとらうたし」。この冒頭の部分をB君は「興趣がある様子の赤ん坊が……」と訳し、私が口をあんぐりさせると、「辞書にいっぱい意味があってどれを選べばいいのか分かりません」。なるほど辞書を見るとたくさんの訳語が並んでいます。

「あはれなり」と**「をかし」**はともに平安文学においてとても大切な語。ただ理解しにくい語であることも確かです。

「あはれなり」は何かを見たり聞いたり経験してしみじみと心に染みる気持ちをいいます。ただ思いをそのまま表現するのではなく、自分の心の中に一度ぐっとしまい込み、対象に心の底で重なってその感情をしっかりと大切に抱きしめて言葉にするのです。

「をかし」には現代語と同様、「おかしい、滑稽だ、変だ」の意もあります。大切なのは肯定的評価の場合。ある事柄に対して自分の感性や価値観との一致が見られ、明るくすっぱり評価するときに使われます。顔を上げ、両手を広げ、そのスカッとした気持ちを言葉に載せて空に放り上げるのです。

冒頭に戻り、具体的に考えてみましょう。あなたは自分の大切な人が亡くなったときに「しみじみとした情趣がある」などと言いませんよね。「悲しい、切ない、やるせない、つらい……」。あなたが感じた思いが正解です。

あなたが親しくしているご近所さん。そのお宅に赤ちゃんが生まれました。待ちに待ってあなたは初めてその赤ちゃんに会うことができました。ふっくらほっぺ、にっこり笑顔。あなたは思わず口に出します、「わあ興趣がある!」。そんな馬鹿な。やれやれ、ですね。もちろん赤ちゃんは時代も国境も越えて「かわいい」のです。

結局、辞書に載っている訳語を覚えようとするのではなく、作中の人物の立場になってみる。それが大切なこと。前後関係、状況を踏まえ、あなたならここでどう感じるかを考えてそれを言葉にすればよいのです。

あなたが、「をかしき」合格を手にし、「あはれなる」人生を送れることを心から願っています。

例文音読・入試問題

084 □□

つれづれなり〈徒然なり〉

単調な時間の流れの中で**心も晴れず、暇をもて余すような気持ち**、これが「つれづれなり」です。

1 2 (することもなく)**退屈である**・所在ない
(しんみりと)**ものさびしい**

1日もいと長きに、**つれづれなれば**、夕暮れのいたう霞《かす》みたるに紛れて、かの小柴垣《こしばがき》のもとに立ち出《い》で給《たま》ふ。（源氏・若紫）
▼春の日も大変長く、〔(**することもなく**)**退屈である**〕ので、(光源氏《ひかるげんじ》は) 夕方の立ちこめた霞《かすみ》に紛れて、あの小柴垣の所に出て行きなさる。

2そこはかとなく、**つれづれ**に心細うのみ覚ゆるを、（源氏・末摘花）
▼なんとなく、〔(**しんみりと**) **ものさびしく**〕心細いとだけ思われるので、

085 □□

すずろなり・そぞろなり〈漫ろなり〉

「すずろ」は「漫然」の「漫」で、**明確な意志も理由もなく物事が進んでしまうさま**をいいます。

1 **なんということ(わけ)もない**
2 **思いがけない**
3 **むやみやたらだ**

1昔、男、**すずろに**陸奥《みち》の国《くに》までまどひいにけり。（伊勢・一一六段）
▼昔、男が、〔**なんというわけもなく**〕陸奥《むつ》の国までさまよい出かけた。

2もの心細く、**すずろなる**目を見ることと思ふに、（伊勢・九段）
▼なんとなく心細く、〔**思いがけない**〕目に遭うことだと思うと、

3**すずろに**言ひ散らすは、さばかりの才《ざえ》にはあらぬにや。（徒然・一六八段）
▼〔**むやみやたらに**〕言い散らすのは、それほどの学識ではないのではないだろうか)。

086 □□ まめなり・まめやかなり

〈実なり・忠実なり〉〈実やかなり・忠実やかなり〉

1 **まじめである**・誠実である
2 **実用的である**

同 まめまめし（形容詞）… 1 まじめだ ⬅ 2 実用的だ ⬅

いつの時代にも、**仕事をきちんとせずにはいられないで、約束もちゃんと守るきまじめな**人もいれば、一方、なにごとも長続きせず、浮《うわ》ついてちゃらんぽらんな人もいるものです。前者を「まめ」、後者を「あだ」（↓P94）といいます。「まめ」には**「生活に役立つ・実用的」の意**もあります。

「まめ」を二つ重ねてできた形容詞が「まめまめし」です。

1 大方《おほかた》の人がら**まめやかに**、あだめきたる所なく、（源氏・少女）

▼おおよその人柄は〔**まじめで**〕、浮ついたところがなく、

「あだめく」は反対の意味を表す動詞です。

2 小舎人童《こどねりわらは》を走らせて、すなはち、車にて**まめなる**物、さまざまにもて来《き》たり。（大和・一七三段）

▼小舎人童（＝召し使いの少年）を走らせて、すぐに、牛車《ぎっしゃ》で〔**実用的な**〕もの（＝生活に直接必要なもの）を、いろいろと持って来た。

同「思ふ人の、人にほめらるるはいみじううれしき」など**まめまめしう**のたまふもをかし。（枕・頭弁の、職に参り給ひて）

▼「思っている人（＝恋人）が、他人にほめられるのはとてもうれしいことです」などと〔**まじめに**〕おっしゃるのもおもしろい。

同 何をか奉《たてまつ》らむ。**まめまめしき**ものはまさなかりなむ。（更級）

▼（あなたに）何を差し上げようか。（日常使うような）〔**実用的な**〕ものでは（あなたには）きっと好ましくないでしょう。

作者の親戚のおばさんが、こう言って、生活用品ではない文学作品を、つまり『源氏《げんじ》物語』五十四帖《じょう》を作者に下さったのです。

087

あだなり〈徒なり〉

「あだ」は「まめ」の反対で、**実《じつ》がなくむなしい**こと・**いい加減で誠実さがない**ことです。

あだ心《ごころ》↓浮ついた心↓浮気心
あだ言《こと》↓浮ついた言葉↓冗談

1 **はかない**・頼りにならない・もろい
2 誠実さがない・浮《うわ》ついている・**浮気だ**
同 あだあだし（形容詞）…不誠実だ・浮気だ

1 命をば**あだなる**ものと聞きしかどつらきがためは長くもあるかな（新古今・一三六三）
▼人の命とは〔**はかない**〕ものと聞いていたけれども、つらい（恋をしているわたし）にとっては長く思われることだなあ。

2 **あだなる**男の形見《かたみ》とて置きたる物どもを見て、（伊勢・一一九段）
▼（女は）〔**浮気な**〕男が形見だと言って残した品々を見て、

088

いたづらなり〈徒らなり〉

徒労の「徒」が「いたづら」です。**期待した結果が得られず、むだであったと失望するさま**が「いたづら」なのです。

いたづら＝徒↓徒労である（無益でむなしい）

1 **役に立たない**・むだだ・かいがない
2 **むなしい**・はかない
同 やくなし〔益なし〕（形容詞）…かいがない・むだだ

1 （水車を）とかく直しけれどもつひに回らで**いたづらに**立てりけり。（徒然・五一段）
▼（水車を）あれこれ修理したけれどもとうとう回らないで〔**役にも立たず**〕（むなしく）立っていた。

2 かく濡《ぬ》れ濡れ参りて、**いたづらに**帰らむ愁へを、姫君の御方に聞こえて、（源氏・橋姫）
▼このように（露に）濡れに濡れて参上して、〔**むなしく**〕（会えずに）帰るつらさを、姫君のもとに申し上げて、

089 □□ いうなり〈優なり〉

「**優れる**」の「優」、「**優雅**」の「優」です。平仮名で書くと、「ゆうなり」ではなく「いうなり」です。

1 **優れている**・すばらしく立派だ
2 上品で美しい・**優雅である**

1 （花山院《かざんいん》が）遊ばしたる和歌はいづれも人の口に乗らぬなく、**優に**こそ承《うけたまは》れな。（大鏡・伊尹）
▼（花山院が）お詠みになった和歌はどれも人に口ずさまれないものはなく、〔**優れている**〕とお聞きしていますよ。

2 内侍所《ないしどころ》の御鈴《みすず》の音は、めでたく**優なる**ものなり。（徒然・二三段）
▼内侍所の（女官が鳴らす）鈴の音は、すばらしく〔**優雅な**〕ものである。

090 □□ あてなり〈貴なり〉

「あて」は「貴」と、漢字で覚えましょう。「貴なる人」という場合は1の意味、様子や性格をいう場合は2の意味です。

1 **高貴である**・身分が高い
2 気品がある・**上品である**

同 あてやかなり（形容動詞）…1 高貴だ 2 上品だ

1 世界の男《をのこ》、**貴**《あて》**なる**も賤《いや》しきも、いかでこのかぐや姫を得てしがな見てしがなと、音に聞きめでてまどふ。（竹取・かぐや姫の生ひ立ち）
▼世の中の男は、〔**高貴な**〕人も身分の低い人も、なんとかしてこのかぐや姫を妻にしたい、会いたいと、噂《うわさ》を聞き心ひかれて夢中になる。

2 四十余《よそぢよ》ばかりにて、いと白う**あてに**、やせたれど、（源氏・若紫）
▼（尼君は）四十過ぎくらいで、とても色が白く〔**上品で**〕、やせているけれど、

例文音読・入試問題

091

あからさまなり

「あからさまに（＝あらわに）不快な顔をする」といった**現代語の意味とは違います。**

たいてい連用形の「あからさまに」の形で用いられます。

あからさまなり ≠ あらはなり

1〈「あからさまに」の形で〉**ほんのちょっと・一時的に**

類 かりそめなり（形容動詞）…ほんの一時的である

1 「入《い》らせ給《たま》はぬさきに雪降らなむ。この御前《おまへ》の有様、いかにをかしからむ」と思ふに、**あからさまに**まかでたるほど、二日ばかりありてしも雪は降るものか。（紫式部）

▼「（中宮様が宮中に）お帰りにならない前に雪が降ってほしい。（雪が降ったら中宮様の）お部屋の前の庭は、どんなに趣があることだろう」と思ううちに、（わたしが）〔**ほんのちょっと**〕（実家に）退出した間に、二日ほどして雪が降るではないか。

「ほんのちょっと（一時的に）～する」という使い方が一般的です。

092

みそかなり〈密かなり〉

「あて」は「貴」と覚えるのと同じように、**「みそか」は「密か」**と覚えればそれでおしまいです。たいてい連用形の「みそかに」の形で使います。

みそかに ＝ 密《ひそ》かに

1〈「みそかに」の形で〉**ひそかに・こっそりと**

1 六月二十二日の夜《よ》、あさましくさぶらひしことは、（花山院《かざんいん》は）人にも知らせたまはで、**みそかに**花山寺《はなやまでら》におはしまして、御出家入道《すけにふだう》せさせたまへりしこそ。（大鏡・花山院）

▼六月二十二日の夜に、驚きあきれましたことには、（花山院は）誰にもお知らせにならずに、〔**ひそかに**〕花山寺にいらっしゃって、ご出家入道《しゅっけにゅうどう》なさったのですよ、

花山天皇が譲位し出家したのは、まだ十九歳のときでした。

093 □□

おろかなり〈疎かなり〉

1 **いい加減だ**・疎略だ
2 **並《なみ》ひととおりだ**
3 〈「～とはおろかなり」などの形で〉（～という言葉では）**言い尽くせない**

類 なほざりなり（形容動詞）…本気でない・いい加減だ

「おろかなり」は古文では「愚かなり」ではなく**「疎《おろ》かなり」**だとまず覚えてください。そして、「疎かなり」＝「疎《おろそ》かなり」なのです。現代語で「バイトに身が入って、つい学業がおろそかになる」というその「おろそか」が、古文の「おろか」なのです。

いい加減なこと、疎略なこと、よって**格別でない、並の普通のこと**という意味にもなります。

思慮が浅いという「愚かなり」も「いい加減・疎略」というもとの意味から生まれたものです。

おろかなり＝疎かなり↓疎略だ

形容動詞

1 帝《みかど》の御使《つか》ひをばいかでか**おろかに**せむ。（竹取・御狩のみゆき）

▼帝からの使者をどうして〔**いい加減に**〕するだろうか。

「おろかにす」とは「いい加減にする（＝疎略に扱う）」こと。ここは反語ですから、「疎略には扱えない」と言っているのです。

2 年頃《としごろ》は**おろかなら**ず頼みて過ぐしつるに、（今鏡・昔語第九）

▼この数年は〔**並ひととおりで**〕なく信頼して過ごしてきたのに、

帝が蔵人《くろうど》（帝の側《そば》に仕える職員）に向かって、「並ひととおりで」はなく、つまり「格別に」おまえのことをわたしは信頼しておったのに……と言っておられるところです。

3 恐ろしなんども**おろかなり**。（平家・巻十一）

▼恐ろしいなどという言葉では〔**言い尽くせない**〕。

その場の様子を「恐ろしい」と言ったくらいではまことにいい加減なものでしかない。つまり、「恐ろしい」なんて言葉ではとても言い尽くせない、すさまじい様子だったということです。「なんど」は「など」と同じです。

例文音読・入試問題

094
□□
をこなり〈痴なり・烏許なり・尾籠なり〉

人から**笑われるような愚かなこと**（人）、まぬけでみっともないこと（人）が「をこ」です。

をこなる人

1 **愚かだ・まぬけだ・ばかばかしい**

関 をこ（名詞）…愚かなこと←
をこがまし（形容詞）…ばかばかしい←

関「義仲《よしなか》、**をこ**の者で候《さうら》ふ。ただ今朝敵《てうてき》になり候ひなんず。急ぎ追討させ給《たま》へ」と申しければ、（平家・巻八）

▼（後白河《ごしらかわ》法皇に向かって平知康《たいらのともやす》は）「木曽《きそ》義仲は、〔**愚か**〕な者でございます。すぐにも朝廷に反逆する者になるでしょう。急いで（義仲を）追討する命をお出しください」と申し上げたので、

関 虚言《そらごと》をねんごろに信じたるも**をこがましく**、（徒然・七三段）

▼嘘《うそ》を心底から信じているのも〔**ばかばかしく**〕、

095
□□
むげなり〈無下なり〉

「無下」は、**これより下が無いからひどい**と覚えましょう。程度のはなはだしさを表す2の「むげに」がよく使われます。

1 **ひどい・最低最悪だ**
2〈「むげに」の形で副詞的に用いて〉**むやみに・ひどく**

1 賤《あや》しの田舎人《ゐなかびと》なれども、みなさやうのことは知りたるものを。かの郡《ぐん》司《じ》は**無下なり**ける奴《やつ》かな。（今昔・巻二八・七話）

▼卑しい田舎者であっても、誰もみなそれくらいのことは知っているのに。あの郡司は〔**ひどかっ**〕た奴だなあ（＝ひどい奴だったなあ）。

「郡司」とは、国司の下にあって、一郡を統治した地方官です。

2 **むげに**思ひしをれて、心細かりければ、（源氏・帚木）

▼〔**ひどく**〕気落ちして、心細かったので、

096 □□

なかなかなり〈中々なり〉

「なかなかなり」は起点でも終点でもない**中ほどのどっちつかずの状態**にあるということです。**こんな中途半端な状態にあるくらいなら、初めからしないほうがましと**誰しも思うでしょう。それが「なかなかなり」の2の意味です。

なかなか ＝ 中中 ＝ 中ほど
↓
どっちつかず・中途半端
↓
かえってしないほうがよい

1 中途半端だ・どっちつかずだ
2 かえってしないほうがよい・かえってないほうがましだ

1《藤原道長《ふじわらのみちなが》の妻倫子《りんし》は無事に女君《おんなぎみ》（彰子《しょうし》）を出産した。上流貴族の家では、「産養《うぶやしない》」といって生後、三日目、五日目、七日目、九日目に親族縁者を招き、御子《みこ》誕生の祝宴が繰り広げられる。》

七日《なのか》が程の御有様、書きつづくるも**なかなかなれ**ば、えもまねばず。（栄花・さまざまのよろこび）

▼（出産後）七日ほどの（たくさんのお祝いの儀式の）ご様子を、書き続けるのも〔**中途半端である**〕ので、そのまま（すべてをここに）書き記すことはできない。

2 さる言《こと》には、何のいらへをかせむ。**なかなかならむ**。（枕・五月ばかり）

▼あんな（すばらしい）言葉には、どんな返事をすることができようか。〔**かえってしないほうがよい**〕だろう。

下手な返事をするのは「中途半端で」あろう、つまり、下手な返事など「むしろしないほうがまし」だろう、ということです。

2《上皇の寵愛《ちょうあい》していた更衣《こうい》は若宮を出産後まもなく死去したが、上皇は年月がたっても更衣を忘れられないでいた。》

若宮の参らせ給《たま》へりしこそ、「御忘れ形見も**なかなかなる**御もの思ひの催《もよほ》しぐさなりや」と、おぼしめすらむかし。（源家長日記）

▼若宮が参上なさったときには、「（若宮という）忘れ形見も〔**かえってないほうがましな**〕物思いを引き起こすもとであるよ」と、（上皇は）お思いになっていることだろうよ。

例文音読・入試問題

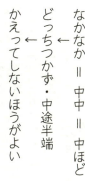

097

□□

手《て》

1 **字**・筆跡
2 （楽器の）**演奏法**・曲
3 手段・方法・やり方
4 傷・負傷

関 女手《をんなで》（名詞）…平仮名
男手《をとこで》（名詞）…漢字
手習《てなら》ひ（名詞）…
1 習字
2 心に浮かぶ歌などを書き流すこと

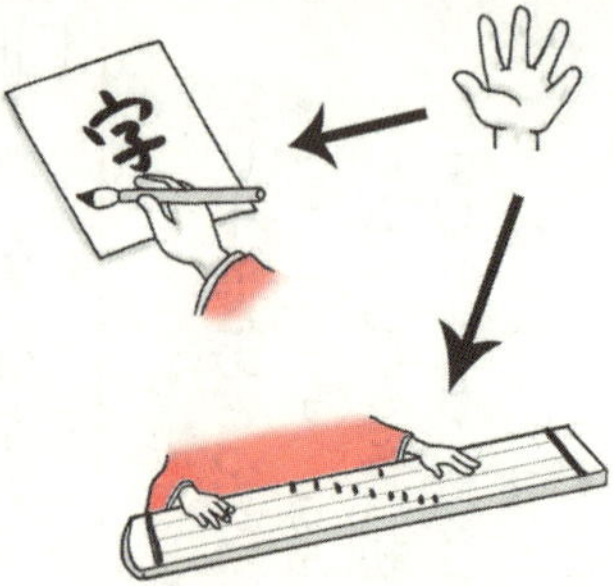

「手の働きで生み出されるもの」が「手」のそれぞれの意味です。最も大事な意味は1で、次に2です。3や4は現代でも使います（「その手があった」とか「手負いの熊」とか）。

「女手」は女の書く文字ということで、**平仮名**のこと、**「男手」**は男の書く文字で、**漢字**のことで、「真名《まな》（真字《まな》）」ともいいます。

1 手のわろき人の、はばからず文《ふみ》書きちらすはよし。（徒然・三五段）
▼〔**字**〕の下手な人が、（下手なことを）少しも気にかけずに手紙をどんどん書くのはよいものである。

字の下手な人にも自信を与えてくれる言葉です。兼好《けんこう》法師の教えに従って、どんどん書きましょう！

2 父が弾《ひ》く手、一つ残さず習《なら》ひとりつ。（宇津保・俊蔭）
▼（娘は）父が弾く（琴の）〔**演奏法**〕は、一つ残らず習得した。

「曲」と訳してもかまいません。琴や琵琶《びわ》など楽器が出てくるときには、「手」は「演奏法」や「曲」の意で使います。

関 （右大将の）書きて奉られたる本《ほん》をこそは、**男手**も**女手**も習ひたまふめれ。（宇津保・国譲上）
▼（春宮は右大将が）書いて差し上げなさったお手本ばかりを、〔**漢字**〕も〔**平仮名**〕も練習なさっているようです。

098 文《ふみ》・書《ふみ》

「文」は、断然**「手紙」**の意で使いますが、2の意味も要注意!「文作る」の「文」は**漢詩**です。

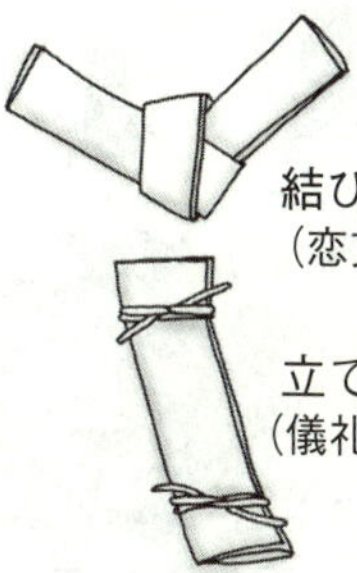

1 手紙
2 漢詩・漢文・漢学・漢籍〔漢文の書物〕

1 《平中《へいちゅう》は女に恋文を送っても色よい返事がないので、》**文**に思ひける事どもの限り多う書きて取らせたりければ、(平中・十八段)

▼〔**手紙**〕に思ったことのすべてをたくさん書いて与えたので、

2 長恨歌《ちやうごんか》といふ**文**を、物語に書きてあるところあんなり。(更級)

▼(白楽天《はくらくてん》の)「長恨歌」という〔**漢詩**〕を、物語に書いて(持って)いるところがある(=書き直して持っている人がいる)そうだ。

「長恨歌」は玄宗《げんそう》皇帝と楊貴妃《ようきひ》との悲恋を描いた唐《とう》代の叙事詩です。

099 消息《せうそこ》

※「ショウソコ」と読む

「あの人の消息が知れない」と今でも言うように、もともと人の安否の意があり、それを知らせる**「手紙」**の意にもなったのです。

1 手紙
2 訪問の申し入れ・訪問のあいさつ

関 案内《あない》(名詞)…内容・事情・取り次ぎ

1 心に忘れずながら**消息**などもせで久しくはべりしに、(源氏・帚木)

▼(女のことを)心の中では忘れていないながら〔**手紙**〕などもやらず長く(会わないで)いましたところ、

2 **消息**を言ひ入《い》るれど、なにのかひなし。(大和・一〇一段)

▼(家の中の者に)〔**訪問の申し入れ**〕をしてみるが、なんのかいもない。

相手に自分の来訪を知らせ、面会の申し入れをすること、それが、ここでの「消息」の意味です。

例文音読・入試問題

名詞

100 □□

あそび〈遊び〉

1 遊び〈楽しむこと〉〈現代語と同じ〉

2 **管弦の遊び**〈音楽を楽しむこと〉

関 あそぶ（動詞）…管弦を楽しむ ⬅

「遊び」とは、仕事を離れ好きなことをして楽しむことで、行楽・酒宴・蹴鞠《けまり》・碁《ご》などいろいろありますが、**琴や笛などの室内楽の合奏を楽しむこと**、つまり**「管弦の遊び」**の意でもっともよく使われます。

動詞の「遊ぶ」は管弦を演奏して（または聞いて）楽しむということです。

2 《かぐや姫は帝《みかど》にお別れの手紙を残して月の都に去ってしまう。帝はその手紙を見て、》

いとあはれがらせ給《たま》ひて、ものもきこしめさず。御**遊び**などもなかりけり。（竹取・富士の煙）

▼とてもお悲しみになって、何も召し上がらない。〈**管弦の**〉お〈**遊び**〉なども停止された。

悲しいことがあったときは、楽しい歌舞音曲は中止されるのです。

関 道方《みちかた》の少納言、琵琶《びは》いとめでたし。済政《なりまさ》箏《しやう》の琴、行義《ゆきよし》笛、経房《つねふさ》の中将笙《しやう》の笛など、おもしろし。ひとわたり**遊び**て、琵琶弾きやみたるほどに、（枕・御仏名のまたの日）

▼道方の少納言は、琵琶がとてもすばらしい。済政の箏の琴、行義の笛、経房の中将の笙の笛なども、おもしろい。みながひととおり〈**音楽を奏《かな》で楽しん**〉で、琵琶を弾くのをやめたときに、

中宮様のお部屋に殿上人《てんじょうびと》たちが呼ばれて、「遊び」がなされている場面です。

動詞「遊ぶ」の尊敬語は「遊ばす」（↓P245）です。「管弦の遊びをなさる」の意から、広く何かを「なさる」の意でも使われます。

101 □□ うへ〔上〕

高貴な人がいる所が「上《うへ》」で、**高貴な人そのもの**も表します。

1 高貴な人のいる所
2 **帝**・天皇
3 （貴人の）**奥様**〔「北の方《かた》」という〕
4 身の上・～に関わること

2 「無名《むみやう》」といふ琵琶の御琴《おんこと》を、**上**の持《も》てわたらせ給へるに、（枕・無名といふ琵琶の御琴を）
▼「無名」という名の琵琶のお琴を、〔**帝**〕が持っておいでになったので、

3 **上**も大臣《おとど》も、かく、つと添ひおはすれば、（源氏・柏木）
▼（母）〔**北の方**〕も（父）大臣も、こうして、（病床の息子に）ぴったり寄り添っていらっしゃるので、

102 □□ おほやけ〔公〕

「おほやけ」は**もとは「大宅《おほやけ》」**、つまり政治が執り行われる大きな建物です。その主人が帝です。

おほやけ＝大宅
↙ ↘
帝　朝廷

1 **朝廷**・政府
2 **帝**・天皇
3 公的なこと〔現代語と同じ〕

反 私《わたくし》（名詞）…個人的なこと

1 **おほやけ**の宮仕《みやづか》へしければ、（親王《みこ》のもとに）常にはえまうでず。（伊勢・八五段）
▼（男は、）〔**朝廷**〕に宮仕えをしていたので、（公務で忙しく、親王の所に）絶えず参上することはできない。

2 大臣のかく世をのがれ給へば、**おほやけ**も心細う思《おぼ》され、（源氏・賢木）
▼大臣がこのように出家なさったので、〔**帝**〕も心細くお思いになり、

例文音読・入試問題

103

□□

うち〔内裏・内〕

1 (建物の)内部
2 **宮中**・内裏《だいり》
3 **帝**《みかど》・天皇

類 雲居《くもゐ》(名詞)…1 空・雲 2 宮中 ←

外部から遮断されている内部空間が「内」で、反対語は「外《と》」です。

周囲が塀で囲まれ、外部から最も厳重に遮断された「うち」が宮中で、その「うち」に住む人が帝です。

宮中を表す語は、**「雲居」「九重《ここのへ》」「雲の上」「百敷《ももしき》」「大内山《おほうちやま》」**などいくつもあります。

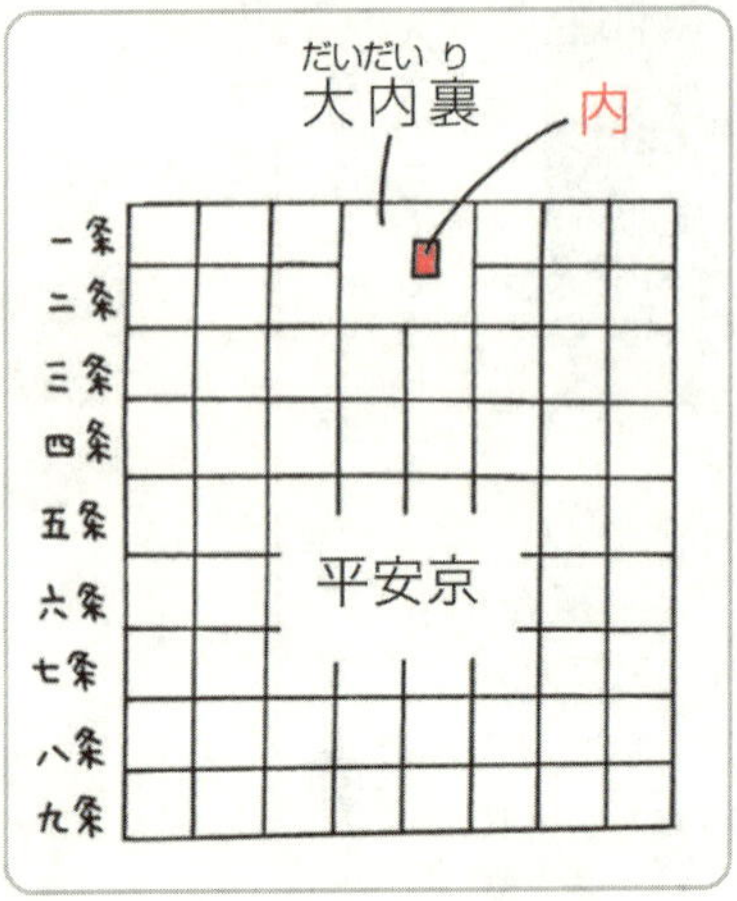

2 君は二日三日**うち**へも参り給《たま》はで、(源氏・若紫)

▼(光源氏《ひかるげんじ》の)君は二、三日〔**宮中**〕へも参上なさらないで、

3 《朱雀帝《すざくてい》は元服した皇太子に譲位を告げる。》

うちにも(春宮を)めでたしと見奉り給ひて、世の中ゆづり聞こえ給ふべきことなど、なつかしう聞こえ知らせ給ふ。(源氏・澪標)

▼〔**帝**〕も(皇太子を)立派だと見申し上げ(=拝見)なさって、国の政治を譲り(=譲位)申し上げなさるつもりであることを、やさしく(皇太子に)お話ししてお聞かせになる。

「うちにも」の「に」は主格を表す格助詞で、「帝に対しても」の意ではなく、「帝(におかれて)も」の意です。

類 《高倉《たかくら》天皇の中宮であった建礼門院《けんれいもんいん》は、出家して大原《おおはら》(比叡山《ひえいざん》の西北)の寂光院《じゃっこういん》で余生を送った。そのときの歌。》

思ひきや深山《みやま》の奥に住まひして**雲居**の月をよそに見むとは(平家・灌頂巻)

▼思ったか(いや、思いもかけなかったよ)。こんなに深い山の奥に住んで、(かつて眺めた)〔**宮中**〕の月をほかの所で見ようとは。

104 □□ 御前《おまへ》

もともと神仏や貴人の前を敬っていう言葉ですが、**貴人その人を指す**2の使い方に注意してください。

現 おまえ→下位の者に向かって
古 御前→上位の人に向かって

1（神仏や貴人の）御前《ごぜん》・**お側**《そば》
2〔貴人への敬称、または貴人その人を表す〕

1 あながちに**御前**去らずもてなさせ給ひしほどに、（源氏・桐壺）
▼（帝は愛する更衣《こうい》を）無理に〔**お側**〕から離さずに大切になさっていたときに、

2 宮の**御前**のうち笑《ゑ》ませ給へる、いとをかし。（枕・関白殿、二月廿一日に）
▼中宮〔**様**〕がほほえんでいらっしゃる様子は、とてもすてきだ。

『枕草子《まくらのさうし》』では作者清少納言《せいしょうなごん》は中宮のことを「宮の御前」、または単に「御前」などと言っています。帝のことは「上《うへ》の御前」と言います。

105 □□ みゆき〔行幸・御幸〕

「みゆき」は「御《み》行《ゆ》き」で、**帝や上皇が宮中（御所）を出て、どこかにお出かけになること**です。

1（帝や上皇の）お出かけ・**お出まし**
〔帝には「行幸」を、上皇には「御幸」の字をあて、前者は「ぎょうこう」または「ぎょうこう」、後者は「ごこう」とも読む〕

1 小倉山峰《をぐらやまみね》のもみぢ葉《ば》心あらば今一度《ひとたび》の**みゆき**待たなむ（拾遺・一一二八）（百人一首）
▼小倉山の峰の紅葉よ、もしおまえに心があるならば、もう一度の〔（**帝の）お出まし**〕を（散らずに）待っていてほしい。

1 法皇夜《よ》をこめて大原の奥へぞ**御幸**《ごかう》なる。（平家・灌頂巻）
▼法皇はまだ夜も深いうちに大原の奥へ〔**お出まし**〕になる。

□□

たより〔頼り・便り〕

1 **よりどころ**・頼みにできるもの
2 **つて**・縁故・手づる
3 **よい機会**・都合のよい折・ついで

同 たづき〔方便〕（名詞）…手段・手がかり

例えば、「彼は伯父さんが会社の社長だから、そのコネで就職できた」などといいますよね。伯父さんが社長だという「たより」、つまり**「よりどころ・縁故・つて・よいチャンス」**があって就職が実現したのです。

「たより」とは、**それがあるから何かが実現できる、その手がかり**ということです。古文では男の恋文を姫君に渡してくれる人のことをいったりします。

くれぐれも「たより」＝手紙・音信と決めつけないように！

1 さて年ごろ経《ふ》るほどに、女、親なく、**たより**なくなるままに、（伊勢・二三段）

▼そうして何年か過ぎるうちに、女は、親が死に、（暮らしの）〔**よりどころ**〕がなくなるにつれ、

親が亡くなると、経済的な「支え・よりどころ」を失います。

2 **たより**あらばいかで都へ告げやらむ今日《けふ》白河《しらかは》の関《せき》は越えぬと（拾遺・三三九）

▼（何か）〔**つて**〕があるならばなんとかして都へ知らせてやりたいものだ。今日（陸奥《むつ》の）白河の関を越えたと。

自分が白河の関（今の福島県）まで来たことを都に知らせてくれる人、つまり知人とかなんらかの「つて」がここでの「たより」です。「たよりあらば」を「もし手紙があるならば」と訳してはいけません。

3 **たより**ごとに物も絶えず得《え》させたり。（土佐・二月十六日）

▼（何か）〔**よい機会**〕があるごとに（お礼の）品物も絶えず与えていた。

都の自宅を管理してくれた人に、何かの「ついで・都合のよい折」にはしばしば土佐《とさ》から贈り物をしていたというのです。

物語《ものがたり》

「物語す」というサ変動詞がよく使われますが、それは『源氏物語』などの話をするというのではなく、ただ**雑談をする**ということです。

1 **世間話**・雑談
2 物語〔『竹取《たけとり》物語』や『源氏《げんじ》物語』などの物語〕〔現代語と同じ〕

1 おなじ心なる人二三人ばかり、火桶《ひをけ》を中に据ゑて、**物語**などするほどに、(枕・雪のいと高うはあらで)

▼気の合う人二、三人くらいが、火桶を中に置いて、〔**世間話**〕などするうちに、

2 世の中に(『源氏物語』などの)**物語**といふもののあんなるを、いかで見ばやと思ひつつ、(更級)

▼世の中に(『源氏物語』などの)〔**物語**〕というものがあるそうだが、(それを)どうにかして読みたいと(わたしは)思いながら、

ためし〔例〕

古文の「ためし」は、「試《こころ》み」の「試し」ではありません。ためしは**漢字で「例」**と書きます。「例」は「れい」と読むと「いつも」の意。(↓P276)

1 前例・**先例**〔以前にあった事柄〕

1 集《しふ》をえらぶ人は**ためし**多かれども、再び勅《ちよく》をうけて、代々《よよ》に聞こえあげたる家は、たぐひなほありがたくやありけむ。(十六夜)

▼(和歌の)勅撰集《ちょくせんしゅう》を編集する人は〔**先例**〕がたくさんあるけれども、(一人で)二度勅命を受けて、その御代御代の天皇に(勅撰和歌集を)奏上した家柄は、類例がやはりめったになかったことだろうか。

『十六夜《いざよい》日記』の作者阿仏尼《あぶつに》が和歌の名門である夫の家柄を誇っている一文です。

109 □□ いそぎ〔急ぎ〕

「いそぎ」はそのまま「急なこと・急用」の意味もありますが、「支度・準備」の意味もあります。文脈に合う方を選びましょう。

1 急なこと・急用〔現代語と同じ〕
2 支度・**準備**

関 いそぐ〔急ぐ〕(動詞)…
1 急ぐ
2 準備する ←

2 (十二月には)公事《くじ》どもしげく、春の**急ぎ**にとり重ねて催《もよほ》し行はるるさまぞ、いみじきや。(徒然・十九段)

▼(十二月には)朝廷の政務や儀式などが頻繁にあり、新春の〔**準備**〕と重複して(それらが)催し行われる有様は、たいそうなものだ。

関 正月の御装束《さうぞく》**急ぎ**給《たま》ふ。(宇津保・嵯峨の院)

▼正月のご衣装を〔**準備し**〕なさる。

110 □□ 用意《ようい》

「用意」とは文字どおり、**意を用いること**、つまり深い心づかいのあることです。

用ヰルレ意ヲ＝意を用いる

1 **気配り**・心づかい
2 支度・準備〔現代語と同じ〕

1 頭《とう》の中将《ちゆうじやう》、容貌《かたち》**用意**、人にはことなるを、(光源氏《ひかるげんじ》と)立ち並びては、なほ花のかたはらの深山木《みやまぎ》なり。(源氏・紅葉賀)

▼頭の中将は、顔立ちも〔**気配り**〕も、人よりは優れているが、(光源氏と)立ち並ぶと、やはり桜の花のかたわらの山奥の木である。

見た目もよく、周りの人への気づかいもできる頭の中将も、光源氏に比べれば、ぱっとしないただの人に見えてしまうということです。

111 かたち〔形・容貌〕

「かたち」は主に顔をいうのに対し、「すがた」は衣服を身につけた全体の様子をいいます。

1 形・外見〔現代語と同じ〕
2 **容貌《ようぼう》**・顔立ち

同 みめ〔見目〕(名詞)…見た目・容貌

2 さかりにならば、**かたち**も限りなくよく、髪もいみじく長くなりなむ。光の源氏の夕顔《ゆふがほ》、宇治《うぢ》の大将《だいしやう》の浮舟《うきふね》の女君《をんなぎみ》のやうにこそあらめ。(更級)

▼(わたしも)年ごろになったら、きっと〔**容貌**〕もこの上なく美しく、髪もたいそう長くなるだろう。光源氏の(恋人の)夕顔、薫《かおるの》大将の(恋人の)浮舟の女君のようになるだろう。

『源氏物語』に夢中になった少女が「大人の女」を夢見た一節です。

112 かげ A〔影〕 B〔陰〕

光も「かげ」、人の姿も「かげ」、水面に映る物の姿(形)も「かげ」と言います。

A 1 **光**
2 **姿**・形
B 3 陰〔光の当たらない所〕・物陰〔現代語と同じ〕

1 木《こ》の間《ま》よりもりくる月の**影**見れば心づくしの秋は来《き》にけり (古今・一八四)

▼木々の枝の間から漏れてくる月の〔**光**〕を見ると、もの思いをすることが多い秋が来たことだなあ。

2 月隈《くま》なくさし出《い》でて、ふと人の**影**見えければ、(源氏・空蟬)

▼月の光がこうこうと照りはじめて、すっと人の〔**姿**〕が見えたので、

名詞

例文音読・入試問題

113 □□

けしき〔気色〕

「けしき」は現代語では「景色」と書き、風景の意ですが、古文では**「気色」**と書き、自然であれ、人の態度であれ、その**様子**をいいます。

顔の様子ということで、「顔色・機嫌」の意、心の様子ということで、「意向・意中」の意もあります。

「気色ばむ」や「気色立つ」は、様子が外に現れるということです。

今日は彼のけしきが悪いね

1 **様子**
2 顔色・**機嫌**〔顔の様子〕
3 **意向**・意中〔心の中の様子〕

関 気色《けしき》ばむ・気色立《けしきだ》つ（動詞）…
1 様子が外に現れる
2 思いを外に表す

1 切《せち》に物思へる**気色**なり。（竹取・天の羽衣）
▼いちずに何か思っている〔**様子**〕である。

2 おほやけの御《み》**気色**悪《あ》しかりけり。（伊勢・一一四段）
▼帝《みかど》のご〔**機嫌**〕は悪かった。

3 わざとの御消息《せうそこ》とはあらねど、御**気色**ありけるを、（源氏・若菜上）
▼正式な形でのお手紙ということではないが、ご〔**意向**〕を示されたのを、

関 梅の花のわづかに**けしきばみ**はじめて、（源氏・幻）
▼梅の花が少しばかり（咲きそうな）〔**様子を見せ**〕はじめて、

関 花山院《くわざんのゐん》、この四《し》の君《きみ》の御許《もと》に御文《ふみ》など奉《たてまつ》り給《たま》ひ、**けしき立た**せ給ひけれど、（栄花・みはてぬゆめ）
▼花山院《かざんいん》は、この四女のもとにお手紙などを差し上げなさって、（彼女への）〔**思いを示し**〕なさったけれども、

心の内を顔色やそぶりに示すことが、ここでの「けしき立つ」です（「霞《かすみ》立つ」というように、「立つ」には外に現れる意があります）。

114 □□

こころざし〈心ざし・志〉

1の意味は今でも普通に使われますが、古文では男女間の話題に用いられる2の意味がもっとも重要です。

1 意志・意向〈何かをしようとする気持ち〉〈現代語と同じ〉
2 **愛情**・好意〈相手に寄せる気持ち〉
3 **お礼の贈り物**

2「**心ざし**のまさらむにこそはあはめ」と思ふに、（大和・一四七段）
▼「（自分への）〈**愛情**〉がまさっているほうの男性と結婚しよう」と思うが、

二人の男性にプロポーズされた女の気持ちです。

3《留守中、家の管理を頼んでいた隣の人は、荒れるにまかせていた。》いとはつらく見ゆれど、**志**はせむとす。（土佐・二月十六日）
▼とても薄情に見えるけれども、〈**お礼の贈り物**〉はしようと思う。

115 □□

ほい〈本意〉

「本意」は、世俗的な願望を表すこともありますが、**「出家して仏道修行に励みたいというかねてからの願い」**の意味でよく使われます。

本意↓出家願望

1 本来の意志・**かねてからの願い**

関 あらまし（名詞）…予想・期待

1 山籠《ごも》りの**本意**深く、今年は出《い》でじと思ひけれど、（源氏・手習）
▼山寺に籠もって仏道修行したいという〈**かねてからの願い**〉が深くて、今年は（山から）出まいと思っていたけれども、

名詞

例文音読・入試問題

116

こと〔言〕

1 **言葉**
2 **和歌**

関 ことなり〔異なり〕（形容動詞）
…異なっている・格別だ ←
ことに〔殊に〕（副詞）
…特に・とりわけ ←

「こと」は「事」だと決めつけてはいけません。**「こと」は「言」**、つまり「言葉」とか、言葉の中でも特に「和歌」を指すことがあります。

ほかに、形容動詞の「ことなり（異なり）」の「こと」、副詞「ことに（殊に）」の「こと」、それから楽器の「琴」もあります。「異国」や「異人」は「ことくに」「ことひと」と読んで、「他の国」「他の人」の意です。

入試で「こと」に漢字をあてる問題は、「異」が答えになることがもっとも多いことを知っておきましょう。

1 **こと**に出でて言《い》はぬばかりぞ（古今・六〇七）
▼〔**言葉**〕に出して言わないだけだ（心の中では思っているよ）。

2 これに、ただ今覚えむ古き**言**《こと》、ひとつづつ書け。（枕・清涼殿のうしとらのすみの）
▼この紙に、今すぐ思い出せる古い〔**和歌**〕を、各自一首ずつ書け。

中宮様が清少納言《せいしょうなごん》たち女房におっしゃった言葉です。

関 （光源氏《ひかるげんじ》が）紫の紙に書い給《たま》へる墨つきのいと**ことなる**を（紫《むらさき》の上《うえ》は）取りて見ゐ給へり。（源氏・若紫）
▼（光源氏が）紫の紙に書きなさった筆跡がとても〔**異なっている**〕のを（紫の上は）手に取ってじっと見ていらっしゃった。

「異なっている」というのはここでは「格別に立派だ」ということ。

関 山里は秋こそ**ことに**わびしけれ（古今・二一四）
▼山里の住まいは（四季の中でも）〔**とりわけ**〕秋がさびしくつらいことだ。

117
□□
わざ〈業〉

古文の「わざ」は**「こと（事）」**と訳せば済みます。相撲《すもう》や柔道の「わざ（技）」ではありません。

1 こと（事）・行い
2 葬儀・法事〈葬送の儀や追善供養〉

1 夜泣きといふ**わざ**する乳児《ちご》の乳母《めのと》。（枕・くるしげなる物）
▼（苦しそうなのは）夜泣きという〔こと〕をする赤ん坊の養育係。

2 それ失《う》せ給ひて、安祥寺《あんじやうじ》にて御《み》**わざ**しけり。（伊勢・七七段）
▼その方がお亡くなりになって、安祥寺で御〔葬儀〕をした。

葬儀のことを「後《のち》のわざ」（人が亡くなった後にすることの意）といいますが、このように単に「わざ」ということもあります。

118
□□
よろづ〈万〉

一昔《ひとむかし》前までは「万屋《よろずや》」といって、生活雑貨などをなんでも売っている店（今のコンビニ）があったものです。

よろづ＝万
↙ ↘
さまざま　すべて

1 多くの数・さまざま・万事《ばんじ》
2 〈副詞として使われ〉何ごとにつけても・すべてにわたって

1 やまと歌は人の心を種として、**よろづ**の言の葉とぞなれりける。（古今・仮名序）
▼和歌というものは人の心を種として、〔さまざま〕の言葉となったものである。

2 世の中変はりてのち、（光源氏は）**よろづ**もの憂《う》く思《おぼ》され、（源氏・葵）
▼ご治世が変わってから、（光源氏は）〔何ごとにつけても〕もの憂くお思いになり、

名詞

例文音読・入試問題

119 □□

ことわり〔理〕

1 道理〔もっともであること〕

関 ことわりなり（形容動詞）…もっともである・当然である
ことわる（動詞）…（道理に従って）判断・説明する
ことわりなし（形容詞）…ひどい→P82

「ことわり」は漢字で「理」と書きます。「道理」の「理」です。「道理」とは、**そうある（なる）のが至極《しごく》もっともなこと**という意味です。

語源は「事割り」で、事を割る（＝分ける）と、そこに見えてくる筋道、それが「ことわり」です。

この動詞形が「ことわる」ですが、「断る（辞退する・拒絶する）」の意ではありませんので、ご注意を！

1 我《われ》を知らずして、外《ほか》を知るといふ**ことわり**あるべからず。（徒然・一三四段）

▼自分（のこと）を知らないで、他人を知るという〔**道理**〕があるはずがない。

関《母上が今にも亡くなりそうな様子を、娘の落葉《おちば》の宮は見て、》宮の泣きまどひ給《たま》ふこと、いと**ことわりなり**かし。（源氏・夕霧）

▼（落葉の）宮がひどくお泣きになるのも、まことに〔**もっともなことである**〕よ。

「ことわり」は、名詞だけでなく、このように形容動詞もあります。

関「（東国の人は）にぎはひ豊かなれば、人には頼まるるぞかし」と**ことわられ**侍《はべ》りし。（徒然・一四一段）

▼「（東国の人は）富み栄え裕福であるから、人には頼りにされるのですよ」と〔**（筋道を立てて）説明し**〕なさいました。

動詞の「ことわる」（ラ行四段）は、「ものごとの理非・正邪の判断をする」とか「（道理に従って）説明する」という意です。

120 □□

ひがこと・ひがごと〔僻事〕

1 **間違い**・誤り〔道理にはずれたこと〕

関 ひがひがし（形容詞）… 1 ひねくれている ⬅ 2 風流心がない

「ひがこと」の「**ひが**」は、「**間違った・ひねくれた**」の意です。間違って聞くこと（＝聞き違い）を「ひが耳」、間違って見ること（＝見まちがい）を「ひが目」といいます。

1 道理と**僻事**《ひがこと》を並べんに、いかでか道理につかざるべき。（平家・巻二）

▼道理と〔**間違い**〕を並べたときに、どうして道理に従わないことがあろうか（道理に従うものだ）。

関 かかる奥山に籠《こも》り居《ゐ》たらむ、あまりに**ひがひがしう**、（浜松中納言・巻四）

▼このような山奥に籠もっているのは、あまりに〔**ひねくれたことで**〕、

考え方が「ひねくれて普通でない」のが「ひがひがし」です。

121 □□

そらごと〔空言・虚言〕

1 **嘘**《うそ》・偽り・作りごと

反 まこと〔真〕（名詞）…真実

事実に基づかない作りごと、それが「そらごと」です。

そら
＝実体がないこと

1 まこと蓬莱《ほうらい》の木かとこそ思ひつれ。かくあさましき**そらごと**にてありければ、はや返し給へ。（竹取・蓬莱の玉の枝）

▼本当に蓬莱山の木かと思ったことであった。（しかしそれは）このようにあきれるほどの〔**嘘**〕であったので、早くお返しください。

庫持《くらもち》の皇子《みこ》が持ってきた蓬莱の玉の枝は偽物だと分かって、安堵《あんど》したかぐや姫が翁《おきな》に言った言葉です。

名詞

例文音読・入試問題

122 □□

しるし〔験・徴〕

1 **効き目**・効果・効験
2 （神仏の）霊験・**ご利益《りやく》**
3 前兆・**きざし**

古文の世界では、人が病気になると、それは物《もの》の怪《け》がついているからだと考えて、僧や験者《げんざ》（修験者《しゅげんじゃ》）を呼び、物の怪を追い払う祈りをしました。その**効き目**が「しるし」です。

特に「神仏の効き目」ということで、「霊験」や「ご利益」とも訳します。

形容詞「しるし」〔著し〕（↓P87）と間違えないように。

1 さまざまの御祈りはじまりて、なべてならぬ法ども行はるれど、さらにその**しるし**なし。（方丈）

▼いろいろなご祈禱《きとう》が始まって、並々でない加持《かじ》祈禱が行われたが、少しもその〔**効き目**〕がない。

「法」＝「修法《すほう》」で、祈りの儀式のことです（加持ともいいます）。

2 必ず仏の御**験《しるし》**を見むと思ひ立ちて、その暁《あかつき》に京を出《い》づるに、（更級）

▼必ず仏の〔**ご利益**〕を受けようと思い立って、その日の夜明け前に都を出たが、

『更級日記《さらしなにっき》』の作者が、大和《やまと》（奈良）の長谷《はせ》寺の観音様にこれからお参りに行こうとしているところです。

3 年も返りぬ。春の**しるし**も見えず、凍《こほ》りわたれる水の音せぬさへ心細くて、（源氏・手習）

▼年も改まった。（しかし、辺りは）春の〔**きざし**〕も見られず、一面に凍りついている（谷川の）水の（流れる）音もしないことまでもが心細く感じられて、

123 □□ 料《れう》

※「リョウ」と読む

「料」は「材料・原料」の「料」で、**「何かのためのもの」**ということで、「ため」と訳します。例えば、「かかる料」は「こういうことのため」です。

料＝ため

1 ため・（何かの）ためのもの

1 見れば、（庭に）長《なが》むしろをぞ四五枚敷きたる。何の**料**にかあらんと見るほどに、（宇治・巻一・十八話）

▼見ると、（庭に）長いむしろを四、五枚敷いてある。なんの〔**ための もの**〕だろうかと見ていると、

芥川龍之介《あくたがわりゅうのすけ》の『芋粥《いもがゆ》』の典拠となった話の一節で、早朝から庭にむしろを敷く音がするので、何をするのだろうと見ていると、主人公に芋粥を腹いっぱい食べさせるため、山芋を家の高さほど積み上げているのでした。

124 □□ ろく〔禄〕

「禄」は、平安時代は、俸禄《ほうろく》や禄高《ろくだか》（武士の給与）の意ではなく、相手の労をねぎらって与える**「ほうびの品」**という意味で使われます。

1 ほうび（の品物）

同 かづけもの（名詞）…ほうびの品物

1 **禄**を出《い》だされれば、肩に掛けて、拝《はい》して退く。（徒然・六六段）

▼〔**ほうび**〕を下さると、肩に掛けて、礼をして退出する。

ほうびはたいてい着物で、それをもらって左肩に掛けました。

1 御階《みはし》の下《もと》に、親王《みこ》たち上達部《かんだちめ》連ねて、**禄**ども品々《しなじな》に賜《たま》はり給《たま》ふ。（源氏・桐壺）

▼（清涼殿《せいりょうでん》の）階段の下で、親王たちや上級貴族は立ち並んで、（帝から）〔**ほうび**〕などを身分に応じていただきなさる。

ほうびは身分の高い人からより低い人へ与えられるものです。

名詞

例文音読・入試問題

125

□□

としごろ〔年頃・年比・年来〕

1 数年（の間）・数年来・**長年**

関 ひごろ〔日頃〕(名詞) …数日（の間）・平生・普段

つきごろ〔月頃〕(名詞) …数か月（の間）

どの単語集にも「お年ごろ」、つまり**結婚適齢期の意ではない**と書いてあります。

例えば、「年ごろの男《をとこ》」といったら、古文では「結婚適齢期の若い男」ではなく、「長年連れ添った夫」という意味になります。

次のように、「日ごろ・月ごろ・年ごろ」とトリオで覚えるのがいいでしょう。

日ごろ↓数日の間（何日も）
月ごろ↓数か月の間（何か月も）
年ごろ↓数年の間（何年も）

1 夜中ばかりに、皮《かは》の聖《ひじり》のもとにおはして「われ法師になし給《たま》へ。**年頃**の本意《ほい》なり」とのたまひければ、（栄花・ひかげのかづら）

▼夜中ごろに、行円上人《ぎょうえんしょうにん》の所にいらっしゃって「わたしを法師にしてください。〔**長年**〕の望みである」とおっしゃったので、

藤原道長《ふじわらのみちなが》の息子顕信《あきのぶ》が十八歳の若さで出家する場面です。

1 **年ごろ**おとづれざりける人の、桜の盛りに見に来たりければ、（伊勢・十七段）

▼〔**長年**〕訪れなかった人が、桜の満開のときに見に来たので、

これは「年ごろ」を副詞的に使ったものです。

関 **日ごろ**降りつる雪の、今日《けふ》はやみて、風などいたう吹きつれば、垂氷《たるひ》いみじうしたり。（枕・十二月廿四日）

▼〔**数日の間**〕降り続いた雪が、今日はやんで、風などがひどく吹いたので、つららがたくさんできている。

関 **月頃**にこよなう物の心知り、ねびまさりにけり。（源氏・浮舟）

▼〔**数か月の間**〕にこの上なくものごとがよく分かり、立派に成長した。

126 □□

つとめて

1 **早朝**
2 **翌朝**

同 あした〔朝〕(名詞)…1 朝 2 翌朝

「つとめて」は「努めて」ではなく、**人が起き出して行動を開始する朝早いころ**をいいます。

1 九日の**つとめて**、大湊《おほみなと》より（中略）漕《こ》ぎ出《い》でけり。(土佐・一月九日)
▼九日の〔**早朝**〕、大湊から（中略）舟を漕ぎ出した。

2 平中《へいちゆう》、そのあひける**つとめて**、人おこせむと思ひけるに、(大和・一〇三段)
▼平中という男は、（女と）夫婦の縁を結んだその〔**翌朝**〕（早く）、使いの人を（女に）よこそうと思ったが、

何か事のあった「翌朝」ということの意味も大事です。

127 □□

世《よ》・世《よ》の中《なか》

1 世の中・世間〔現代語と同じ〕
2 （世の中の）人間関係・**男女の仲**・**夫婦の仲**
3 （人の）一生・（ある）御代《みよ》 ※「世」は単に「時・折」の意でも使う。

区切られた空間・時間・人間関係をいいます。2が特に大事です。広い世間に出ていくことのなかった古文の時代の女性にとっては、**恋人や夫との仲**こそが「世」「世の中」であったのです。

世の中→人間関係→男女の仲

2 心もゆかぬ**世**とはいひながら、まだいとかかる目は見ざりつれば、(蜻蛉・中巻)
▼思いどおりにならない〔**夫婦の仲**〕とはいいながら、いまだこんなひどい目には遭ったことはなかったので、

2 夢よりもはかなき（亡き親王との）**世の中**を嘆きわびつつ明かし暮らすほどに、(和泉式部)
▼夢よりもむなしい（亡き親王との）〔**男女の仲**〕を嘆き悲しみながら過ごすうちに、

例文音読・入試問題

128 □□

いかで・いかでか

1 **どうして**・どのように（〜だろうか）〔疑問〕
2 **どうして**（〜だろうか、いや、〜ない）〔反語〕
3 **なんとかして**（〜よう・〜たい・〜てほしい）〔意志・自己の願望・他への願望〕

「いかで（か）」は、**下にどのような助詞・助動詞がくるか**（例文では傍線が付してあります）**で、三通りに訳が分かれます。**

難しいのは、「いかで〜む」や「いかで〜べき」の場合です。三通りのどれでも訳せます。

1「どうして〜だろうか」
2「どうして〜だろうか、いや、〜ない」
3「なんとかして〜よう（たい）」

どれがよいかは文脈で決めなくてはなりません。

いかで
↓どうして（〜か）　疑問・反語
↓なんとかして（〜たい）　願望

---

1 心細げなる有様、**いかで**過ぐすらんと、いと心ぐるし。（徒然・一〇四段）

▼頼りなげなありさまで、〔**どのように**〕過ごしているのだろうかと、とても気がかりだ。

2「**いかで**月を見ではあらむ」とて、なほ月出《い》づれば、（かぐや姫は）出でゐつつ嘆き思へり。（竹取・天の羽衣）

▼「〔**どうして**〕月を見ないでいられようか、いや、いられない」と言って、やはり月が出ると、（かぐや姫は）縁側に出て座って嘆き悲しんでいる。

「なほ」以降の内容を読むと、「どうして〜だろうか」という疑問の訳も、「なんとかして〜よう」という意志の訳も、適当ではありません。

3 今は、**いかで**この若き人々おとなびさせむと思ふよりほかのことなきに、（更級）

▼（夫が信濃守《しなののかみ》となり都にいない）今はもう、〔**なんとかして**〕この子どもたちを一人前に仕立てようと思うばかりであるが、

3 **いかで**このかぐや姫を得てしがな。（竹取・かぐや姫の生ひ立ち）

▼〔**なんとかして**〕このかぐや姫を手に入れ（て妻にし）たいものだ。

いかが・いかに

1 **どのように**・**どうして**（～だろうか）〔疑問〕
2 **どうして**（～だろうか、いや、～ない）〔反語〕
3 **どんなにか**・どれほど・なんとまあ（～だろう）〔程度の強調・感嘆〕

〈イカがイカに言った〉
どうして
ぼくたちは
疑問なんだろう？
どうして
疑問だろうか
いや、反語だよ
何とまあ
難しい議論を
していることだろう！

「いかが」と「いかに」は微妙な違いはありますが、ほぼ同じ副詞と考えてかまいません。英語のhowと思えばよいでしょう。「どのように」「どうして」「なんとまあ（～だろう）」、どれも**howと同じ使い方**です。

いかが・いかに＝how

1 あはれ、**いかに**し給《たま》はむずらむ。（蜻蛉・上巻）

▼ああ、（あなたはこの先）〔**どのように**〕なさるのだろうか。

これは、様子・状態についての疑問を表す「いかに」です。

1 昔、男ありけり。**いかが**ありけむ、その男住まずなりにけり。（伊勢・九四段）

▼昔、男がいた。〔**どう**〕したのだろうか、その男は（女の所に）通わなくなってしまった。

これは、様子・状態についての疑問（どのように）とも、原因・理由についての疑問（どうして）ともとれる「いかが」です。

2 かくばかり逢《あ》ふ日のまれになる人を**いかが**つらしと思はざるべき（古今・四三三）

▼これほどまでに逢う日がまれなあの人のことを、〔**どうして**〕薄情だと思わないでいられようか、いや、薄情だと思ってしまいます。

3 このごろの山の紅葉《もみぢ》は**いかに**をかしからむ。（和泉式部）

▼この時期の山の紅葉は〔**どんなにか**〕美しいことだろう。

130 □□

など・などか・などて・なじかは

1 なぜ・**どうして**（〜か）

同 なぞ〔何ぞ〕（副詞）…どうして
なに・なにか〔何・何か〕（副詞）…どうして
なにしに〔何しに〕（副詞）…どうして

「大将、中将など」の「など」、または「〜など言ふ」の「など」とは違う、**「どうして」という意の「など」が古文にあること**をしっかり頭に入れておきましょう。

「なぜ・どうして」の意の副詞は、**同**に示したようにほかにもいくつかあります。現代語と同じようで違うものがありますので、注意して覚えてください。

1 「**など**答《いら》へもせぬ」と言へば、（伊勢・六二段）

▼「〔**どうして**〕返事もしないのか」と言うと、

同 **なぞ**かう暑きにこの格子《かうし》は下《お》ろされたる。（源氏・空蟬）

▼〔**どうして**〕こんなに暑いのにこの格子《こうし》をお下ろしになっているのか。

同 春霞《はるがすみ》**なに**隠すらむ桜花《さくらばな》散る間《ま》をだにも見るべきものを（古今・七九）

▼春霞は〔**どうして**〕桜の花を隠しているのだろうか。（咲いている期間が短い桜は）散るときでさえも見ていたいものなのに。

「なに」「なにか」に、この「どうして」の意があることを知らないと痛い目に遭うことがあります。主に和歌で用いられます。

同 かからでよき日もあらむものを、**なにしに**詣《まう》でつらむ。（枕・うらやましげなる物）

▼こんな日でなくて（ほかに）よい日もあるだろうに、〔**どうして**〕お参りに来てしまったのだろうか。

もともと「なにしに」は「何をしに」という意味ですが、単に「どうして」の意でも使うのです。

131 □□

いつしか

1 **いつの間にか**・早くも
2 （できるだけ）**早く**（〜たい・〜てほしい）

現代語にはない2の意味が重要です。2は下に願望表現がくるのが普通です（省略される場合もあります）。

1 うぐひすばかりぞ**いつしか**音したるを、あはれと聞く。（蜻蛉・下巻）
▼鶯《うぐいす》だけが〔**いつの間にか**〕（早くも）来て鳴いたのを、しみじみと聞く。

2 **いつしか**梅咲かなむ。（更級）
▼〔**（できるだけ）早く**〕梅が咲いてほしい。

「いつ梅は咲くのだろう」という訳は間違いです。「咲かなむ」の「なむ」は「〜てほしい」という意の他への願望の終助詞です。

132 □□

おのづから〈自ら〉

1 自然と・ひとりでに
2 偶然・**たまたま**
3 〈仮定・推定表現を伴い〉万一・**もしかして**

関 みづから〔自ら〕（名詞）…1わたし〔自称〕 2その人自身

「おのづから」は1の意味だけでなく、**古文には2や3の使い方もある**ことに注意しましょう。

おのづから＝自然のなりゆきで
↓必然性がなく偶発的に
↓たまたま・もしかして

2 **おのづから**人の上《うへ》などうち言ひそしりたるに、幼き子どもの聞き取りて、その人のあるに言ひ出《い》でたる。（枕・はしたなき物）
▼〔**たまたま**〕ある人の悪口を言っていたときに、幼い子たちが耳にとめて、その人がいる所で言い出したこと（はきまりが悪い）。

3 **おのづから**歌などや（集に）入《い》ると思ひて、（宇治・巻一十話）
▼〔**もしかして**〕（自分の）歌などが（勅撰集《ちょくせんしゅう》に）選ばれるかと思って、

例文音読・入試問題

133

□□

なほ〔猶〕

1 依然としてやはり(変わらず)
2 **なんといってもやはり・それでもやはり**
3 さらに・いっそう

現代語でも「なお」はよく使います。「今もなお美しい」は1の意味、「手術してなお悪くなった」は3の意味です。「なほ」をどういう意味でとるとぴったり文脈に当てはまるか、古文でもそのつど考えてください。

古文では2**の意味が最も大事**です。下の二つの例文でよく理解しましょう。

老いても依然として元気
老いてもそれでもやはり元気
老いてもますます元気

1 風波やまねば、**なほ**同じところにあり。（土佐・一月五日）

▼風や波がおさまらないので、（舟は）〔**依然として**〕同じ所にいる。

2 世の中に**なほ**いと心憂《う》きものは、人に憎まれむことこそあるべけれ。（枕・世の中になほいと心うき物は）

▼世の中で〔**なんといってもやはり**〕とてもいやなものは、人に憎まれることであるにちがいない。

2 《須磨《すま》でのわび住まいの中にあって、光源氏《ひかるげんじ》は八月十五夜の月（＝仲秋の名月）を眺めながら都の恋しい人々を思い、涙する。》をりをりの事思ひ出《い》で給《たま》ふに、よよと泣かれ給ふ。「夜更《よふ》けはべりぬ」と聞こゆれど、**なほ**入り給はず。（源氏・須磨）

▼（都での）折々のことを思い出しなさると、おいおいと泣きなさる。「夜も更けました」と（側《そば》に仕える者が）申し上げるけれども、〔**それでもやはり**〕（光源氏は月を眺め続け）部屋の中にお入りにならない。

3 東路《あづまぢ》の道の果てよりも、**なほ**奥つ方《かた》に生《お》ひ出でたる人、（更級）

▼東国の道の果てよりも、〔**さらに**〕奥の方で育った人、

134 □□

いとど

「いとど」を「いと」と同じと見なして、「とても・非常に」と訳す人が多いのですが、それは誤りです。「いとど」は、**ある状態があって、それが「さらにいっそう〜だ」というときに使う**ものです。

いとど ≠ いと

1 いっそう・**ますます**

関 いとどし（形容詞）…いっそうはなはだしい

1 散ればこそ**いとど**桜はめでたけれ（伊勢・八二段）
▼（花が美しい上に）散るからこそ〔**ますます**〕桜はすばらしい。

関 **いとどしき**朝霧にいづこともなく惑ふ心地し給ふ。（源氏・夕顔）
▼〔**いっそうはなはだしい**〕朝霧に（光源氏は）どことも知れない道に迷うようなお気持ちになる。

副詞「いとど」が形容詞化したのが「いとどし」です。

135 □□

げに〈実に〉

現実を見て、または人の発言を受けて、**「なるほど本当にそうだ」と納得し同意する**のが「げに」です。

1（実際）**本当に**・なるほど（そのとおり）

関 けに（副詞）…いっそう・ますます

1 この歌よしとにはあらねど、**げに**と思ひて人々忘れず。（土佐・一月十一日）
▼この歌はよいというほどではないが、〔**本当に**〕（そのとおりだ）と思って人々は忘れない。

関 ありしより**けに**恋しくのみおぼえければ、（伊勢・六五段）
▼以前より〔**ますます**〕ひたすら恋しく思われたので、

「けに」と「げに」は違います。「けに」は「〜よりけに」という形で、「〜よりいっそう（ますます）」の意になる副詞です。

136 □□

A かく

① こう・**このように**

「かく」+「あり」→**かかり**(ラ変動詞) ① こうである

137 □□

B さ

① そう・**そのように**

「さ」+「あり」→**さり**(ラ変動詞) ① そうである

138 □□

C しか

① そう・**そのように**

「しか」+「あり」→**しかり**(ラ変動詞) ① そうである

「かく」「かかり」、「さ」「さり」、「しか」「しかり」からさまざまな語ができています。

A かかるほどに…こうしているうちに
かかれば…こうであるので
かかれど…こうではあるが

B さりとて…そうであるといって・だからといって
さりとも…そうではあっても・いくらなんでも
さりながら…そうではあるが
さるほどに…そうしているうちに
されば…そうであるから

C しからば…そうであるならば

A **かく**うつくしうおはする御髪《みぐし》を、え見ぬこそ心憂《う》く口惜しけれ。(大鏡・三条院)

▼〔**このように**〕美しくていらっしゃる御髪《おぐし》を、見ることができないのは情けなく残念である。

A **かかる**目見むとは思はざりけむ。(枕・うへにさぶらふ御ねこは)

▼〔**このような**〕目に遭うだろうとは思わなかっただろう。

「かかる」は「かかり」の連体形。「こうである」→「このような」。

B 必ず**さ**おぼす故《ゆゑ》はべらむかし。(更級)

▼きっと〔**そのように**〕お思いになるわけがあるのでしょうよ。

B 昔の若人《わかうど》は、**さる**好《す》ける物思ひをなむしける。(伊勢・四〇段)

▼昔の若者は、〔**そのような**〕いちずな恋の苦悩をしたものである。

「さる」は「さり」の連体形。「そうである」→「そのような」。連体詞としても用いられます(→P 56)。

B 和歌一つづつ仕《つか》うまつれ。**さらば**許さむ。(紫式部)

しかるに・しかるを …そうであるのに・ところが

しかれども …そうであるけれども

かく ＋ あり → かかり
kaku ari kakari

さ ＋ あり → さり
sa ari sari

しか ＋ あり → しかり
shika ari shikari

▼和歌を一首ずつお詠み申し上げよ。〔**そうしたら**〕許そう。

「さり」の未然形＋仮定条件の接続助詞「ば」＝「さらば」。

C 大将《だいしやう》も、**しか**見奉り給《たま》ひて、ことわりに思《おぼ》す。（源氏・賢木）

▼源氏の大将も、〔**そのように**〕（中宮のお心を）ご推察申し上げなさって、（それも）ごもっともなことだとお思いになる。

C 千余日に力を尽くしたること、少なからず。**しかるに**、禄《ろく》いまだ賜《たま》はらず。（竹取・蓬萊の玉の枝）

▼千余日の間に努力したことは、少なくはない（＝並たいていのことではない）。〔**そうであるのに**〕、ほうびをまだいただいていない。

「しかり」の連体形＋逆接の接続助詞「に」＝「しかるに」。

139 □□ と

「かく」（このように）に対して**「そのように・あのように」の意**を持つ副詞が「と」です。

さあらむ
（そうだろう）
いな、かくあらむ
（いや、こうだろう）
と、とかく言ひけり。

1 そのように・**あのように**

関 とかく（とかう）（副詞）…あれこれと

1 **と**言ひ**かく**言ひ、恨み給ふ。（源氏・東屋）

▼〔**ああ**〕言ったり〔**こう**〕言ったりなさって、恨みなさる。

「と」と「かく」はこのようにセットで用いられるのが普通です。

関 女君の心苦しき御気色《みけしき》を**とかく**慰め聞こえ給ふ。（源氏・賢木）

▼女君の痛々しげなご様子を〔**あれこれと**〕お慰め申し上げなさる。

「と」と「かく」が結びついたのが「とかく」です。「あれ（や）これ（や）と」とか「何やかやと」と訳します。

副詞

例文音読・入試問題

140 □□

やがて

古文の「やがて」は**切れ目なく続くさま**を表します。「そのまますぐに」とひとまとめに覚えておきましょう。

1 (ある状態が)**そのまま**
2 (時間的に)**すぐに**

1 薬も食はず。**やがて**起きもあがらで、病《や》みふせり。(竹取・富士の煙)

▼薬も飲まない。〔**そのまま**〕起きあがらないで、病気になって伏していた。

2 名を聞くより**やがて**面影《おもかげ》は推《お》しはからるる心地するを、(徒然・七一段)

▼名前を聞くやいなや〔**すぐに**〕(その人の)面影が想像される気持ちがするのに、

141 □□

すなはち〔即ち・則ち・乃ち〕

「日本の首都すなわち東京」というときの「すなわち」は、「つまり」とか「言い換えれば」という意味で、これも古文で使われることもありますが、古文で断然大事なのは**「すぐに」の意の「すなはち」**です。

すなはち＝即ち→即座に

1 **すぐに**・ただちに
2 つまり・言い換えれば〔現代語と同じ〕

1 「歌仕《つか》うまつれ」と(帝《みかど》が遊女に)仰《おほ》せられければ、**すなはち**詠みたてまつりける。(大和・一四五段)

▼「歌を詠め」と(帝が遊女に)おっしゃったところ、〔**すぐに**〕お詠み申し上げた。

「仕うまつれ」は、サ変動詞「す」の謙譲語で具体的な動作を考えて訳します(→P246)。ここでは「歌」を目的語としているので「す」＝「詠む」となり、命令形なので直訳は「詠み申し上げよ」です。

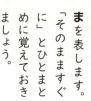

142 □□ やうやう・やうやく〈漸う〉〈漸く〉

時間の経過とともに**少しずつ変わりゆくさま**を表します。鎌倉時代から2の意味も現れますが、平安時代は1のみです。

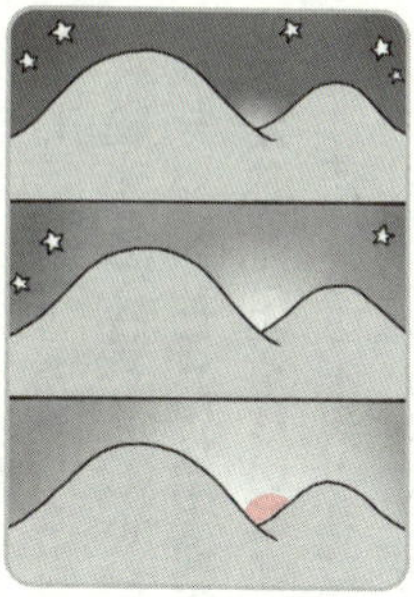

1 **しだいに**・だんだんと
2 やっと・かろうじて

同 やや（副詞）…1 しだいに ← 2 かなり・いくらか

1 春は曙《あけぼの》。**やうやう**白くなりゆく山際《やまぎは》、少し明《あ》かりて、紫だちたる雲の、細くたなびきたる。（枕・春は曙）

▼春は夜明け前（がいい）。〔**しだいに**〕白くなりつつある山際の空が、少し明るくなって、紫がかった雲が、細くたなびいているの（がいい）。

有名な『枕草子《まくらのそうし》』の冒頭の一節です。

同 草萌《も》え出《い》づるころより、**やや**春深く霞《かすみ》渡りて、（徒然・十九段）

▼草が芽を出すころから、〔**しだいに**〕春が深まり一面に霞がかかって、

143 □□ やをら・やはら〈柔ら・和ら〉

「やをら」は「**目立たないようにそっと静かに**」**振る舞うさま**を表します。

1 **そっと**・静かに

1 几帳《きちやう》の片《かた》つかたにうちかけて、人の臥《ふ》したるを、奥の方《かた》より**やをら**覗《のぞ》いたるも、いとをかし。（枕・心にくき物）

▼（脱いだ着物を）几帳《きちょう》の片方にひっかけて、女房が寝ているのを、部屋の奥のほうから〔**そっと**〕覗いているのも、とてもおもしろい。

女性の寝顔を覗くことは、同性の立場でもひそやかな楽しみであったようです。『紫式部《むらさきしきぶ》日記』にも、昼寝をしていた同僚の女房の顔をじっと見つめたあげく、ちょっとつっついて起こして相手をびっくりさせる話が記されています（八月二十六日の項）。

例文音読・入試問題

144 □□

なかなか（に）

1 中途半端に・なまじ
2 **かえって**・むしろ

関 なかなかなり〔中々なり〕（形容動詞）…中途半端だ・かえってしないほうがよい（→P99）

「あいつもなかなかやるね」とか「電車がなかなか来ない」の「なかなか」（予想を超えることを表す）とは違います。

「なかなか」は、「中途・中間」の「中《なか》」を重ねた語で、どっちつかずで不十分・不徹底なさまを表しています。それで副詞としての第一義は**「中途半端に・なまじ」**という意味になりますが、何事も中途半端では好ましい結果は望めません。そこで、**「こんな中途半端なことではかえって（よくない）」「むしろ〜だ」**という使い方をするようになったのです。

2の「かえって・むしろ」は、「普通ならXである（例えばうれしい）はずなのに」という前提があって、それとは逆に「かえって・むしろYだ（悲しい）」というふうに使われます。重要なのは2の意味です。

1 **なかなか**返事して、門《かど》立てられ、錠《じやう》さされては悪《あ》しかりなんと思ひて、（平家・巻六）

▼〔**中途半端に**〕返事をして、門を閉められ、錠《じょう》をかけられてはまずいだろうと思って、

2《宋《そう》（＝中国）に渡ることを企図している息子のことが、母は気がかりでならなかった。そんな中、都を離れていた息子が思いがけなく帰京する。息子に久しぶりに会うことができて、心安らかなはずなのに、》

なかなかに寝《い》も寝《ね》られず。これは夢かとのみ覚ゆ。（成尋阿闍梨母集）

▼（息子になまじ会ったために）〔**かえって**〕眠ることもできない。これ（＝息子に会ったこと）は夢ではないかとばかり思われる。

2 忘れてもあるべきものを**なかなかに**問ふにつらさを思ひ出《い》でつる（続古今・一二四一）

▼（ほうっておかれたら）忘れてもいられるのに、（どうかと）尋ねるので、〔**かえって**〕つらさを思い出してしまった。

この歌がもとになり、「問ふにつらさ」という言葉は、「どうしたと人が慰めの言葉をかけてくると、慰められるどころかかえってつらさがつのる」という意味で慣用句のように用いられるようになりました。

145
□□

さすがに

まず直前の内容を受ける1の意味で考え、合わなかったら、直前の内容を受けない2の意味に切り替えましょう。

1 2
1 そうはいってもやはり
2 なんといってもやはり

1 《平清盛《たいらのきよもり》の寵愛《ちょうあい》を得た白拍子《しらびょうし》の祇王《ぎおう》も、邸《やしき》から出されることになった。》
祇王《ぎわう》もとより思ひまうけたる道なれども、**さすがに**昨日今日とは思ひよらず。（平家・巻一）
▼祇王は以前から予想していたことではあるけれども、〔**そうはいってもやはり**〕昨日今日（というさし迫ったもの）とは思いもよらない。

2 男君《をとこぎみ》も、**さすがに**貴人《あてひと》の子なれば、けはひも貴《あて》やかに、（古本・上巻・二六話）
▼男君も、〔**なんといってもやはり**〕高貴な方の子であるので、様子（態度）も高貴な感じで、

146
□□

かたみに〈互に〉

1 互いに

「蛍の光」の二番はこうです。**留《と》まるも行《ゆ》くも限りとて互《かたみ》に思ふ千万《ちよろづ》の心の端《はし》を一言《ひとこと》に幸《さき》くとばかり歌ふなり**
この学舎に留《とど》まる者も巣立ち行く者も今日でお別れと、**互いに**思う幾多の心の一端を一言に込め、お幸せでと……。

1 同じ心に、かやうに言ひかはし、世の中の憂《う》きもつらきもをかしきも、**かたみに**言ひかたらふ人、筑前《ちくぜん》に下《くだ》りて後、（更級）
▼気心が合って、このように手紙のやり取りをし、世間のいやなこともつらいこともおもしろいことも、〔**互いに**〕語り合っている人が、筑前に下って後、

内親王家にかつて一緒にお仕えし、お互いなんでも話すことができた親友が、遠く九州に行ってしまったことを述べている一節です。

副詞

例文音読・入試問題

147 □□

うたて

1 不快に・いやな感じに
2 気味悪く・異様に怪しく

関 うたてし（形容詞）…いやだ・嘆かわしい ⬅

「うたて」という語を目にしたら、ちょっと顔をしかめましょう。それでこの語の核心はとらえたことになります。**事態が悪い方向に進むことに対する不快感**、見るにたえないといったいやな感じ、これが「うたて」です。具体的にどんな場合に使うかは、下の例文をよく見てください。

1 花も散りたるのちは、**うたて**ぞ見ゆる。（枕・比は正月）

▼桜の花も散ってしまったあとは、〔**いやな感じに**〕見える。

美しい桜も地面に落ち、枯れ汚れては無惨なものでしょう。

2 《光源氏《ひかるげんじ》は夕顔《ゆうがお》を廃院に連れ出し、二人きりの夜を過ごしていた。いつしか眠った光源氏の夢の中に美しい女が現れ、「わたしがこれほどにお慕いしているのに、こんな女を寵愛《ちょうあい》なさって……」と恨み言を言う。》

（光源氏は）物に襲はるる心地して、驚き給《たま》へれば、灯《ひ》も消えにけり。**うたて**思《おぼ》さるれば、太刀《たち》を引き抜きて、（源氏・夕顔）

▼（光源氏は夢の中で）物《もの》の怪《け》か何かに襲われるような気持ちがして、はっとお目覚めになったところ、灯火も消えてしまった。〔**異様に怪しく（気味悪く）**〕お思いになったので、太刀を引き抜いて、

関 俊寛僧都《しゅんくわんそうづ》一人《いちにん》、憂《う》かりし島の島守《しまもり》になりにけるこそ**うたてけれ**。（平家・巻三）

▼俊寛僧都《しゅんかんそうず》一人だけ、つらかった島の番人になってしまった（＝都に帰されることもなく、鬼界《きかい》が島に留め置かれた）のは〔**嘆かわしい（いやな）**〕ことである。

副詞「うたて」の形容詞形が「うたてし」です。

148 □□ なべて

「なべて」は「並《な》べて」で、**「すべて・みな同様に」**ということです。また、「ほかと同じように」ということで、「並・普通」の意もあります。

1 **一般に**・すべて・みな同様に
2 **並《なみ》ひととおり**・普通・平凡

関 なべてならず（慣用句）
…並ひととおりでない ⬅

1 （都の人は）**なべて**心やはらかに、情けあるゆゑに、人のいふほどのこと、けやけくいなびがたくて、（徒然・一四一段）
▼（都の人は）〔**一般に**〕（＝誰もみな同様に）心が穏やかで、人情があるので、人が頼むようなことを、きっぱりと断りにくくて、

関 二の宮におはすらんと目とどむれば、御髪《みぐし》のかかり**なべてならで**、（狭衣・巻二）
▼二の宮でいらっしゃるかと目を留めてみると、御髪《おぐし》のかかり具合が〔**並ひととおりでなく**〕（＝格別に美しく）、

149 □□ わざと

古文の「わざと」と現代語の「わざと」とは、微妙にニュアンスが違います。

現 「わざと」→故意に
(例)わざと知らないふりをする。
古 「わざと」→(単に)特に
(例)今日はわざと心地悪《あ》し。

1 **わざわざ**
2 **特に**・とりわけ・格別に
3 〈下に「の」を伴い〉**正式な**・本格的な

関 わざとならず（慣用句）
…ことさらではない・さりげない ⬅

2 **わざと**めでたき冊子《さうし》ども、硯《すずり》の箱の蓋《ふた》に入れて遣《おこ》せたり。（更級）
▼（親戚の人がわたしに）〔**特に**〕立派な物語の本などを、硯の箱の蓋に入れて送ってよこした。

3 **わざとの**御学問はさるものにて、琴笛の音《ね》にも、（源氏・桐壺）
▼〔**正式な**〕御学問はいうまでもなく、琴や笛（の演奏）の音色でも、

関 **わざとならぬ**匂《にほ》ひしめやかにうち薫《かを》りて、（徒然・三二段）
▼〔**ことさらではない**〕（＝さりげない）香の匂いがしっとりと薫って、

150 □□ あまた〈数多〉

1 **たくさん**・数多く

同 **そこばく**（副詞）…たくさん ←

「あまた」とは、**「余る」ほど数や量が「たくさん」ということです。**頻繁に使います。

1 女御《にようご》・更衣《かうい》**あまた**さぶらひ給《たま》ひけるなかに、（源氏・桐壺）

▼女御・更衣《こうい》（などの后妃）が〔**たくさん**〕お仕えなさっていた中で、

同 **そこばく**の捧《ささ》げ物《もの》を木の枝につけて、堂の前に立てたれば、（伊勢・七七段）

▼〔**たくさん**〕のお供え物を木の枝につけて、本堂の前に立てたので、

151 □□ ここら・そこら

1 **たくさん**・数多く

2 **たいそう**・はなはだしく

「あまた」は知っていても、「ここら・そこら」は知らない人が多いようです。くれぐれも「ここらへん」「そこらへん」と訳さないように。

ここ・そこ → 場所や人
ここら・そこら → 数量の多さ

1 物語は、**ここら**あるが中にも、この源氏《げんじ》のは一《ひと》きはふかく心を入れて作れる物にして、（玉の小櫛・巻二）

▼物語は、〔**たくさん**〕あるその中でも、この『源氏物語』は特に一生懸命に作ったもので、

1 **そこら**の人のほめ感じて、（枕・頭中将のすずろなるそらごとを聞きて）

▼〔**たくさん**〕の人がほめ感心して、

2 **ここら**悲しきさまざまの愁《うれ》はしさはさし置かれて、（源氏・明石）

▼〔**たいそう**〕悲しいあれこれのつらいことは自然と捨て置かれて、

□□

え（〜打消）

「え」＋動詞＋「打消」の形で、「〜（することが）できない」という不可能を表します。下にくる「打消」の種類に応じて訳も少し変わります。

○え〜ず〔打消〕
〜（することが）できない

○え〜じ（まじ）〔打消推量〕
〜（することが）できないだろう

○え〜で〔打消の接続助詞〕
〜（することが）できないで

A君「**え**っ、何だって?」
B君「動詞の上に『**え**』があって、下に打消の語があったら、『〜ない』じゃなくて、『**〜できない**』と訳さないといけないんだって。」
A君「**え**、それは聞き捨てに**できない**ね。」

1〈下に打消を伴い〉（〜する）**ことができない**

関 えならず・えもいはず（慣用句）…言いようもない ←

1 この玉たはやすく**え**取ら**じ**を、（竹取・竜の頸の玉）

▼この玉は簡単に取る〔**ことはできないだろう**〕に、

「え〜じ」は、「じ」が打消推量なので、「〜できないだろう」と訳します。

関 唐《から》の、大和《やまと》の、珍しく**えならぬ**調度ども並べ置き、（徒然・十段）

▼中国の、日本の、珍しく〔**言いようもなくすばらしい**〕調度品を並べ置いて、

「えならず」は、「（〜に）なることができない」ということで、「何かにたとえることができないほどすばらしい・並たいていではない」の意で用いられます。

関 角生《つのお》ひたり。頭も**えもいはず**恐ろしげなる者どもなり。（宇治・巻一・十七話）

▼角が生えている。頭も〔**なんとも言えないほど**〕恐ろしそうな者である。

「えもいはず」は、「言葉で言い表すことができない（ほどだ）」ということで、「言いようもなくすばらしい」の意でも「言いようもなくひどい」の意でも使われます。

例文音読・入試問題

153 □□

な〜そ

陳述（呼応）の副詞の中で**入試頻出、もっとも重要なもの**です。「そ」は禁止の終助詞です。

「な〜そ」は、禁止の終助詞「な」に比べて柔らかな禁止を表します。

(な)忘れ(そ)は「忘れる(な)」

1 （〜する）な・（〜し）ないでくれ・（〜し）てはならない

1 や、**な**起こしたてまつり**そ**。幼《をさな》き人は寝入りたまひにけり。（宇治・巻一・十二話）

▼おい、起こし申し上げる〔な〕。幼《おさな》い人は寝入りなさってしまったよ。

1 さ**な**せ**そ**。（枕・人ばへする物）

▼そのように（＝そんなことは）し〔てはならない〕。

「そ」は動詞の連用形（カ変・サ変動詞には未然形）に接続します。

154 □□

おほかた〈大方〉（〜打消）

下にくる**打消の語**とは助動詞「**ず**」「**じ**」「**まじ**」、接続助詞「**で**」、形容詞「**なし**」などです。また**反語**（「やは・かは」など）と呼応することもあります。

2は現代語でも使います。

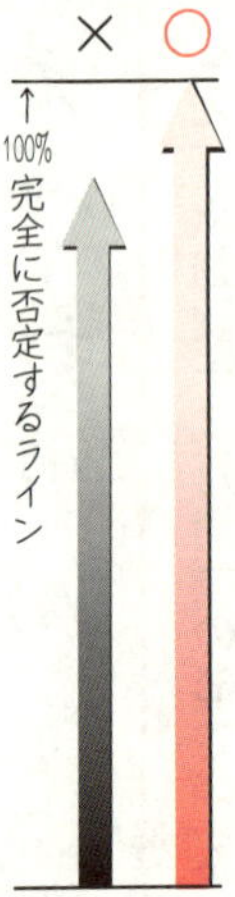

1 まったく・少しも・決して（〜ない）

2 〈打消を伴わないで〉だいたい・概して

1 《「一条室町《むろまち》に鬼あり」と大騒ぎしているので、》人をやりて見するに、**大方**あへるものなし。（徒然・五〇段）

▼人をやって見せる（＝確かめさせる）が、〔まったく〕会った者はいない。

「大方」は「なし」と呼応しています。

2 **おほかた**、振る舞ひて興あるよりも、興無くて安らかなるが、まさりたることなり。（徒然・二三一段）

▼〔だいたい〕、（わざとらしく）振る舞っておもしろいことよりも、おもしろくなくても素直なほうが、まさっているものである。

155 □□

さらに〈更に〉（〜打消）

1 **まったく**・少しも・決して（〜ない）

2 〈打消を伴わないで〉さらに・その上〔現代語と同じ〕

さらになし
まったく皿にない

現代語と同じ「その上・いっそう」という意味もありますが、**重要なのは打消を伴うこの全否定**のほうです。

1 《中納言隆家《たかいえ》が姉の中宮定子《ていし》のもとにやってきて、すばらしい扇の骨を手に入れたという。》

さらにまだ見ぬ骨のさまなり。（枕・中納言まゐり給ひて）

▼〔**まったく**〕まだ見たこともない（すばらしい扇の）骨の様子である。

「さらに」は「ぬ」（打消の助動詞「ず」の連体形）と呼応しています。

156 □□

世《よ》に（〜打消）

1 **まったく**・少しも・決して（〜ない）

2 〈打消を伴わないで〉**実に**・非常に

「世に」が名詞「世」と格助詞「に」になる場合と誤らないように！

一語の副詞になるときは、1下に打消の語がある場合や、2形容詞・形容動詞を修飾している場合が多いのです。

世に → 名詞「世」＋格助詞「に」
↓
副詞「世に」

1 空をあふぎて、**よに**心得ぬけしきにて帰りてけり。（宇治・巻九・一話）

▼（男は）空を仰《あお》いで、〔**まったく**〕（わけが）分からない様子で帰ってしまった。

「よに」は「ぬ」（打消の助動詞「ず」の連体形）と呼応しています。

2 梨《なし》の花、**よに**すさまじきものにして、（枕・木の花は）

▼梨の花は、〔**実に**〕おもしろくないものとして、

157 □□

たえて〈絶えて〉（〜打消）

ヤ行下二段活用の動詞「絶ゆ」の連用形に接続助詞の「て」がついて一語化し、副詞となったものです。**打消の語と呼応するときは一語の副詞**となりますが、「動詞＋て」の場合もありますので、間違えないようにしてください。

1 **まったく**・少しも・決して（〜ない）

1 世の中に**たえて**桜のなかりせば春の心はのどけからまし（古今・五三）

▼世の中に〈**まったく**〉桜がなかったならば、春の（人の）心はのどかだろうに。

「たえて」は「なかり」（形容詞「なし」の連用形）と呼応しています。「〜せば〜まし」は反実仮想の構文です。現実は、春には桜が咲くので、人の気持ちが落ち着かないというのです。

158 □□

つゆ〈露〉（〜打消）

名詞「露《つゆ》」が転じてできたものです。その降りる量がわずかであること、その性質がすぐ消えるはかないものであることから、「わずか・少し」という意味になり、さらに**打消の語を伴って、全否定**を表すようになりました。

1 まったく・**少しも**・決して（〜ない）

1 《女御《にょうご》は古今和歌集《こきんわかしゅう》の歌を暗唱して、》やがて末《すゑ》まではあらねども、すべて**つゆ**たがふことなかりけり。（枕・清涼殿のうしとらのすみの）

▼（女御は）そのまますぐに下《しも》の句まで（答えるということ）はないが、すべて（の歌を）〈**少しも**〉間違うことがなかった。

「つゆ」は「なかり」（形容詞「なし」の連用形）と呼応しています。

159
□□

ゆめ・ゆめゆめ（〜打消・禁止）

1 まったく・少しも・**決して**（〜ない）
2 **決して**（〜するな）

「ゆめ」は「夢」と書かれることもありますが、もともとは「忌目」という字で、身を慎んでよく見よという意味だといわれています。

「ゆめゆめ」は「ゆめ」を重ねて強調した語で、用法や訳し方はまったく同じです。

打消の語だけでなく、禁止の語と呼応することもあります。

1 《藤原俊成《ふじわらのとしなり》は平忠度《たいらのただのり》に言った。》
かかる忘れ形見を給《たま》はり置き候《さうら》ひぬる上は、**ゆめゆめ**粗略《そらく》を存ずまじう候ふ。（平家・巻七）
▼このような忘れ形見（＝巻物）をいただきました以上は、〔**決して**〕粗略《そりゃく》を思う（＝いい加減に考える）つもりはありません。

「ゆめゆめ」は「まじう」と呼応しています。「まじう」は打消推量の助動詞「まじ」の連用形がウ音便化したもので、ここでの意味は打消意志（不可能（〜できそうもない）または打消当然（〜はずがない）ともとれます）。「候ふ」は丁寧の補助動詞です。

都落ちした忠度は、命を賭《と》して都に戻ってきました。自詠の歌を集めた巻物を師匠の俊成に渡し、一首でも勅撰集《ちょくせんしゅう》に入れてもらえるように依頼するためです。例文はそれを受け取ったときの俊成の言葉。忠度はその後、合戦で命を落としましたが、俊成はこのときの約束を忘れず、『千載和歌集《せんざいわかしゅう》』に忠度の歌を入れました。

2 **ゆめ**この雪落とすな。（大和・一三九段）
▼〔**決して**〕この雪を落とすな。

「ゆめ」は「な」と呼応しています（「な」は禁止の終助詞で、現代語の「行くな・走るな」などの「な」と同じです）。

160 □□

つやつや（〜打消）

「つやつや忘れてけり」（『十訓抄《じっきんしょう》』）といったように、まれに肯定文中に使われれて、「完全に・すっかり」という意になることもありますが、ほとんどは**打消を伴って、全否定**になります。

1 **まったく**・少しも・決して（〜ない）

1 《法師たちは埋めておいた箱を掘り出そうと、》木の葉をかきのけたれど、**つやつや**物も見えず。（徒然・五四段）

▼木の葉をかきのけたが、〔**まったく**〕何も見えない。

「つやつや」は「ず」と呼応しています。

法師たちはかわいい男の子の歓心を買おうと、不思議な力によって土の中から美しい箱が出てきたように見せかけるという手の込んだことをしたのですが、結局それを埋めるのを見ていた人に盗まれてしまい、箱は見つかりませんでした。

161 □□

をさをさ（〜打消）

「をさをさ」は100％の否定ではなく、**90％強の否定**であると考えてください。よって「ほとんど」と訳します。

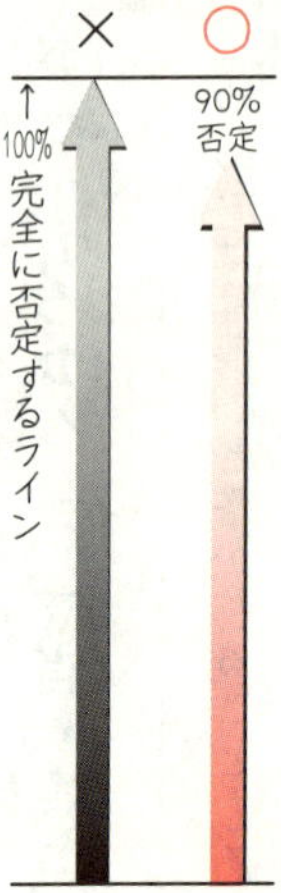

1 **ほとんど**（〜ない）

1 冬枯れの気色《けしき》こそ秋には**をさをさ**おとるまじけれ。（徒然・十九段）

▼冬枯れの様子は秋には〔**ほとんど**〕劣らないだろう。

「をさをさ」は「まじけれ」（打消推量の助動詞「まじ」の已然形《いぜん》）と呼応しています。

作者兼好《けんこう》法師が四季のそれぞれの風物のすばらしさについて述べた一節で、冬枯れの様子が秋に匹敵するというものの見方はいかにも兼好らしい気がします。

162 □□ よも（〜打消推量）

打消推量の助動詞は「じ」と「まじ」がありますが、**「よも」と呼応するのはほとんどが「じ」**です。

入試の空欄補充では「よも」または「じ」を答えさせる問題が頻出です。

よも〜□…（答じ
□〜じ…（答よも

1 まさか（〜ないだろう）

1《傷ついた雀《すずめ》も空を飛べるようになったので、》
今は**よも**烏《からす》に取られじ。（宇治・巻三十六話）
▼もう今は〔**まさか**〕烏に取られ（ることも）ないだろう。

雀の恩返しの話です。おばあさんに助けてもらった雀は、ひょうたんの種を残して飛んでいきました。秋になって実をつけたひょうたんは取っても取ってもなくならなかったと言います。

163 □□ あなかしこ（〜禁止）

もともとは「あな」は感動詞、「かしこ」は形容詞「かしこし」の語幹で、「ああ、おそれ多い」という意味ですが、**禁止の表現と呼応して一語の副詞**として「決して」という意味で用いられるようになりました。

1 決して（〜するな）

1《夢占いの女は言う。》
あなかしこあなかしこ、人に語りたまふな。（宇治・巻十三・五話）
▼〔**決して決して**〕、他人に語りなさるな。

「あなかしこあなかしこ」は「な」と呼応しています。「な」は現代語と同じ禁止の終助詞です。備中《びっちゅう》の国の守《かみ》の息子が見た夢は、将来必ず大臣にまで出世するというすばらしい夢でした。しかし、それを他人に語ってしまうと、その夢はかなわなくなるのです。だから夢占いの女はこのように念を押したのです。

長文問題　更級日記

本文のうち、第一章で学習した語を**赤太字**に、第二章以下でこれから学習する語を**太字**にしています。確認しながら読んでみましょう。

1花の咲き散る折ごとに、「**乳母**《めのと》なくなりし折ぞかし」とのみ**あはれなる**に、同じ折なくなり**給**《たま》**ひ**し侍従《じじゅう》の大納言《だいなごん》の御娘の**手**を**見**つつ、**すずろに** **あはれなる**に、五月ばかり、夜更くるまで物語を読みて起き**ゐ**たれば、来つらむ方《かた》も**見え**ぬに、猫のいとなごうないたるを、**おどろき**て**見れ**ば、**いみじう** **をかしげなる**猫あり。2「いづくより来つる猫ぞ」と**見る**に、姉なる人、「**あなかま**、人に聞かすな。いと**をかしげなる**猫なり。飼はむ」と**ある**に、**いみじう**人なれつつ、傍らにうちふしたり。3「**尋ぬる**人やある」と、これを隠して飼ふに、すべて**下衆**《げす》のあたりにもよらず、つと前にのみありて、物もきたなげなるは、ほか**ざま**に顔をむけて食はず。4姉**おとと**の中につとまとはれて、をかしがりらうたがる**ほど**に、姉の**なやむ**ことあるに、ものさわがしくて、こ

訳

1桜の花が咲いては散る（ころになる）たびに、「**乳母**が亡くなった季節だわ」とただ〔**悲しくなる・つらくなる・心が痛む**〕うえに、同じころに**お亡くなりになっ**た侍従の大納言の姫君の〔**筆跡**〕を〔**見**〕ては（＝侍従の大納言の姫君がお書きになった字を見ては）、〔**むやみに**〕〔**悲しくなる・つらくなる・心が痛む**〕が、五月ごろに、夜が更けるまで物語を読んで起き〔**てい**〕たところ、来たような方向も（＝どこから来たのかも）〔**分から**〕ないが、猫がとてものんびりと鳴いているので、〔**はっと気づい**〕て〔**見る**〕と、〔**とても**〕〔**かわいらしい**〕猫がいる。2「どこからやって来た猫かしら」と〔**見**〕ていると、姉である人（＝姉）が、「**静かに**、人に聞かせるな。とても〔**かわいらしい**〕猫だわ。飼いましょう」と〔**言う**〕が、（その猫は）〔**とても**〕人になれていて、（わたしたちの）そばに横になった。3「**探している**人がいるのではないか」と（思いながらも）、この猫を隠して飼っていたが、（猫は）まったく**卑しい者**（＝使用人）のそばには近寄らず、ずっと（わたしたちの）前ばかりにいて、食べ物もきたならしいものは、ほかの**方**に顔を向けて（＝顔をそむけて）食べない。4姉**妹**の間に（＝わたしたちのそばに）ずっとまとわりついていて、（わたしたちも）おも

の猫を北面《きたおもて》にのみあらせて呼ばねば、かしがましくなきののしれども、「なほ さるにてこそは」と思ひてあるに、煩《わづら》ふ姉おどろきて、「いづら猫は。こちゐて来《こ》」とあるを、「など」と問へば、「夢にこの猫の傍らに来て、『おのれは侍従の大納言殿の御娘のかくなりたるなり。5さるべき縁のいささかありて、この中の君のすずろに あはれと思ひ出《い》でたまへば、ただしばしここにあるを、このごろ下衆の中にありていみじうわびしきこと』と言ひて、いみじうなく様《さま》は、あてに をかしげなる人と見えて、うちおどろきたれば、この猫の声にてありつるが、いみじく あはれなるなり」と語り給ふを聞くに、いみじく あはれなり。

しろがりかわいがっていたときに、姉が〔病気になる〕ことがあったので、（家の中が）なにかと騒がしくて（＝取り込んでいて）、この猫を北側の部屋（＝北に面した使用人がいる部屋）にばかりいさせて（こちらに）呼ばないでいると、やかましく鳴き〔大声で騒ぐ〕けれども、「〔やはり〕（猫というものは）〔そのようなもの〕であるのだろう」と思っていたところ、〔病気の〕姉が〔目を覚まし〕て、「どこ、猫は。こっちへ〔連れ〕て来て」と〔言う〕ので、（わたしが）「〔どうして〕」と聞くと、「夢にこの猫がそばに来て、『わたしは侍従の大納言殿の姫君が〔このように〕なっているのである（＝侍従の大納言殿の姫君の生まれ変わりである）。5〔そうなる〕はずの前世からの因縁（＝宿縁）が少々あって、こちらの中の君が〔しきりに〕（わたしのことを）〔懐かしい〕と思い出してくださるので、ほんの少しの間ここにいるのだが、このごろは卑しい者のそばに〔い〕て〔とても〕つらいこと』と言って、〔ひどく〕泣く様子は、〔高貴で〕〔美しい様子の〕人（である）と〔思われ〕て、〔目を覚まし〕たところ、この猫の声であったのが、〔とても〕〔心にしみた・感慨深かった〕のです」と語りなさるのを聞くと、〔ほんとうに〕〔悲しくなる・つらくなる・胸をしめつけられる〕。

現代語の意味もある！

単語集の単語の意味をしっかり覚えたために、かえって間違って古文を読んでしまう人がいます。例えば、**「おどろく」**（↓P45）は「目を覚ます」の意だと覚えて、いついかなる場合も「おどろく」は「目を覚ます」と訳してしまう人がいます。しかし、「おどろく」は、現代語と同じように「びっくりする」の意で使うこともあるのです。「寝ていた」という条件があって初めて、「おどろく」は「目を覚ます」の意になるのです。

先日、生徒の答案を添削していて、こんな誤りを見つけました。歴史物語の『今鏡《いまかがみ》』に、白河院《しらかわいん》が野の雪を見ようと「入道の宮」の住む北山にお出かけになる話があり、その話の末尾にある「（白河院は）内を御覧ぜでかへらせ給《たま》ひぬる」の一文を現代語訳せよという問題があったのですが、なんと五人に一人ほどの生徒が、「（白河院は）宮中を御覧にならないでお帰りになった」と訳していました。白河院は野の雪を見ようと北山まで来られたのですから、「（入道の宮邸の）部屋の中は御覧にならないでお帰りになった」というのが正しいのです。単語集には**「内《うち》」**（↓P104）の意味は「1宮中　2帝《みかど》」の二つだけで、「内部・内側」の意味など書かれていないものもあるので、こういうことになったりするのでしょう。

単語集に書かれている語の意味は、入試で問われる頻度の高いものを選んでいるわけです。だから、絶対必ずこれと決めつけては、かえって間違いのもとにもなります。**「恥づかし」**（↓P71）は「（こちらが引け目を感じるほど相手が）立派だ」の意だけでなく、単に当人が「気恥ずかしい」の意でも使います。

さきほどの話にもどりますと、場面が京の北山とあるのですから、たとえ「入道の宮」は住んでおられても、北山に宮中（内裏《だいり》）はないと判断して、その文脈にふさわしい「内」の意味を考えるべきでしょう。

「おどろく」は
「驚く」だなんて！

第二章
重要語

見出し語　126語
関 連 語　74語

164

□□

ためらふ

ハ行四段

1 気持ちを静める・体を休める・病勢を落ち着かせる
2 迷ってぐずぐずする・躊躇《ちゅうちょ》する・ためらう〔現代語と同じ〕

「乱れた気持ちや疲れた体を安定した状態に戻す」という意味があります。また鎌倉時代以降は現代語と同じ**2**の意味が加わります。

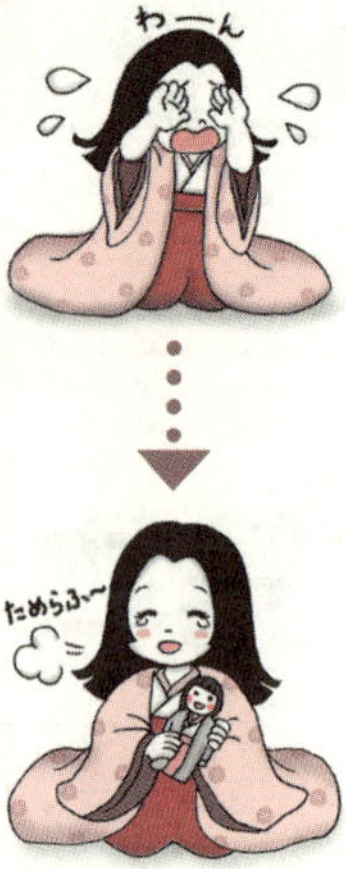

1 大将《だいしやう》も、とみにえ**ためらひ**たまはず。（源氏・柏木）
▼大将も、すぐには〔**気持ちを静め**〕なさることができない。

2 《料理の名人の技をみんな見たいと思っていたが、》たやすくうち出《い》でんもいかがと**ためらひ**けるを、（徒然・二三一段）
▼簡単に口に出すようなのもどうかと〔**ためらっ**〕ていたのを、

「うち出づ」は「口に出す」の意、「ん」は婉曲《えんきょく》です。

165

□□

やすらふ〈休らふ〉

ハ行四段

1 ためらう
2 立ち止まる・ひと息入れる・休息する

「行動を休む状態にする」という意味で、**しようかしないでおこうかと「ためらう」**という訳が重要です。

1 ひたぶるに待つとも言はば**やすらは**でゆくべきものを君が家路《いへぢ》に（和泉式部）
▼（わたしの訪れを）ひたすら待っていると（あなたが）言ってくれるならば、（わたしは）〔**ためらわ**〕ないでゆくだろうに、あなたの家に向かう道に（＝あなたの家の方へ）。

2 いといみじき花の蔭《かげ》に、しばしも**やすらは**ず、（源氏・若紫）
▼とても美しい桜の花の陰に、少しの間も〔**立ち止まら**〕ず、

166 □□

かたらふ〔語らふ〕

ハ行四段

1 親しく語る・**語り合う**
2 **親しく交際する**・うちとける
3 (男女が)**契る**・夫婦の関係を結ぶ
4 相談する・仲間に引き入れる・**説得する**

関 うちとく(動詞)…
1 くつろぐ ←
2 油断する・気を許す

四段動詞「かたる」の未然形に反復や継続を表す助動詞「ふ」がついたという説と、「語り合ふ」が詰まったという説があります。単に話し合うのではなく、**相手の心を動かすほどに親しく語る**ことです。

語らふ
＝
繰り返し語る
親しく語り合う
↙　↘
親しく交際する　相談する
↓　↓
男女が契る　説得する

1 **かたら**はばなぐさむこともありやせむ　(和泉式部)
▼〔**親しく語り合う**〕ならば慰められることもあるだろうか。

関 唐衣《からぎぬ》も汗衫《かざみ》も着ず、みな**うちとけ**たれば、　(源氏・蜻蛉)
▼唐衣も汗衫も着ず、みな〔**くつろい**〕でいたので、

2 **かたらふ**どちは見せかはしなどするも、いとをかし。　(枕・節は)
▼(手紙の返事を)〔**親しく交際している**〕同士は見せ交わしなどするのも、実におもしろい。

3 さるべき所に宮仕へける女房を**かたらひ**て、　(宇治・巻三・十一話)
▼(明衡《あきひら》は)しかるべき所に宮仕えしていた女房と〔**契っ**〕て、

この例文のように目的格（対象）を表す格助詞「を」は、そのまま「を」と訳すとぎこちない訳になる場合があります。その際は「に」や「と」に置き換えて訳します。(例) 人を別る。→人と別れる。また、逆に「に」を「を」と訳したほうがよい場合もあります。

4 小君《こぎみ》を**かたらひ**給《たま》へど、　(源氏・夕顔)
▼(光源氏《ひかるげんじ》は)小君を〔**説得し**〕なさるが、

例文音読・入試問題

167 住《す》む

マ行四段

現代語と同じ意味以外に「通う」という意味がありますが、この場合の「住む」の主語は必ず男性で、相手が女性です。

1 住む〔現代語と同じ〕
2 (女のもとに)**通う**・通ってともに暮らす

関 知《し》る(動詞)…1 親しく付き合う・男女の交際をする 2 治める・領有する

2《男は一人目の妻の詠んだ歌に感激して、》男、(二人目の妻のもとへは) **すま**ずなりにけり。(伊勢・二三段)

▼男は、(二人目の妻のもとへは)〔**通わ**〕なくなってしまった。

新しい妻をもうけた男が、古くからの妻の詠んだ歌に感激してその妻のもとに戻る話は一夫多妻の古文の世界では典型的なパターンです。

168 やむ〔止む〕

マ行四段

「病む」と誤らないようにしてください。**「続いている現象や状態が終わる」**という意です。

最初の例文のように「〜てやむ」、または「人にも言はでやみぬ」「逢《あ》はでやみにける」などのように「〜でやむ(〜しないでそのまま終わる)」の形で使われることが多くあります。

1 そのままになる・(そのまま)**終わる**

関 (動詞+)さす(接尾語)…しかけてやめる

1 なほこの事、かちまけなくて**やま**せ給《たま》はん、いとわろかるべし。(枕・清涼殿のうしとらのすみの)

▼やはりこのこと(=『古今《こきん》和歌集』の暗唱)を、勝ち負けなくて〔**そのまま終わら**〕せなさるようなことは(=勝負をつけないままになさるのは)、実によくないだろう。

1 翁《おきな》、心地あしく、苦しき時も、この子を見れば、苦しきことも**やみ**ぬ。(竹取・かぐや姫の生ひ立ち)

▼(竹取の)翁は、気分が悪く、苦しいときも、この子(=かぐや姫)を見ると、苦しいことも〔**終わって**〕(=おさまって)しまう。

169
□□
うつろふ〔移ろふ〕
ハ行四段

動詞「移る」の未然形に反復や継続を表す助動詞「ふ」のついた「移らふ」が変化したものです。「移動すること・移り変わること」をいいますが、古語では**「色あせる」の意が大切**です。

移る＋ふ＝うつろふ
（反復・継続）

1 移りゆく
2 変わってゆく・**色あせる**
3 心変わりする

関 かる〔離る〕（動詞）…離れる

2 例よりはひきつくろひて書きて、**移ろひ**たる菊にさしたり。（蜻蛉・上巻）
▼いつもよりは改まって（歌を）書いて、〔**色あせ**〕た菊に挿し（て送っ）た。

170
□□
みいだす〔見出だす〕
サ行四段

この語は2の意味しか知らない人が多いようですが、**1の意味が重要**です。

1 **外を見る**
2 見つけ出す

反 見入《みい》る（動詞）…外から中を見る・のぞく
関 求《もと》む（動詞）…探す

1 渡殿《わたどの》の戸口の局《つぼね》に**見いだせ**ば、（紫式部）
▼（土御門殿《つちみかどどの》の）渡殿の戸口の部屋で〔**外を見る**〕と、

出産のため実家（＝土御門殿＝藤原道長邸《ふじわらのみちなが》）に戻った中宮彰子《しょうし》に付き従った紫式部《むらさきしきぶ》が、自室から秋の早朝の庭を眺めている場面です。

2 この地蔵納めて置き奉《たてまつ》りたりけるを思ひ出《い》だして、**みいだし**たりけり。（宇治・巻五・一話）
▼（身分の低い男は）この地蔵を（奥の部屋に）納めて置き申し上げていたのを思い出して、〔**見つけ出し**〕たのであった。

例文音読・入試問題

171 □□

もてなす

サ行四段

現代語では「客をもてなす」といった使い方をします。その「もてなす」は「歓待する・饗応《きょうおう》する」の意ですが、それは古語の2の意味から派生したものです。古語の「もてなす」は、まず1の意味をしっかり押さえてください。**意図的にある態度をとってみせるということ**です。

「人をもてなす」「ことをもてなす」のように対象が明示されている場合は2の意味で考えるといいでしょう。

1 (わが身を)処する・**振る舞う**
2 (人を)待遇する・**取り扱う**・大切にする

1 涙もつつみあへず出《い》づれど、つれなく**もてなして**、(落窪・巻二)
▼涙もおさえきれず出るけれど、なんでもないように〔**振る舞っ**〕て、

2 「人のため恥ぢがましきことなく、いづれをもなだらかに**もてなし**て、女の恨みな負ひそ」とのたまはする。(源氏・葵)
▼「女にとって恥となるようなことをせず、どなたをも角だたないように(＝傷つけないように)〔**取り扱っ**〕て、女の恨みを受けてはならない」と(桐壺《きりつぼ》院は光源氏《ひかるげんじ》に)おっしゃる。

172 □□

あつかふ〈扱ふ〉

ハ行四段

現代語と同じく「扱う」ことではありますが、その**対象が弱者などの場合は「面倒を見る」などと訳し**、その対象に困惑の思いを抱いている場合は「もてあ

1 **面倒を見る**・世話をする・看病する
2 **もてあます**

1 ただこの尼君《あまぎみ》ひとりもて**あつかひ**はべりしほどに、(源氏・若紫)
▼ただこの尼君一人で(娘の)〔**面倒を見**〕ておりましたときに、

2 多く取らむと騒ぐ者は、なかなかうちこぼし**あつかふ**ほどに、

ます」などと訳します。

▼（食べ物を）たくさん取ろうと騒いでいるものは、かえってこぼして［**もてあます**］うちに、

（枕・猶めでたきこと）

173 □□

あくがる

ラ行下二段

「あく」は「場所」の意、「がる」は「離《か》る」なので、「あくがる」とは、**「本来あるべき所を離れてさまよい出る」**ということです。現代語「あこがれる」のもとになった語ですが、現代語と同じ意味には用いません。鎌倉時代末期から「あこがる」の形が現れます。

1 （魂が体から）**さまよい出る**・**浮かれ歩く**・（心が）うわの空になる

1 物思ふ人の魂《たま》は、げに**あくがるる**ものになむありける。（源氏・葵）

▼もの思いをする人の魂は、ほんとうに（体から）［**さまよい出る**］ものであるわ。

病の重い葵《あおい》の上《うえ》（＝光源氏の最初の正妻）は源氏にこう言ってさらに歌を詠むのですが、その声は葵の上の声から源氏の愛人、六条《ろくじょう》の御《み》息所《やす(ん)どころ》のそれに変わっていました。葵の上を恨む六条の御息所が生《い》き霊《りょう》として葵の上にとりついていたのです。

1 《光源氏は女（＝夕顔《ゆうがお》）をある廃院へと誘った。》いさよふ月に、ゆくりなく**あくがれ**むことを、女は思ひやすらひ、（源氏・夕顔）

▼沈むのをためらいがちな（＝なかなか沈まない）月に（誘われて）、突然［**浮かれ歩く**］ようなことを、女はためらい、

例文音読・入試問題

174

あふ

A〈合（会・逢）ふ〉　ハ行四段

B〈敢ふ〉　ハ行下二段

A 1 **結婚する**・男女が契る

B 2 〈打消を伴い〉**耐えられない**・我慢できない

3 〈動詞につき、打消を伴い〉**~きれない**・~できない

4 〈「あへなむ」の形で〉かまわないだろう・差し支えないだろう

関 あはす（他動詞）…結婚させる ⬅

とりあへず（副詞）…すぐに

「合（会・逢）ふ」は現代語と同じ意味のほかに「結婚する」の意味があります。

「敢《あ》ふ」は「耐える・我慢する」の意。動詞について打消を伴うと、ある行為を最後まですることに耐えられないということで、3の意味になります。

関の「とりあへず」は、もともと「取るべきものも取ることができなくて」という意味から「すぐに」という意味になりました。

「あへなむ」の形（「な」は完了の助動詞「ぬ」の未然形、「む」は推量の助動詞）で、「きっと我慢できるだろう・我慢しよう」ということで、4の意味になります。

1 この世の人は、男は女に**あふ**ことをす。（竹取・貴公子たちの求婚）

▼この世の人は、男は女と〔**結婚する**〕ことをする。

2 霜に**あへず**枯れにし園《その》の菊なれど、（源氏・宿木）

▼霜に〔**耐えられなく**〕て枯れてしまった庭園の菊ではあるが、

3 念じ**あへず**うち泣くけはひあはれなり。（源氏・薄雲）

▼我慢し〔**きれない**〕（＝最後まで我慢することができない）で泣く様子は痛ましい。

4 小さきは**あへなむ**。（大鏡・時平）

▼幼い子どもは（同行しても）〔**差し支えないだろう**〕。

関 父はこと人に**あはせ**むといひけるを、（伊勢・十段）

▼父は異なる人（＝別の男）と〔**結婚させ**〕ようと言ったが、

「あはす（合はす）」はサ行下二段活用の動詞で「結婚させる」という意味です。

175 □□

しほたる〈潮垂る〉

ラ行下二段

もともとは「潮水に濡れてしずくが垂れる」という意味でした。
その様子が涙を流しているように見えることから、**泣くことを比喩的に**「潮垂る」というようになりました。

1 涙を流す・涙で袖が濡《ぬ》れる

1 いと悲しうて、人知れず**しほたれ**けり。（源氏・澪標）
▼ほんとうに悲しくて、人知れず〔涙を流し〕たのであった。

176 □□

かきくらす〈掻き暗す〉

サ行四段

「かき」は接頭語。**「くらす」は「暗くする」**という意味で、もともとは自然の様子をいう語が心情を比喩的に表すようになったものです。

かきくらす ＝（空や心を）暗くする

1 空を暗くする・あたり一面を暗くする
2 心を暗くする・悲しみにくれる

関 つゆけし〈露けし〉（形容詞）…
1 露が多い
2 涙がちだ

1 雪の**かきくらし**降るに、（枕・今朝はさしも見えざりつる空の）
▼雪が〔空を暗くし〕（て）降るので、

2《わたしは亡くなった恋人との思い出の地を訪ねてみたが、》また**かきくらさ**るるさまぞ、いふかたなき。（建礼門院）
▼また自然と〔悲しみにくれる〕様子は、言いようがない。

「るる」は自発の助動詞「る」の連体形です。

177 まどふ〈惑ふ〉　ハ行四段

気持ちが混乱してどうしてよいか分からず、判断ができない状態にあることを表します。その状態の表れ方次第で訳が変わります。

「まどふ」に惑ふな！

1 **迷う**・悩む・途方にくれる・うろたえる・心が乱れる
2 〈動詞の連用形について〉**ひどく**（〜する）

1 道知れる人もなくて、**惑ひ**行きけり。（伊勢・九段）
▼道を知っている人もいなくて、〔**迷い**〕（ながら）行った。

2 目眉額《まゆひたひ》なども腫《は》れ**まどひ**て、（徒然・四二段）
▼目や眉や額なども〔**ひどく**〕はれて、

178 たばかる〈謀る〉　ラ行四段

「た」は接頭語。「はかる」は**「いろいろ考えて工夫する」**という意で、考えることが悪事の場合は2の意味になります。

たばかる＝はかる（図る・謀る）

1 考えをめぐらす・**工夫する**
2 **だます**・たくらむ

同 はかる（動詞）…企てる・だます

1 子安貝《こやすがひ》取らむと思《おぼ》しめさば、**たばかり**申さむ。（竹取・燕の子安貝）
▼子安貝を取ろうとお思いになるならば、〔**工夫し**〕申し上げよう。

中納言はかぐや姫から結婚の条件に燕《つばめ》の持っているという子安貝を取ってくるように言われたのですが、手に入れられずに窮《きゅう》していたときに、ある翁《おきな》が中納言に言った言葉です。

2 かの琳賢《りんけん》は基俊《もととし》と仲のあしかりければ、「**たばからん**」と思ひて、（無名抄）
▼あの琳賢は基俊と仲が悪かったので、「〔**だまそ**〕う」と思って、

179 すさぶ〔荒ぶ・進ぶ・遊ぶ〕

バ行四段・上二段

弾きすさぶ

「すすむ」と同じ語源だといわれており、**自分の気の向くままある行為に進んでいく様子**を表します。

1 (何かに)**興じる**・楽しむ・**気の向くままに**(何かを)**する**・慰みに(何かを)する

関 すさびごと(名詞)…慰みごと・楽しみや気晴らしになること

1 笛をえならず吹き**すさび**たる、(徒然・四四段)

▼笛を言いようもなくうまく吹き〔**興じ**〕ているのを、

1 (若紫《わかむらさき》は)絵など描きて、色どりたまふ。よろづにをかしう**すさび**散らしたまひけり。(源氏・末摘花)

▼(若紫は)絵などを描いて、色をおつけになる。いろいろと上手に〔**気の向くままに描き**〕散らしなさった。

180 すまふ〔争ふ・辞ふ〕

ハ行四段

1 **抵抗する**・争う
2 辞退する・**断る**

二人の男が争う競技が「相撲《すもう》」。もちろん、この「すまふ(＝争ふ)」が語源です。

1 《男は親がかりの身なので結婚に反対する親に逆らえず、》女もいやしければ、**すまふ**力なし。(伊勢・四〇段)

▼女も身分が低いので、(男の親に)〔**抵抗する**〕力がない。

2 もとより歌の事は知らざりければ、**すまひ**けれど、(伊勢・一〇一段)

▼(男は)もとより歌のことは知らなかったので、〔**断っ**〕たが、

例文音読・入試問題

まねぶ〔学ぶ〕

バ行四段

名詞「まね」に動詞をつくる接尾語「ぶ」をつけたもの。**「他者のするとおりに言ったり書いたりする」**ことをいいます。

1 2 まねる
2 (見聞した物事をそのまま)**伝える**・書き記す

1 人の言ふらむことを**まねぶ**らむよ。(枕・鳥は)

▼(オウムは)人の言うことを〔**まねる**〕というよ。

2 かの御車の所《ところ》争ひを**まねび**きこゆる人ありければ、(源氏・葵)

▼あのお車の場所争いを(光源氏《ひかるげんじ》に)〔**伝え**〕申し上げる人がいたので、

葵祭《あおいまつり》に先立って行われる御禊《ごけい》の日、光源氏の正妻葵《あおい》の上《うえ》の従者たちが、場所取りのため六条《ろくじょう》の御息所《みやす(ん)どころ》の牛車《ぎっしゃ》に無礼を働いたのです。

ねぶ

バ行上二段

落ち着いた、成長した状態を表します。

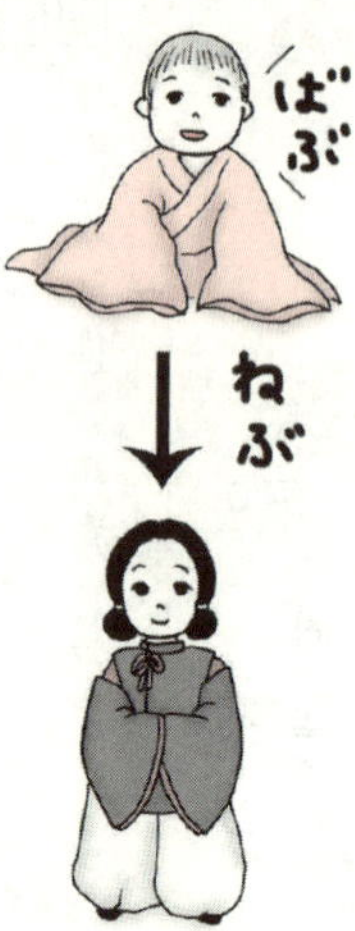

1 年をとる・成長する
2 大人びる・ませる

同 およすく・およすぐ(動詞)… 1 成長する 2 大人びる

1 (皇子《みこ》は)**ねび**給《たま》ふままに、ゆゆしきまでなりまさり給ふ御ありさまかな。(源氏・紅葉賀)

▼(皇子は)〔**年をとり**〕なさるにつれて、恐ろしいほど美しく成長なさるご様子よ。

2 御年《おんとし》の程よりはるかに**ねび**させ給ひて、(平家・巻十二)

▼お年の程度より(=実際のお年より)はるかに〔**大人び**〕ていらっしゃって、

183 □□

おきつ〔掟つ〕 タ行下二段

1 (こうしようと心に)**決めておく**・計画する
2 (こうしろと)**指図する**・命令する

タ行下二段活用の「おきつ」という動詞があることを知らないと、「おきて給ふ」を「起きて給ふ」と、また、「おきてざりける」を「置きてざりける」などと、間違って読んでしまうことになります。
こうしよう、こうしろと定めたものが名詞形の「おきて（掟）」です。

おきて給ふ
←
○掟て給ふ　×起きて給ふ　×置きて給ふ

1 よろづに見ざらん世までを思ひ**おきて**んこそ、はかなかるべけれ。（徒然・二五段）
▼何ごとにおいても見ないような世（＝死後のこと）までを考えて〔**決めておく**〕ようなことは、むなしいにちがいない。

この「思ひおきてん」は「思ひ置きてん」ではなく、「思ひ掟てん」です。

2 高名《かうみやう》の木のぼりといひしをのこ、人を**おきて**て、高き木にのぼせて、（徒然・一〇九段）
▼有名な木登りといった（＝木登りで有名な）男が、人に〔**指図し**〕て、高い木に登らせて、

184 □□

うれふ〔愁ふ・憂ふ〕 ハ行下二段

1 (嘆き)**訴える**・不平を言う

関 うれへ〔愁へ・憂へ〕(名詞)…訴え

現代語と同じ意味の「心配する・悲しむ」という意味以外に、自分の不満などを**他人にさらけ出して「訴える」**という意味があります。

1 《ある長者の偽者《にせもの》が現れ、長者の財宝を人々に配ったので、》（長者が）御門《みかど》に**うれへ**申せば、（宇治・巻六・二話）
▼（長者が）帝《みかど》に〔**訴え**〕申し上げると、

例文音読・入試問題

185 □□ むすぶ

A〔結ぶ〕 B〔掬ぶ〕

バ行四段

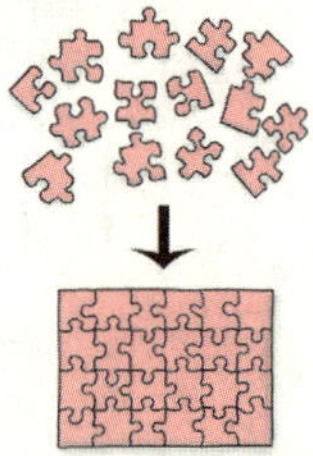

一つになっていなかったものがまとまる状態や、まとめる行為を表します。

A 1作る・**できる**
2契る・約束する
B 3（両手で水などを）**すくう**

関 こしらふ（動詞）…なだめすかす・説得する

1淀《よど》みに浮かぶうたかたは、かつ消え、かつ**むすびて**、（方丈）
▼（川の）淀みに浮かぶ水の泡は、一方では消え、一方では〔**でき**〕て、

3また手に**むすびて**ぞ水も飲みける。（徒然・十八段）
▼また手で〔**すくっ**〕て水も飲んだ。

186 □□ とぶらふ

A〔訪ふ〕 B〔弔ふ〕

ハ行四段

1の「**訪ねる**」**というのが本来の意味**で、そこから相手が病気や不幸に見舞われた場合は2の「見舞う」、相手が亡くなったり、亡くなった人の縁者であったりする場合は3の「供養する・弔問する（＝死者の遺族を訪問して慰める）」という意味に広がりました。

A 1**訪ねる**・尋ね求める
2**見舞う**
B 3**弔う**〔＝弔問《ちょうもん》する・供養《くよう》する〕

同 問《と》ふ（動詞）・おとなふ（動詞）・おとづる（動詞）…訪ねる
関 尋《たづ》ぬ（動詞）…探し求める

1能因島《のういんじま》に舟を寄せて、三年幽居《みとせいうきょ》のあとを**とぶらひ**、（奥の細道・象潟）
▼能因島に舟を寄せて、（能因法師が）三年間俗世を避けて暮らしていた跡を〔**訪ね**〕、

2国の司《つかさ》まうで**とぶらふ**にも、え起き上がり給《たま》はで、舟底《ふなぞこ》に伏し給へり。（竹取・竜の頸の玉）
▼国司が参上して〔**見舞う**〕ときにも、（大納言は）起き上がりなさることができなくて、舟底に横になっていらっしゃる。

関の「尋ぬ」には現代語と同じ意味もありますが、「探し求める」という意で最もよく使われます。

3《桐壺帝《きりつぼのみかど》は更衣《こうい》の亡くなったあと、》後《のち》のわざなどにも、こまかに**とぶらは**せたまふ。（源氏・桐壺）
▼（桐壺帝は）法事などに（おいて）も、心を込めて〔**弔い**〕なさる。

187 □□ やつす

サ行四段

1 目立たない服装（様子）にする・**質素にする**・みすぼらしくする
2 **出家する**

関 やつる（自動詞）…目立たない服装（様子）になる・粗末な服装（様子）になる ←

わざと**目立たないように外見を変えて人目を忍んだり、まぎらわしたりする**という意味。特に貴人が女性のもとに通うときには服装や牛車《ぎっしゃ》を目立たないようにしていました。それが質素な姿の代表格である僧の姿であれば「出家する」ということになります。

1 かくまで**やつし**たれど、みにくくなどはあらで、（堤中納言・虫めづる姫君）
▼（姫君は）ここまで〔**質素な服装をし**〕ているが、見苦しくなどもなくて、

虫、特に毛虫が大好きな姫君は飾ることがお嫌いです。

2《光源氏《ひかるげんじ》と秋好《あきこのむ》中宮はこの世はすべてはかないものだから捨ててしまいたいと互いにおっしゃっているが、》なほ**やつし**にくき御身のありさまどもなり。（源氏・鈴虫）
▼やはり〔**出家し**〕がたいご身分の様子（＝お二人の身の上）である。

関 いといたう**やつれ**給《たま》へれど、しるき御様なれば、（源氏・若紫）
▼（光源氏は）実にひどく〔**目立たない様子になっ**〕ていらっしゃるが、（高貴なことが）はっきりと分かるご様子なので、

188
□□
さはる〈障る〉

ラ行四段

「さはる」は「触る」ではありません。**「差し障りがある」の「障る」**です。「邪魔される・妨げられる」と受身に訳すとうまくあてはまる場合がよくあります。

名詞形は「さはり」で、「妨げ・障害になるもの」を意味します。

1 差し障る・**差し支える・妨げられる**

関 さはり〈障り〉(名詞)…支障

1 八日、**さはる**ことありて、なほ同じ所なり。(土佐・一月八日)
▼八日、〈**差し支える**〉ことがあって、やはり同じ所(＝大湊《おおみなと》)にいる。

1 月影ばかりぞ、八重葎《やへむぐら》にも**さはら**ずさし入りたる。(源氏・桐壺)
▼月光だけが、幾重にも生い茂っている雑草にも〈**妨げられ**〉ず差し込んでいる。

189
□□
かしこまる〈畏まる〉

ラ行四段

現代語として通用する語ですが、もともと**相手に対して畏敬・畏怖の念を抱くこと**をいいます。

そこから「恐縮すること」や「恐縮して何かをする行為」にまで意味が広がりました。

1 **恐縮する・恐縮して正座する**・お礼を申し上げる・謹慎する

1 にはかに、(朱雀《すざく》院が)かく渡りおはしまいたれば、主《あるじ》の院驚き**かしこまりきこえたまふ**。(源氏・柏木)
▼突然、(朱雀院が)このようにおいでになったので、主人の院(＝光源氏《ひかるげんじ》)は驚き〈**恐縮し**〉申し上げなさる。

1 五位六位ひざまづき**かしこまる**。(宇津保・忠こそ)
▼五位六位(の人々)はひざまずき〈**恐縮して正座する**〉。

190 □□

かこつ〈託つ〉

タ行四段

もともと「仮言《かりごと》」が詰まった名詞「かごと」が動詞化したもので、「ストレートに言わず仮に何かにかこつけて言う」という意味から**「(自分の不平不満を他のせいにして)嘆く・不平を言う」**という意味としても使われるようになりました。

名詞の「かごと」は「他のことにかこつけて言うことば」ということです。

1 嘆く・不平を言う

関 かごと〔託言〕(名詞)…1言い訳 2恨み言・愚痴

かごとがまし(形容詞)…恨みがましい・嘆いているようだ

1《あの世に向かおうとするとき、》何のわざを**かこた**むとする。(方丈)

▼何のこと(=何ごと)を〔**嘆こ**〕うとするのか。

関 虫の音《ね》**かごとがましく**、遣水《やりみづ》の音のどやかなり。(徒然・四段)

▼虫の声が〔**嘆いているようで**〕、遣り水《みず》の音はのどかである。

「〜がまし」は「〜の様子である」という意味で、「かごとがまし」は「恨みがましい・嘆いているようだ」という意味になります。

191 □□

わく〈分く〉

カ行四段

「分く」には現代語の「分ける」以外にも**頭の中でものごとをきちんと分けること**、つまり「理解する」という意味があります。

(頭の中でものごとを)分く→理解する

1分ける・区別する〔現代語と同じ〕 2理解する

関 わきがたし(形容詞)…理解しがたい

2そのおそくとき花の心をよく**わき**て、いろいろを尽くし植ゑおきたまひしかば、(源氏・幻)

▼(紫《むらさき》の上《うえ》は)その(咲くのが)遅い早いという花の性質をよく〔**理解し**〕て、あらゆる種類(の花の木)を植えてお置きになったので、

関 言葉の**わきがたき**を聞きてはまた笑ふ。(花月)

▼言葉の〔**理解しがたい**〕のを聞いてはまた笑う。

例文音読・入試問題

192 □□

つつむ〈慎む〉

マ行四段

「包む」と語源は同じで、**自分の気持ちを包む、つまり遠慮して見せないこと**をいった語です。

関の意味の「遠慮される」とは受身ではなく自発の意味です。

1 **遠慮する**・はばかる

関 つつまし（形容詞）
…遠慮される・気がひける

1 このふるさとの女の前にてだに、**つつみ**侍《はべ》るものを、（紫式部）

▼自分の実家の侍女の前でさえ、〔**遠慮し**〕ておりますのに、

利口ぶって漢籍を読んでいるという中傷に対して紫式部《むらさきしきぶ》が反論しているところです。

関 久しく行かざりければ、**つつましく**てたてりける。（大和・一四九段）

▼（男は）久しく（女のもとに）行かなかったので、〔**遠慮され**〕て（＝気がひけて）立っていた。

文法力あっての単語力

「古文が難しい、分からない」という人の中でももっとも多く見受けられるのが文法を覚えていない人です。なんとなくできそうだから、面倒だから、活用表を丸暗記しろと言われたから……、などと理由はさまざまですが、ああ、もったいない、せっかく重要語句を覚えても文法が分からないために解釈に結びつかないこともあるのです。例えば、重要語句の「しるし」（→P87）を覚えても「しるく」や「しるかりけり」の「しるかり」が形容詞「しるし」の連用形だと分からなければ、訳せないことになってしまいます。

実は、古文は「分かる、分からない」以前に「覚えるか、覚えないか」、言い換えれば「やるか、やらないか」に大きくかかわる科目です。よって、決して「古文は分からない」と言ってはいけません。覚えていない、やっていないだけなのです。文法と重要語句は車の両輪です。二つそろって初めて読解という車は推進力を得られるのです。

基本中の基本、動詞の活用は算数の九九のようなものです。理屈ではありません。九九を、ニニンガシ、ニサンガロク、……と覚えたように、下二段活用なら「エ・エ・ウ・ウル・ウレ・エヨ」と覚えるのです。

ク活用の形容詞は本活用（活用表の右側の系列）は「（く）・く・し・き・けれ」と覚え、補助活用（活用表の左側の系列・カリ系列）は「か」のあとにラ変動詞の活用語尾をつければいいのです（終止形・已然形はなし）。この活用を覚えていれば、前掲の「しるかりけり」の「しるかり」が形容詞「しるし」の連用形（下に連用形接続の助動詞「けり」があるので）だと分かり、現代語訳も「しるし」の訳の「はっきりと分かる・はっきりしている」に、過去の助動詞「けり」の訳の「た」をつけて「はっきりと分かった・はっきりしていた」と訳せることになるのです。

文法を覚えていない、やっていないだけの人、ああ、もったいない！　やればいいのに。「やれば、分かる」のです。くれぐれも「『しるかり』なんて知るかい！」などということになってしまわないように。

◎形容詞「しるし」の活用

語幹	未然形	連用形	終止形	連体形	已然形	命令形
しる	（く）	く	し	き	けれ	
	から	かり		かる		かれ

193 □□

あらまほし

シク活用

ラ変動詞「あり」の未然形「あら」に願望の助動詞「まほし」がついたものが一語の形容詞として用いられるようになったものです。

1 理想的だ・望ましい

1 人はかたち、ありさまの、優れたらんこそ、**あらまほしかるべけれ**。（徒然・一段）

▼人は容貌《ようぼう》や、容姿が、すぐれているようなのが、〔**望ましい**〕にちがいない。

194 □□

らうらうじ〔労労じ〕

シク活用

「労」は「経験・教養を積むこと」といった意味で、それを重ねて形容詞化し、**ものごとに熟達して巧みな様子、人への配慮が行き届いている様子**を表します。

また容姿や態度などについては、美しく気品が感じられる様子をいいます。

1 **巧みだ**・もの慣れている・気がきいている・配慮が行き届いている

2 **上品だ**・（気高く）美しい

1 （歌を）いとをかしげに**らうらうじく**書きたまへり。（源氏・椎本）

▼（中《なか》の君は歌を）実に美しい様子に〔**巧みに**〕お書きになっている。

2 夜深くうちいでたる（時鳥《ほととぎす》の）声の、**らうらうじう**愛敬《あいぎやう》づきたる、いみじう心あくがれ、せむかたなし。（枕・鳥は）

▼深夜に鳴き出した（ほととぎすの）声が、〔**上品で**〕かわいらしいのは、ひどく心がひかれ、どうしようもない。

195 □□ うるせし

ク活用

知的に優れていて賢く、気がきく様子や、技能が優れていてうまく、巧みな様子を表します。

関の「うるさし」は現代語と同じく「煩わしい」などというマイナスの意のほか、「うるせし」と同じプラスの意がありますが、これは「うるせし」の転、または混同とされています。

1 **賢い**・優れている
2 **巧みだ**・優れている

関 うるさし（形容詞）…1 煩《わずら》わしい　2 立派だ

1 この童《わらは》も心得てけり。**うるせき**やつぞかし。（宇治・巻二・九話）
▼この子も分かっているのだなあ。〔**賢い**〕やつだよ。

2 宮の御琴の音《ね》は、いと**うるせく**なりにけりな。（源氏・若菜下）
▼宮のお琴の音色は、たいへん〔**巧みに**〕なったなあ。

「にけりな」の「に」は完了の助動詞、「けり」は詠嘆の助動詞、「な」は詠嘆の終助詞です。

196 □□ はかばかし

シク活用

「はか」は仕事の進み具合を示す語で（仕事が「はかどる」の「はか」です）、それを重ねて**ものごとが順調にはかどる様子**を表します。そこから「しっかりしていて頼もしい」や「はっきりしている」の意も生まれました。多くは下に打消の語を伴います。

1 **しっかりしている**・きちんとしている
2 **はっきりしている**

1 とりたてて、**はかばかしき**後見《うしろみ》しなければ、（源氏・桐壺）
▼（桐壺《きりつぼ》の更衣《こうい》は）取り立てて、〔**しっかりとした**〕後ろだてがないので、

桐壺の更衣（＝光源氏《ひかるげんじ》の母親）は父親を亡くしていました。

2 「とく参りたまへ」など、**はかばかしう**も、のたまはせやらず、（源氏・桐壺）
▼（桐壺帝は）「早く参内《さんだい》してください」などと、〔**はっきりと**〕は、最後までおっしゃることもできず、

197 □□

をさをさし〈長長し〉

シク活用

名詞「長《をさ》」を重ねて、それを形容詞化した語です。「長《ちょう》（＝人の上に立つ人物）」の様子から**落ち着いてしっかりしていること**をいいます。

1 **しっかりしている**
2 大人びている

1 若ければ、文《ふみ》も**をさをさしからず**、（伊勢・一〇七段）
▼（女は）若いので、手紙も〔**しっかりしておら**〕ず（＝きちんとは書けず）、

198 □□

さうなし〈双無し〉

ク活用

漢字をあてて覚えましょう。「双無《さうな》し」、つまり**二つとないほどすばらしい様子**をいいます。
この「双無《さう》し」も関「左右《さう》なし」も平仮名で出ることが多いので、文脈から的確に判断してください。

さうなし
↙ 双なし ↓（二つとないほど）すばらしい
↘ 左右なし ↓ 簡単だ・決着がつかない

1 **比べるものがない・すばらしい**

関 左右《さう》なし（形容詞）…1あれこれ考えない・簡単だ ⬅ 2決着がつかない
同 二《に》なし（形容詞）…この上もない
又《また》なし（形容詞）…この上もない

1 園《その》の別当入道《べつたうにふだう》は**さうなき**庖丁者《はうちやうじや》なり。（徒然・二三一段）
▼園の別当入道《べっとうにゅうどう》は〔**比べるものがない（すばらしい）**〕料理人である。

関（蛇が）ふるくよりこの地を占めたるものならば、**さうなく**掘り捨てられがたし。（徒然・二〇七段）
▼（蛇が）昔からこの土地を占有しているものであるならば、〔**簡単に**〕掘り捨てなさることはできない。

この「さうなし」は「左右なし」。左か右かをあれこれ考えないことから「簡単だ・安易だ」という意味になり、また左か右かを決めないことから「決着がつかない」という意味になることもあります。

くまなし〔隈無し〕

ク活用

1 暗いところがない・**陰がない**
2 **なんでも知っている**・行き届いている・抜かりがない

関 隈《くま》(名詞)…人目に付かない片隅・暗い物陰

漢字をあてて覚えましょう。「くま(隈)」とは「暗い物陰」のことですから、**「暗い部分・隠れた部分がない」ということ**で、満月で、欠けた部分や雲に隠れた部分がないというのがもとの意味です。

そこから人についていう場合に、「隅々《すみずみ》まで精通している」とか「細かいところまで行き届いている」という2の意味へと広がりました。

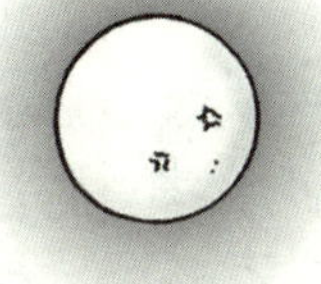

くまなき月

くまある月

1 花は盛りに、月は**くまなき**をのみ見るものかは。(徒然・一三七段)

▼桜の花は盛りで(あるときを)、月は〔**陰がない**〕のを(=満月を)のみ見るものか、いや、そうではない。

「花」は平安後期以降は「桜の花」をいうようになりました。「かは」は反語表現で、「見るものか、いや、そうではない」と訳しても、端的に「見るものではない」と訳してもかまいません。

2《左馬頭《さまのかみ》はどんな女性がいいのか考えていたが、》**くまなき**もの言ひ(=左馬頭)も、定めかねて、いたくうち嘆く。(源氏・帚木)

▼〔**なんでも知っている**〕ものの言い手(=左馬頭)も、(結局どういう女性がいいのか)決めかねて、ひどくため息をつく。

光源氏《ひかるげんじ》が十七歳のとき、宮中で宿直《とのい》をしていました。そこによき友、ライバルの頭中将《とうのちゅうじょう》(=光源氏の最初の正妻、葵《あおい》の上《うえ》の兄)が現れ、さらに左馬頭と藤式部丞《とうしきぶのじょう》が加わります。若い男性四人の話といえば、女性のこと。理想的な女性について語り合います。その後、光源氏は中流女性に興味をもつようになりました。この一夜の話を「雨夜《あまよ》の品定《しな》め」といいます。例文はその一節です。

形容詞

プラスイメージを表す

例文音読・入試問題

200 □□

ずちなし〈術無し〉

ク活用

漢字をあてて覚えましょう。**「術《ずち》」**は**「手段・方法」**の意です。「すべなし」「ずつなし」「じゅつなし」とも読みます。

ずちなし＝手段・方法がない→どうしようもない
術無し

1 **どうしようもない**

同 せむかたなし（形容詞）…どうしようもない

1 「妹《いもうと》のあり所申せ、申せ」と責めらるるに、**ずちなし**。（枕・里にまかでたるに）

▼「妹の居所を申せ、申せ」と責めなさるので、〔**どうしようもない**〕。

妹（＝清少納言《せいしょうなごん》）が実家に帰っていたときに、その居所を知りたがった宰相《さいしょう》の中将が、清少納言の元夫で、懇意にしていた左衛門尉《さえもんのじょう》則光《のりみつ》なら知っているはずだと思って彼を責めたというのです。

201 □□

まさなし

ク活用

漢字をあてて覚えましょう。文字どおり、**正しくない、よくない様子**、あるべき姿でないことを表します。

まさなし＝正無し→よくない

1 **よくない**・見苦しい

1 《かぐや姫が竹取の翁《おきな》に言った。》
声高《こわだか》になのたまひそ。屋《や》の上にをる人どもの聞くに、いと**まさなし**。（竹取・かぐや姫の昇天）

▼声高に（＝大きな声で）おっしゃらないでください。屋根の上にいる人たちが聞くと、実に〔**よくない**〕。

たどってみると根っこは同じ

「なつく」という動詞があります（「犬が人になつく」の「なつく」です）が、この「なつく」という動詞からできた形容詞が「**なつかし**」です。「なつく」とは「慣れ親しむ」ことで、「なつかし」は「（慣れ親しみたいほど）好ましい」さまを表します。このように言葉の根っこをおさえると、より鮮明に意味が見えてくる語があります。

「遠慮されて恥ずかしい」という意の「**つつまし**」という形容詞も、自分の気持ちを包んで見せないという「包む（慎《つつ》む）」という動詞からできた語だと理解すると覚えやすいでしょう。「見たい・聞きたい・知りたい・心ひかれる」などの意味を持つ「**ゆかし**」も「（対象に向かって）行く」という動詞から生まれた語だと考えると、その時その時で訳が違ってくるのもよく納得がいくでしょう。

「恐縮する」という意の「かしこまる」は「畏れ多い」という「**かしこし**」と根っこが同じです。根っこをつかむと両方が一度に覚えられます。「**わびし**」も「**わぶ**」とセットで覚えたらいいでしょう。

根っこをおさえると複数の語の意味がまとめてすっきり頭に入ってくる例をさらに挙げてみましょう。

「今日はとても仕事がはかどった」といったように使う「はかどる」という動詞がありますが、「はかどる」の「**はか**」とは「**これからこれくらいのことはできるだろうという見当・目当て**」ということです。それを重ねてできた語が「**はかばかし**」で、ものごとが順調に進む様子を表し、そこから「しっかりして頼もしい」の意も生まれました。その反対が「**はかなし**」です。見当もつかないということで、「頼りない・むなしい・取るに足りない」などの意になります。そして、量などに見当をつけるというのが「はかる」という動詞です。程度や限度を表す副助詞「ばかり」もこの「はか」からできたと考えられています。

202

あいなし

ク活用

1 気に入らない・**つまらない**
2 〈「あいなく(う)」の形で副詞的に用いて〉**なんとなく**・わけもなく・むやみに

同 あぢきなし（形容詞）…おもしろくない・つまらない

漢字をあてて覚えましょう。「愛」あるいは「合ひ（調和すること）」が「無し」で、**対象を受け入れられない気持ち**をいいます。

1 世に語り伝ふること、まことは**あいなき**にや、多くはみな虚言《そらごと》なり。（徒然・七三段）

▼世に語り伝え（られ）ていることは、本当（のこと）は〔**つまらない**〕のであろうか、多くはみな嘘《うそ》である。

2 《老いぼれた女房たちもつらそうな光源氏《ひかるげんじ》を見て思った。》**あいなう**心苦しうもあるかな。（源氏・賢木）

▼〔**なんとなく**〕気の毒でもあるわ。

203

はかなし

ク活用

1 **頼りない**・むなしい・はかない
2 **ちょっとしたことだ**・取るに足りない

関 そこはかとなし（形容詞）…何ということもない

「はか」は「見当・結果・仕事の進み具合」といった意味で、それが「無し」なので、見当がつかなかったり、結果が得られなかったりして、**不安定で、頼りにならない様子**を表します。

はかなし
↓ 見当がつかない・結果がわからない
↓ 頼りない・たわいない

1 《光源氏は愛する夕顔《ゆうがお》に死なれて嘆く。》などてかく**はかなき**宿《やどり》は取りつるぞ。（源氏・夕顔）

▼どうしてこのように〔**頼りない**〕宿を取ったのか。

2 （梨《なし》の花には）**はかなき**文《ふみ》つけなどだにせず。（枕・木の花は）

▼（梨の花には）〔**ちょっとした**〕手紙をつけることさえしない。

手紙を草花につけて送るのはおしゃれな行為で、特にラブレターであれば重要な要素でした。しかし、梨の花は好まれていなかったようです。

204 □□

こころづきなし

ク活用

「心付き無し」で、人の言動が自分の心にぴったり付かない**嫌悪感**をいいます。

こころづきなし＝心付き無し
＝
(自分の)心に付かない
←
気にくわない

1 **気にくわない**・好感がもてない・心ひかれない

同 こころやまし（形容詞）…不愉快だ・いらだたしい

1 **心づきなき**事あらん折は、なかなかその由《よし》をも言ひてん。（徒然・一七〇段）

▼〔**気にくわない**〕ことがあるようなときは、かえってその理由を言ってしまうほうがよい。

いやいやながら客人と長話をするより、いっそ話に気が乗らないわけを客人に言って、さっさと帰ってもらった方がいいというのです。たいそう率直なもの言いです。
「言ひてん」の「て」は完了の助動詞「つ」の未然形の強意用法、「ん」は推量の助動詞「ん（＝む）」の終止形の適当用法です。

形容詞

マイナスイメージを表す

例文音読・入試問題

205 □□ あへなし 〈敢へ無し〉

ク活用

1 期待はずれだ・**落胆している**・張り合いがない
2 **はかない**・どうしようもない

もともとは「敢《あ》えてするにしてもそれだけの張り合いがない」といった意味で、**落胆してがっかりする気持ち**を表します。またそのような気持ちになってしまう、はかない、どうしようもない状態も表します。

1 御使ひも、いと**あへなく**て、帰り参りぬ。（源氏・桐壺）
▼（帝《みかど》の）お使いも、実に〔**落胆し**〕て、（宮中に）帰って参った。

桐壺《きりつぼ》の帝（＝光源氏《ひかるげんじ》の父）から遣わされた使いが、桐壺の更衣《こうい》（＝光源氏の母）が亡くなったことを知り、落胆して宮中に戻る場面です。

2 帥《そち》の皇子《みこ》も重く悩ませ給《たま》ひて、**あへなく**失《う》せ給ひぬ。（増鏡・十五巻）
▼帥の皇子も重病にかかりなさって、〔**はかなく**〕（も）お亡くなりになった。

206 □□ よしなし 〈由無し〉

ク活用

1 理由がない
2 方法がない
3 **つまらない**・意味がない
4 **関係がない**・縁がない

関 よしなしごと（名詞）…つまらないこと

漢字をあてて覚えましょう。「よし（由）」は「理由・方法・由緒・縁」などの意味で、それらが「無い」ことから、「理由がない」「方法がない」「意味がない」「縁がない」などという意味になります。

由《よし》無《な》し
→ 理由
→ 方法
→ 由緒
→ 縁

3 《かぐや姫に言い寄ろうとする貴族たちは多かったが、》（愛情が）おろかなる人は、「ようなきありきは**よしなかりけり**」とて、来ずなりにけり。（竹取・貴公子たちの求婚）

▼（愛情が）いい加減な人は、「無用な（忍び）歩きは〔**つまらない**〕なあ」と言って、来なくなってしまった。

4 《恋人の来るのを待っていたとき、》あらぬ**よしなき**者の名乗りして来たるも、返す返すもすさまじといふはおろかなり。（枕・すさまじき物）

▼（恋人とは）別の〔**関係がない**〕者が名乗ってきたのも、ほんとうに興ざめだなどという言葉では言い尽くせない。

207 □□

おほけなし

ク活用

語源的には「負ふ気無し」といわれ、年齢や身分などが**下の者が上の者に対して、負け劣るという気持ちがなく**（＝引け目を感じることなく）**何かをする状態**をいいます。

1 身のほど知らずだ・身分不相応だ・おそれ多い

1 なほいとわが心ながらも**おほけなく**、いかで立ちいでしにかと、汗あえて、（枕・宮にはじめてまゐりたるころ）

▼やはりほんとうにわが気持ちながら（＝自分で決めたことではあるが）〔**身のほど知らずに**〕も、どうして出仕したのだろうかと、汗が流れて、

208

□□

さがなし

ク活用

1 **意地が悪い**・口やかましい

2 **いたずらだ**・やんちゃだ

関 たいだいし(形容詞)

…もってのほかだ・不都合だ

「さが」は「性《さが》」で、どうにもならないよくない性質のこと。「なし」は次の「はしたなし」や「いはけなし」(↓P79)の「なし」と同じで、その状態にあることやその程度がはなはだしいことを表す接尾語です(「無し」ではありません)。ですから「さがなし」とは**人に迷惑や不快感を与えるような性格や態度**をいいます。

さがなし＝性なし

↓(よくない) 性質＋状態

1 男にもこのをばの御心《みこころ》の**さがなく**悪《あ》しきことを言ひ聞かせければ、むかしのごとくにもあらず、(大和・一五六段)

▼(妻は)夫にも(母親代わりの)この叔母《おば》のお心が〔**意地が悪く**〕ひどいということを言い聞かせたので、(夫は叔母に対して)昔のとおりでもなく、

2 **さがなき**童《わらは》べどものつかまつりける、奇怪にさうらふことなり。(徒然・二三六段)

▼〔**いたずらな**〕子どもたちがいたしましたことで、けしからんことです。

209

□□

はしたなし

ク活用

1 中途半端だ・どっちつかずだ

2 (どっちつかずで)いたたまれない・**きまり悪い**

3 (いたたまれないほど)**そっけない**・愛想がない

4 はなはだしい・**激しい**

関 はしたなむ(動詞)

…恥ずかしい思いをさせる

「はした」は「端」で、**どっちつかず**で**中途半端な様子**を表します。「なし」は「いはけなし」や次ページの「しどけなし」の「なし」と同じで、「無し」ではなく状態を表します。

中途半端な状態から生じる、かっこうのつかないきまり悪さ、つまり2の意味がこの単語の核心です。そこから、3や4の意味も派生しました。

高校生でもなく
大学生でもない
はしたなき身
←中途半端
←どっちつかずで
落ち着かない

1 《北の方《かた》は泣きながら子どもたちに言った。》

(父上は)人の心とどめたまふべくもあらず、**はしたなう**てこそ漂《ただよ》はめ。(源氏・真木柱)

▼(父上は)人の気持ちをとどめなさりそうもなく(=かまってくださりそうもなく)、(男の子たちは)〔**中途半端な**〕状態で(この世を)漂うことになるだろう。

夫が玉鬘《たまかずら》(=光源氏の養女)にうつつを抜かし、家族を顧みないため、北の方は実家に帰ることを決意したのです。

2 げにいとあはれなりなど聞きながら、涙のつといで来《こ》ぬ、いと**はしたなし**。(枕・はしたなき物)

▼なるほど実に気の毒だなどと(思って話を)聞きながら、涙がすぐに出て来ないのは、ほんとうに〔**きまり悪い**〕。

3 心許さざらむ人のためには、**はしたなく**もてなし給《たま》ひつべくこそものし給ふめるを、(源氏・宿木)

▼(宮の御方は)心を許さない人に対しては、〔**そっけなく**〕振る舞いなさるにちがいなくていらっしゃるようだが(=振る舞うにちがいない方でいらっしゃるようだが)、

4 野分《のわき》**はしたなう**吹いて、(平家・巻六)

▼台風が〔**激しく**〕吹いて、

210

しどけなし

ク活用

「しどけ」とは型にとらわれない様子を、「なし」は「はしたなし」の「なし」と同じく状態を表します。**型にとらわれないために乱れていたり、くつろいでいたりする様子**を表します。

1 だらしない・乱れている・**怠慢だ**
2 無造作だ・くつろいでいる・**気楽だ**

1 郡司《ぐんじ》の**しどけなかり**ければ、（宇治・巻九・六話）

▼郡司が〔**怠慢だっ**〕たので、

2 （光源氏《ひかるげんじ》は）直衣《なほし》ばかりを**しどけなく**着なしたまひて、（源氏・帚木）

▼（光源氏は）直衣《のうし》だけを〔**気楽に**〕お召しになって、

平安時代の作品では服装に気をつかわないことを好意的に表していることが多いようです。

211

いぎたなし

ク活用

「寝汚《いぎたな》し」と漢字をあてて覚えましょう。「寝」は「寝ること」、「汚し」は「見苦しい」の意です。**他人が眠っていることに好感をもたない**ときに使う語です。

いぎたなし ＝ 寝汚し → 寝坊だ

1 **寝坊だ**・ぐっすり寝込んでいる

1 《会いたくない人が来たので、たぬき寝入りしていると、召し使いが起こしによって来て、》
いぎたなしと思ひ顔にひきゆるがしたる、いとにくし。（枕・にくき物）

▼〔**寝坊だ**〕と思っているような顔つきで（わたしを）ゆすっているのは、実に気に入らない。

212 □□ ひとわろし〔人悪し〕

ク活用

「人が悪い」という意味ではありません。**「人に見られると悪い」**、つまり他人に「みっともない・ぶざまだ」と見くびられるように感じる気持ちを表します。

1 **みっともない**・**体裁が悪い**

関 ものぐるほし（形容詞）…正気を失ったようだ

1 烏帽子《えぼし》のさまなどぞ、すこし**ひとわろき**。（枕・あはれなる物）

▼烏帽子の様子などは、少し〔**みっともない**〕。

これは御嶽詣《みたけもう》で（＝奈良県の吉野《よしの》にある金峰山《きんぶせん》への参詣）をした貴族の子弟の話。御嶽詣でをするときは粗末な服装で参詣するものだといわれていました。（「烏帽子」→P292）。

213 □□ いぶせし

ク活用

「いぶ」は「いぶかし」「いぶかる」の「いぶ」と共通で、はっきりしない状態を表し、「せし」は漢字をあてると「狭し」です。つまり「いぶせし」で、**気持ちの晴らしどころがなく胸がふさがる気持ち**をいいます。

関の「いぶかし」は様子が分からないので知りたいという気持ちを表す語です。

1 **うっとうしい**・気が晴れない・不快だ

2 **気がかりだ**

関 いぶかし（形容詞）…気がかりだ・もっと知りたい

1 旅の宿《やどり》はつれづれにて、庭の草も**いぶせき**心地するに、（源氏・東屋）

▼旅の宿はさびしくて、庭の草も〔**うっとうしい**〕感じがするが、

2 いかなる事、と**いぶせく**思ひわたりし年ごろよりも、（源氏・椎本）

▼どういうことか、と〔**気がかりに**〕思い続けてきた（この）長年よりも、

例文音読・入試問題

214

くちをし〈口惜し〉

シク活用

自分の期待や計画がうまくいかなかったり、予想がはずれたりしたときの**不満**や**失望感**を表します。

1 **残念だ**・がっかりだ・つまらない

1 「雀《すずめ》の子を犬君《いぬき》が逃がしつる。伏籠《ふせご》のうちにこめたりつるものを」とて、いと**くちをし**と思へり。（源氏・若紫）

▼「雀の子を犬君（＝女の子の名）が逃がしたのよ。伏籠の中に閉じ込めておいたのに」と言って、（若紫《わかむらさき》は）とても〈**残念だ**〉と思っている。

光源氏《ひかるげんじ》が最愛の人、若紫（＝後の紫の上）を最初に目にとめる場面の一節です。まだまだあどけない女の子でした。

215

あたらし〈惜し〉

シク活用

「あたらし」は優れたもの、美しいものが、その価値が発揮されることなく失われることを（外側から眺めて）**惜しむ気持ち**をいいます。

ここには桜があったらしい
今はなくなりとても惜しい

1 **惜しい**・もったいない

関 あたら（連体詞・副詞）…惜しむべき・惜しいことに ←

1 （宮内卿《くないきょう》が）若くて失《う》せにし、いといとほしく**あたらしく**なむ。（増鏡・一巻）

▼（宮内卿が）若くして亡くなってしまったことは、とても気の毒で〈**惜しいことで**〉ございます。

文末の係助詞「なむ」の後には結びの語「侍《はべ》る」が省略されています。

関 **あたら**、人の、文をこそ思ひやりなく書きけれ。（源氏・若菜下）

▼〈**惜しいことに**〉、（あれほどの）人が手紙を思慮もなく書いたものだなあ。

216 □□

ねたし〈妬し〉

ク活用

相手に引け目を感じたり、思いどおりにならないときに感じる腹立たしさなどを表します。

[1] **くやしい**・しゃくだ・にくらしい

[1]わるしといはれては、なかなか**ねたかる**べし。（枕・頭中将の、すずろなるそらごとを聞きて）

▼よくないと言われては、かえって〔**くやしい**〕だろう。

217 □□

こちたし

ク活用

「**言**」が「**いたし**」（＝はなはだしい）」から[1]の意味、「**事**」が「**いたし**」（＝はなはだしい）」から[2]や[3]の意味になります。関の「こちなし」は「骨なし」で、作法がなっていない様子を言います。

[1]（噂《うわさ》や評判が）**うるさい**・煩《わずら》わしい

[2]**大げさだ**・仰々《ぎょうぎょう》しい

[3]非常に多い・**はなはだしい**

関こちなし（形容詞）…[1]不作法だ・ぶしつけだ [2]無骨だ・無風流だ

[1]人言《ひとごと》はまこと**こちたく**なりぬともそこに障《さは》らむ我にあらなくに（万葉・二八八六）

▼人の噂がほんとうに〔**うるさく**〕なったとしても、それに妨げられるわたしではないのに。

[2]桐《きり》の木の花、紫に咲きたるはなほをかしきに、葉のひろごりざまぞ、うたて**こちたけれ**ど、（枕・木の花は）

▼桐の木の花が、紫色に咲いているのはやはり美しいのに、葉の広がり方が、いやになるほど〔**大げさだ**〕が、

[3]潮風のいと**こちたく**吹きくるをきこしめして、（増鏡・二巻）

▼潮風がとても〔**はなはだしく**〕吹いてくるのをお聞きになって、

例文音読・入試問題

218

けし〈怪し・異し〉

シク活用

極端に異様でよくない様子を非難する気持ちを表します。多くは「けしからず」の形で用いられ「けし」どころではないと強調して「極めてよくない・異様だ」の意味となります。一方、「けしう（は）あらず」は「悪くはない」の意味です。

1 **異様だ**・変だ・よくない

関 けしからず（慣用句）…よくない←
けしう（は）あらず（慣用句）…悪くはない←

1 内にはいつしか**けしかる**ものなど住みつきて、（増鏡・十五巻）

▼宮中にはいつの間にか〔**異様な**〕ものなどが住みついて、

関 よき人のおはします有様などのいとゆかしきこそ、**けしからぬ**心にや。（枕・宮づかへする人々の）

▼高貴なお方のいらっしゃる様子（＝日ごろの様子）などがとても知りたくてたまらないのは、〔**よくない**〕心なのだろうか。

関 若き男、**けしうはあらぬ**女を思ひけり。（伊勢・四〇段）

▼若い男が、（容姿の）〔**悪くはない**〕女を愛していた。

219

わびし〈侘びし〉

シク活用

「つらく思う」などの意の上二段動詞「わぶ」（↓P59）が形容詞化した語です。文脈に応じてマイナス心情を具体化して訳してください。「さびし」が孤独感を表すのに対し、「わびし」は**自分の思い通りにならないさま**を表します。

1 つらい・**苦しい**・やりきれない・困ったことだ
2 わびしい・心細い・貧しい〔現代語と同じ〕

1 それよりかみは、井《ゐ》の鼻《はな》といふ坂の、えもいはず**わびしき**をのぼりぬれば、（更級）

▼そこから先は、井《い》の鼻という坂で、言いようもないほど〔**苦しい**〕坂を登ったところ、

220 □□

こころぐるし〈心苦し〉

シク活用

まずは文字どおり「心が（痛んで）苦しい」と訳してみましょう。その心の痛みが自分に関わることであれば、そのまま「心が苦しい」とか「せつなくつらい」、**他者の身の上についてのことであったら、「気の毒だ」とか「気がかりだ」**と訳してください。

1 心が苦しい・せつなくつらい
2 **気の毒だ**・**気がかりだ**・心配だ

1 大殿《おとど》（＝光源氏《ひかるげんじ》）の、御心の中《うち》に**心ぐるし**と思《おぼ》すことありて、（源氏・柏木）

▼光源氏が、ご心中ひそかに〔**せつなくつらい**〕とお思いになることがあって、

源氏に息子（薫《かおる》）が生まれます。しかし、彼は薫が妻の女三宮《おんなさんのみや》と柏《かしわ》木《ぎ》との間にできた不義の子であることを知ってしまっていたのです。

2 心細げなる有様、いかで過ぐすらんと、いと**心ぐるし**。（徒然・一〇四段）

▼頼りなげなありさまで、どのように過ごしているのだろうかと、とても〔**気がかりだ**〕。

221 □□

まだし〈未し〉

シク活用

「いまだし」の「い」が落ちた語。

関「まだき」は「まだその時期に至らないうちに、早くも」ということ。

まだし＝未し→まだ早い

「またし」は「全し」で、別の語です。

1 **まだ早い**・まだその時期ではない・未熟だ

関 まだき（副詞）…早くも・もう
またし（形容詞）…完全だ ←

1 花盛りは**まだしき**ほどなれど、（源氏・少女）

▼桜の花盛り（に）は〔**まだ早い**〕ころであるが、

関 堂舎塔廟《だうしやたふめう》、一つとして**またから**ず。（方丈）

▼（大地震で）神社仏閣は、一つとして〔**完全で**〕ない（＝完全なものはない）。

元暦《げんりやく》二（一一八五）年、大地震のため京都は壊滅状態になりました。

222

□□

さかし〔賢し〕

シク活用

1 賢い・**優れている**・巧みだ
2 **しっかりしている**・気丈だ
3 利口ぶっている・**こざかしい**

関 さかしら（名詞）…利口ぶること・こざかしさ

感情に流されない、**理性的でしっかりした判断力をもっている様子**をいいますが、その度が過ぎて他人に不快感を感じさせると、「利口ぶっている・こざかしい」ということになるのです。

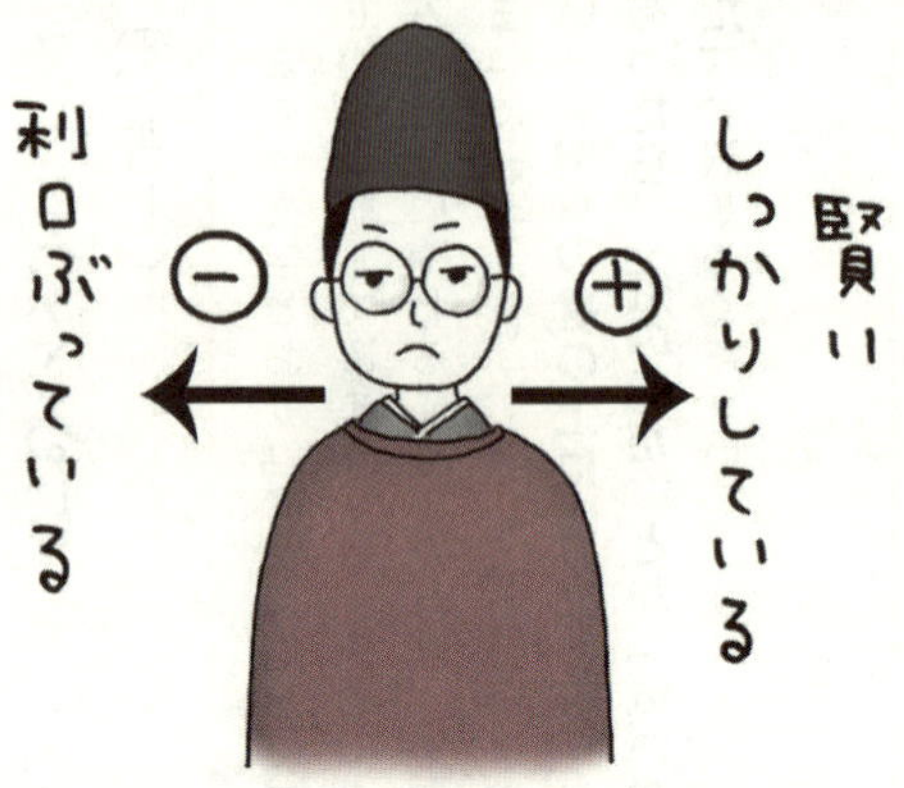

1《新任の国守も前任の国守も和歌を詠んだ。》
異《こと》人々のもありけれど、**さかしき**もなかるべし。（土佐・十二月二十六日）
▼ほかの人々の（和歌）もあったが、〔**優れている**〕ものはないようだ。

2《かぐや姫を迎えに来た天人《てんにん》に対し、兵士たちは矢を射ようとしたが手に力が入らなかった。》
中に、心**さかしき**者、念じて射むとすれども、（矢は）外《ほか》ざまへ行きければ、（竹取・かぐや姫の昇天）
▼（兵士の）中で、気の〔**しっかりしている**〕者が、我慢して射ようとするが、（矢は）ほかの方へ飛んで行ったので、

3《紫《むらさき》の上《うえ》は出家を考えていたが、》
（光源氏《ひかるげんじ》が）**さかしき**やうにや思《おぼ》さむとつつまれて、（紫の上は）はかばかしくもえ聞こえたまはず。（源氏・若菜下）
▼「（光源氏が自分のことを）〔**こざかしい**〕ようにお思いになるだろうか」と遠慮されて、（紫の上は）はっきりと申し上げることがおできにならない。

223 □□

まばゆし

ク活用

1 **まぶしい**
2 (まぶしいほど)**美しい**・立派だ・すばらしい
3 きまり悪い・**恥ずかしい**
4 **見ていられない**・(目をそむけたいほど)いやだ

「目映《まは》ゆし」(目に輝いて鮮やかに見える)、つまりまばゆいということです。1の**「まぶしい」という意味からの連想で覚えましょう。**相手がまぶしいほど輝いていていてプラスなのが2、まぶしくてまっすぐ前を向けないような恥ずかしさが3、(悪い意味で)まぶしくて目をそむけたくなるのが4です。

まぶしい
↙ ↓ ↘
⊕(相手が輝いていて)すばらしい
⊖(前を向けないほど)恥ずかしい
⊖(目をそむけたくなるほど)いやだ

1 朝涼みのほどに出《い》で給《たま》ひければ、あやにくにさし来る日影《ひかげ》も**まばゆく**て(源氏・椎本)
▼(薫《かおる》は)朝のまだ涼しいうちに(京を)お出になったので、(宇治では)あいにくさしてくる日の光も〔**まぶしく**〕て、

2 いと**まばゆき**までねびゆく、人(=光源氏)のかたちかな。(源氏・葵)
▼ほんとうに〔**(まぶしいほど)美しく**〕成長していく、光源氏の姿よ。

3 髪の筋なども、なかなか昼よりも顕証《けそう》に見えて、**まばゆけれ**ど、(枕・宮にはじめてまゐりたるころ)
▼(わたしの)髪の毛の筋なども、かえって昼間よりもはっきりと見えて、〔**恥ずかしい**〕が、

4 《帝《みかど》の、桐壺《きりつぼ》の更衣《こうい》への寵愛《ちょうあい》ぶりは、》上達部《かんだちめ》・上人《うへびと》などもあいなく目をそばめつつ、いと**まばゆき**人の御おぼえなり。(源氏・桐壺)
▼上達部や殿上人《てんじょうびと》なども気に入らなく(=困ったことだと)目をそむけて、とても〔**見ていられない**〕ほどのご寵愛である。

例文音読・入試問題

224 □□

かたじけなし〔忝し〕

ク活用

1 **おそれ多い**・申しわけない
2 **おそれ多い**・もったいない・ありがたい
3 恥ずかしい・**面目ない**

「おそれ多い」という訳語の意味は分かりますか。一つは、**高貴な人に対し礼を失して「申しわけない」**ということ、もう一つは、**高貴な人に過分な待遇をしてもらって「ありがたい・もったいない」**ということです。

1 《翁《おきな》は、かぐや姫に求婚するために集まってきた貴公子たちに、》「**かたじけなく**、きたなげなる所に、年月をへて物し給《たま》ふこと、極まりたるかしこまり」と申す。（竹取・貴公子たちの求婚）

▼「〔**おそれ多く（申しわけなく）**〕も、きたならしい所に、長い間通ってくださることは、極まった恐縮（＝恐縮至極《しごく》）です」と申し上げる。

2 （桐壺《きりつぼ》の更衣《こうい》は）**かたじけなき**御心《み》ばへのたぐひなきをたのみにて交《ま》じらひ給ふ。（源氏・桐壺）

▼（桐壺の更衣は）〔**おそれ多い（ありがたい）**〕（帝《みかど》の）ご愛情が比類ない（ほど深い）のを頼みとして宮仕えをしていらっしゃる。

3 我ながら**かたじけなく**屈《く》しにける心の程思ひ知らる。（源氏・明石）

▼我ながら〔**面目なく**〕くじけてしまった心のありさまが思い知られる。

光源氏《ひかるげんじ》は敵対する右大臣の娘、朧月夜《おぼろづきよ》と密会を重ね、ついに右大臣に見つかってしまいます。政治生命を絶とうとされていることを察知した光源氏は、自らわずかな従者たちと須磨《すま》の地に退去しました。さらに、暴風雨にも見舞われてしまいます。身から出たさびとはいえ、つらいことが数知れず光源氏の身に降りかかってくるのでした。

□□

かしこし〈畏し・賢し〉

ク活用

1 恐ろしい
2 **おそれ多い**・もったいない・尊い
3 賢い・**優れている**・立派だ・ありがたい
4 〈主に「かしこく(う)」の形で〉**うまい具合に**・運のいいことに

もともとはあらゆる自然の事物に宿っていると信じられた精霊、さらには神や帝など一般の人の力が及ばないものに対する**畏怖・畏敬の気持ち**を表しました。そこから敬うべき能力や立場をもつ人の状態をいうようになりました。

2 (桐壺の更衣は)**かしこき**御蔭《かげ》をば頼みきこえながら、（源氏・桐壺）

▼(桐壺の更衣は)〔**おそれ多い**〕(帝の)庇護《ひご》を頼りにし申し上げながら、

桐壺の更衣は他の女御《にょうご》・更衣の反感をかっていました。頼りは帝の庇護だけでしたが、寵愛《ちょうあい》を受ければ受けるほど女御・更衣たちのいじめはエスカレートするのでした。

3 北山になむ、なにがし寺といふ所に、**かしこき**行ひ人侍《はべ》る。（源氏・若紫）

▼北山の、何々寺という所に、〔**優れた**〕行者がおります。

病気を患った光源氏は、加持祈禱《かじきとう》を受けるため北山の寺を訪れます。

4 **かしこく**ここに臥《ふ》して、かかることを聞きつる。（今昔・巻二九・十二話）

▼〔**うまい具合に**〕ここに寝ていて、こんな(大変な)事を聞いたことよ。

4 「(折った腕は)**かしこく**左にて侍る」（宇治・巻十二・六話）

▼「(折った腕は、利き腕の右ではなく)〔**運のいいことに**〕左でございます」

226

しげし〈繁し・茂し〉

ク活用

漢字をあてて覚えましょう。ただし、現代語感覚では草木が茂っているというイメージが強い語ですが、古語では、草木以外にも**さまざまなものごとの多い状態**を表します。

1 (何かが)**多い**

関 けやけし(形容詞)…
1 際立っている・はっきりしている
2 (際立って)すばらしい
3 (際立って)異様だ・悪い・生意気だ

1 されど、人目**しげけれ**ば、え逢《あ》はず。(伊勢・六九段)
▼しかし、人目が〔**多い**〕ので、逢うことができない。

しげし＝繁し→(何かが)多い

227

すごし〈凄し〉

ク活用

背筋が寒くなるような、ぞっとする感じを表す語。

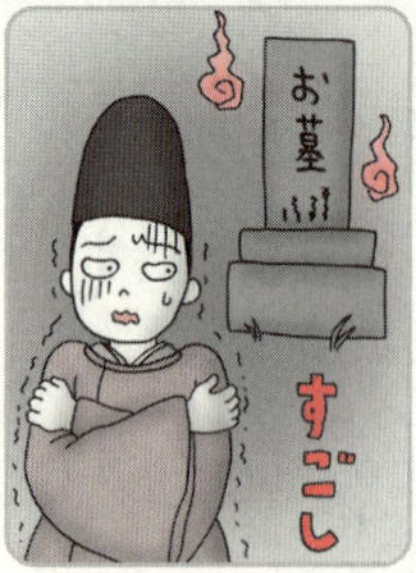

転じて、ぞっとするほどのすばらしさをもいうようになりました。

1 **気味が悪い**・恐ろしい
2 **さびしい**・殺風景だ
3 (ぞっとするほど)**すばらしい**・美しい

1 霰《あられ》降り荒れて**すごき**夜のさまなり。(源氏・若紫)
▼霰が降り荒れて(=荒々しく降って)〔**気味が悪い**〕夜の様子である。

2 日の入りぎはの、いと**すごく**霧《き》りわたりたるに、(更級)
▼日の入り際で、実に〔**さびしく**〕一面に霧がたちこめているときに、

3 (舞楽《ぶがく》は)なまめかしく、**すごう**おもしろく、(源氏・若菜下)
▼(舞楽は)優雅で、〔**すばらしく**〕風流で、

228 □□

いたし〈甚し・痛し〉

ク活用

1 とてもよい・**すばらしい**
2 とても悪い・**ひどい**
3〈「いたく(う)」の形で副詞的に用いて〉とても・**はなはだしく**
4〈3の形で打消を伴って〉**それほど**・あまり

肉体的や精神的に「痛い」という意味から、よくも悪くも強い刺激を受けたときの**程度のはなはだしい様子**をいうようになりました。よって現代語の「いみじ」と同じ意味もありますが、「痛い」と同じように考えてください。また、3・4の用例は副詞の「いと」と同じになります。

いたし↓とても⊕か⊖
いたく・いたう＝いと↓
very

1《光源氏《ひかるげんじ》は須磨《すま》から明石《あかし》へ移った。》(屋敷の)造れるさま木《こ》深く、**いたき**所まさりて見どころある住まひなり。(源氏・明石)
▼(屋敷の)造ってある様子は木立が深く、〔**すばらしい**〕所が目立って見どころのある住まいである。

2 古代《こだい》なる御文《ふみ》書きなれど、**いたし**や。(源氏・行幸)
▼古風なお手紙の書きぶりであるが、〔**ひどい**〕なあ。

3 かぐや姫いと**いたく**泣き給《たま》ふ。(竹取・かぐや姫の昇天)
▼かぐや姫はとても〔**はなはだしく**〕お泣きになる。

4 わがため面目あるやうに言はれぬる虚言《そらごと》は、人**いたく**あらがはず。(徒然・七三段)
▼自分のために(＝自分にとって)名誉になるように言われた嘘《うそ》には、人は〔**それほど**〕反対しない。

形容詞 ―プラス・マイナスでオッケイようし！

複数の意味をもつことが多い古文の形容詞はどの訳語を選べばよいのか分からない、そういった声をよく耳にします。確かに名詞や動詞に比べて形容詞の訳語の選定は難しいものがあります。また空欄補充の問題では選択肢に形容詞が並ぶとお手上げだという人も多いようです。

意味がいろいろあってなかなか覚えられないという、形容詞に対する皆さんの苦手意識を少しでも軽くし、すっきりさせようと思い、第一章・第二章ともに形容詞を、

A プラスイメージを表すもの
B マイナスイメージを表すもの
C プラスとマイナスイメージ・程度のはなはだしさを表すもの

の三種に分類しています。

実際の入試問題も、右の三つの分類を頭においてやると、対応しやすくなります。次に示すのは有名私大の空欄補充問題の選択肢です。

イ いさぎよく　**ロ** をこがましく
ハ はづかしく　**ニ** けだかく
ホ いとほしく

プラスイメージを表すものは、**イ・ニ**です。**ハ**は現代語と同じマイナスの意味もありますが、重要なのはプラスの意味です（↓P71）。マイナスイメージを表すものは、**ロ・ホ**です。

本文の前後には、**登場人物に対する筆者の否定的評価（批判）**が述べられているので、空欄には**マイナスのイメージの語**が入ります。まず**イ・ニ**がプラスの意味なので外れます。次に**ハ**のプラスの意味が外れ、マイナスの意味は**自分の羞恥**を表すので該当しません。マイナスのイメージの語のうち、**ホ**は基本的に**同情**を表すので脱落し、**ロ**が正解となります。

このようにプラスかマイナスかで形容詞を整理しておくと、選択肢の絞り込みが容易になり、文章の理解もあらぬ方向にそれて行かなくなるのです。

訳語の選定は必ず前後にそれを決定する語句が見出《いだ》せるはずです。特にプラスにもマイナスにも使われる

語には気をつけなくてはなりません。その取り違えは致命的なものになってしまいます。とはいえ、プラスかマイナスかを決める根拠となる部分は必ずその本文中にあります。それもそのほとんどは近くにある語句なのです。第一章の形容詞（P64～89）・第二章の形容詞（P164～187）の実際の例文のどの語句がその訳語と結びつくのかを今一度確認してください。日々の学習でもそこを意識してやってゆけば、形容詞もしだいに自分のものとなってゆきます。

それでは最後に、以下の形容詞をA（プラス）、B（マイナス）、C（プラスとマイナス両方）の三種に分類してみてください。

イ　わびし
ロ　ひとわろし
ハ　さかし
ニ　つきづきし
ホ　ゆゆし
ヘ　さうざうし
ト　なめし
チ　あらまほし
リ　いみじ
ヌ　はかばかし
ル　めやすし
ヲ　ありがたし
ワ　まばゆし
カ　なまめかし
ヨ　むつかし
タ　らうらうじ
レ　くちをし
ソ　おもしろし
ツ　おとなし
ネ　はしたなし
ナ　うつくし
ラ　しどけなし
ム　つれなし
ウ　おほけなし
ヰ　びんなし
ノ　やむごとなし
オ　かしこし
ク　こころぐるし
ヤ　本意なし
マ　こころにくし
ケ　めざまし
フ　いぎたなし
コ　あたらし
エ　たいだいし
テ　いとほし
ア　うしろめたし
サ　なつかし
キ　こころづきなし
ユ　めでたし
メ　かたはらいたし
ミ　うるはし
シ　おどろおどろし

◉解答

A　ニ　チ　ヌ　ル　ヲ　カ　タ　ソ　ツ　ナ　ノ　マ　サ　ユ　ミ

B　イ　ロ　ヘ　ト　ヨ　レ　ネ　ラ　ム　ウ　ヰ　ク　ヤ　フ　コ　エ　テ　ア　キ　メ　シ

C　ハ　ホ　リ　ワ　オ　ケ

229 □□

おぼろけなり

1 **並《なみ》ひととおりだ**・ありきたりだ
2 **並ひととおりではない**・格別だ

関 おぼろけならず（慣用句）
…並ひととおりではない ←

ぼんやりして特徴がないことから、並でありきたりということです。たいてい下に打消や反語表現を伴って使われます。そのために、この言葉自体が否定的な意味をもつものと考えられ、2の意味でも用いられるようになりました。

関の「おぼろけならず」は尋常ではないことをいう慣用的表現です。よって、**「おぼろけなり」を使った表現は結局、「普通ではない」さまを述べている**ということになります。

1 《光源氏《ひかるげんじ》が若紫《わかむらさき》（後の紫の上）をひそかに自邸に迎え入れたので、》「誰《たれ》ならむ。**おぼろけに**はあらじ」と、ささめく。（源氏・若紫）

▼「どなたなのだろう。〔**並ひととおり（のお方）で**〕はあるまい」と、（源氏の家来たちは）ひそひそささやいている。

自邸にまで迎え入れるとは、「並たいてい（の愛情）ではないのだろう」という解釈もあります。

2 **おぼろけ**の願《ぐわん》によりてにやあらむ、風も吹かず、よき日出《い》で来《き》て、漕《こ》ぎ行《ゆ》く。（土佐・一月二十一日）

▼〔**並ひととおりではない（格別の）**〕祈願のかいがあってであろうか、風も吹かず、よい日和《ひより》となって、（船を）漕いで行く。

この「おぼろけなり」は「おぼろけならず」の意です。なお「おぼろけの」は、形容動詞の語幹に格助詞「の」がついて連体修飾語として用いられたものです。

関「何事ぞ」と問ふに、泣くさま**おぼろけならず**。（宇治・巻九・三話）

▼「どうしたのか」と聞くと、泣く様子は〔**並ひととおりではない**〕（＝尋常ではない）。

230 □□

なのめなり〔斜めなり〕

1 **並ひととおりだ**・普通だ
2 不十分だ・**いい加減だ**
3 **並ひととおりではない**・格別だ
〔鎌倉時代以降〕

関 なのめならず（慣用句）…並ひととおりではない

イタリアのピサの斜塔のように斜めに傾いているために観光客を呼ぶ建物もありますが、たいていは斜めに傾いているとなれば、あまりぱっとしないものでしょう。それで、**「並で平凡」**とか**「おざなりでいい加減」**の意があります。「おぼろけなり」と同じく、打消表現を伴って用いられることが多かったために、3の意味もあります。

1 **なのめならむ**人に見せむは惜しげなる。（源氏・東屋）
▼（娘を）〔**並ひととおりの**〕男と結婚させるのは惜しいようである。

たいした身分でもなく、将来の出世も期待できない男では……。

2 いかでかは、かからむ人を**なのめに**見聞き過ぐしては止《や》まむ。（源氏・竹河）
▼どうして、こんな（美しい）人を〔**いい加減に**〕見過ごしたり聞き過ごしたりしたままで終わったりするだろうか、いや、するはずがない。

3 あるじ**なのめに**喜びて、またなき者と思ひける。（文正）
▼主人は〔**並ひととおりではなく（格別に）**〕喜んで、並ぶ者のない（優れた）者だと思った。

関「かかる舞《まひ》はいまだ見ず」とて、京中の上下《かみしも》、もてなすこと**なのめならず**。（平家・巻一）
▼「このような舞《まい》は今まで見たことがない」と言って、都中の身分の高い者も低い者も、もてはやすことは〔**並ひととおりではない**〕。

形容動詞

例文音読・入試問題

231 □□

清《きよ》らなり・けうらなり

「清らなり」も「清げなり」も、ともに形容詞「清し」から派生した語ですが、**「清らなり」が光り輝いていて目の覚めるような最高の美しさ（第一級の美）をいう**のに対して、**「清げなり」は単にこざっぱりと美しいこと**を表します。『源氏《げんじ》物語』では、帝《みかど》や光源氏《ひかるげんじ》の一族以外の人には「清らなり」は使われていません。

1 清らかで美しい

関 清《きよ》げなり（形容動詞）…さっぱりとして美しい

1 前《さき》の世にも御契《ちぎ》りや深かりけむ、世になく**清らなる**玉の男皇子《をのこみこ》さへ生まれたまひぬ。（源氏・桐壺）

▼（桐壺《きりつぼ》の帝《みかど》と桐壺の更衣《こうい》は）前世においてもご宿縁が深かったのだろうか、世にまたとなく〔**清らかで美しい**〕玉のような皇子（＝光源氏）までがお生まれになった。

1 この児《ちご》のかたちの**きよらなる**こと、世になく、屋《や》の内は暗き所なく、光満ちたり。（竹取・かぐや姫の生ひ立ち）

▼この子（＝かぐや姫）の容貌《ようぼう》の〔**清らかで美しい**〕ことは、世にまたとなく、家の中は暗い所がなく、光に満ちている。

光源氏やかぐや姫という、まさにこの世のものとは思えない美しい存在にこそ、「清らなり（けうらなり）」という形容動詞はふさわしいものなのです。

関 **清げなる**大人二人ばかり、さては童部《わらはべ》ぞ出《い》で入《い》り遊ぶ。（源氏・若紫）

▼〔**さっぱりとして美しい**〕年配の女房が二人ほど（いて）、そのほかには子どもが出たり入ったりして遊んでいる。

清潔感があり、こざっぱりとして美しいのが「清げなり」です。「清らなり」に次ぐ第二級の美を表します。

232 □□

まほなり

1 欠点がなく優れている・**完全である**

反 かたほなり（形容動詞）…不完全だ・未熟だ ⬅

まほの「ま」は「真心《まごころ》（真実の心）」「真名《まな》（本当の文字＝漢字）」「ま白し（純白）」の「ま」と同じで、**完全無欠ということ**です。「ほ」は「穂《ほ》に出《い》づ」の「ほ」と同じで外へ現れるということです。よって「まほ」とは、完全さがはっきり外に現れ出たものの意です。

1 **反** **かたほなる**をだに、乳母《めのと》やうの思ふべき人は、あさましう、**まほに**見なすものを、（源氏・夕顔）

▼「**不完全である**」（＝欠点があり劣っている）子でさえ、乳母のような（その子を）かわいがるのが当然の人は、あきれるほど、「**完全である（欠点がなく優れている）**」と見なすものであるが、

不完全さが外に現れ出たもの、それが「かたほなり」です。「かたなりけり（片成りけり・片生りけり）」も未熟だという意味です。

233 □□

あらはなり〈顕なり〉

1 （隠れなく）はっきり見える・**まる見えである**

内にあるものがはっきり外に現れているさまをいいます。「顕《あらは》」は、「顕《けん》著《ちょ》」や「顕《けん》微《び》鏡《きょう》」の「顕」ですね。

1 《縁側で毛虫を見て興じている姫君が貴公子たちにのぞき見されていることに気づいた女房は、》「入らせたまへ。端《はし》、**あらはなり**」と（姫君に）聞こえさすれば、（堤中納言・虫めづる姫君）

▼「（中に）お入りなさいませ。縁側は（外から）「**まる見えである**」」と（姫君に）申し上げると、

234 □□

あながちなり〈強ちなり〉

度を越して、意志・欲望を押し通すさまをいいます。「強引」の「強」が「あながち」です。

1 **強引だ**・無理やりだ・いちずだ
2 〈連用形を副詞的に用いて〉**むやみに**・あまりに

1 父大臣《おとど》の**あながちに**し侍《はべ》りしことなれば、（帝《みかど》も）否《いな》びさせ給《たま》はずなりにしこそ侍れ。（大鏡・道長）
▼父の大臣（＝藤原道隆《ふじわらのみちたか》）が〔**強引に**〕しましたことなので、（帝も）お断りになれなくなってしまったのでございます。

2 人の**あながちに**欲心《よくしん》あるは、つたなきことなり。（今昔・三一巻・二一話）
▼人が〔**むやみに**〕強欲に振る舞うのは、愚かなことである。

235 □□

せちなり〈切なり〉

「切《せつ》なる思い」とか「切《せつ》にお願いいたします」の「切」を、古文では「せち」と読みます。心に強く迫る感情を表します。

せちなり＝切なり
↗ 切実である
↘ 大切である

1 **切実である**・ひたすらだ
2 **大切である**・さし迫っている

1 （かぐや姫は）七月《ふづき》十五日《もち》の月に出《い》でゐて、**せちに**物思へる気色《けしき》なり。（竹取・天の羽衣）
▼（かぐや姫は）七月十五日の満月に（縁に）出て座り、〔**切実に（ひたすら）**〕もの思いに沈んでいる様子である。

2 忍びてものし給《たま》へ。**せちなる**こと聞こえむ。（宇津保・国譲下）
▼人目を避けておいでください。〔**大切な**〕ことを申し上げよう。

236

とみなり〈頓なり〉

突然死のことを「頓死《とんし》」といいますが、その「頓《とん》」が「とみ」に変化して形容動詞になったのが「とみなり」です。語幹に格助詞の「の」がついた「とみの」の形でよく使われます。

1 **急だ**・突然だ

関 とみに（副詞）…急に・すぐに ←

1 十二月《しはす》ばかりに、**とみ**のこととて御文《ふみ》あり。（伊勢・八四段）

▼十二月ごろに、〔**急な**〕事（＝急用）といって（母から）お手紙がある。

関 内侍《ないし》起こせど、**とみに**も起きず。（紫式部）

▼内侍を起こすけれども、〔**急に**〕（＝すぐに）は起きない。

連用形が副詞になったものです。たいてい下に打消の語を伴います。

237

うちつけなり

前触れなく**突然に事が起こるさま**、また深く考えず場当たりで急に行為するさまを表します。

1 急だ・突然だ・**にわかだ**
2 **軽率だ**・考えが浅い・場当たりだ

関 思はずなり（形容動詞）…1 思いがけない 2 不満だ

1 《荒れる海に鏡を投げ入れると、》**うちつけ**に海は鏡の面《おもて》のごとなりぬれば、（土佐・二月五日）

▼〔**にわかに**〕海は鏡の表面のように（穏やかに）なったので、

2 （光源氏《ひかるげんじ》は）**うちつけ**の好き好きしさなどは好ましからぬ御本性《ほんじやう》にて、（源氏・帚木）

▼（光源氏は）〔**軽率な**（**場当たりの**）〕恋愛沙汰などは好みでないご気性で、

光源氏はだれかれとなく女性にすぐ夢中になるような、そんな軽薄な男ではないと作者は言っているのです。

238 さらなり〈更なり〉

「言うと繰り返しになる」つまり「今さら言うまでもない」の意の**「いふもさらなり（いへばさらなり）」**（↓P262）の**「いふも（いへば）」が省略された形**です。

1 **言うまでもない**・もちろんだ

1 夏は夜。月のころは**さらなり**。闇もなほ、蛍の多く飛び違《ちが》ひたる。（枕・春は曙）

▼夏は夜（がよい）。月の（出ている）ころは〔**言うまでもない**〕。（月の出ていない）闇夜でもやはり、蛍がたくさん乱れ飛んでいるの（はよい）。

239 ねんごろなり ねむごろなり〈懇ろなり〉

「懇切丁寧な応対」とか「懇意な間柄」とか「懇親会」とかの「懇」、それが「ねんごろ」です。**厚く心を込めること**を表しています。

懇願 ＝ ねんごろなる願い
→ 厚く心を込めてお願いすること

1 **心を込めている**・熱心だ・丁寧だ
2 **親密だ**・仲むつまじい

1 《男が伊勢《いせ》に使いに行くと、伊勢の斎宮《さいぐう》（未婚の皇女）の親は男をよくもてなすように、斎宮に言った。》親の言《こと》なりければ、（斎宮は男を）いと**ねんごろに**いたはりけり。（伊勢・六九段）

▼親の言葉であったので、（斎宮は男を）たいそう〔**心を込めて**〕もてなした。

2 **ねんごろに**相《あひ》語らひける友だちのもとに、（伊勢・十六段）

▼〔**親密に**〕交際していた友人のところに、

240 □□

おいらかなり

性格や態度が感情的にならず、**穏やかでおとなしい**ことをいいます。

1 穏やかだ・おっとりしている

同 おほどかなり（形容動詞）…おっとりしている

1（女が）物怨《ものゑん》じをいたくし侍《はべ》りしかば、心づきなく、いとかからで、**おいらかなら**ましかばと思ひつつ、（源氏・帚木）

▼（女が）嫉妬《しっと》をひどくしましたので、（わたしは）気にくわなくて、こんなふうではなくて、〔おっとりしてい〕たならばと思いつつ、

三人の好色者《すきもの》が光源氏《ひかるげんじ》と女性談義に花を咲かせる「雨夜《あまよ》の品《しな》定め」の一節です。左馬頭《さまのかみ》が自分の経験談をしているところで、激しいやきもちをやいたりしない温厚さが「おいらかなり」というのです。

241 □□

あやにくなり

「あや」は感動詞「あな」と同じ、「にく」は「憎し」の語幹で、「ああ憎らしいこと！」というのがもとの意味です。**予想・期待に反することに遭遇して、困惑・落胆する気持ち**を表します。

「あいにくなことに持ち合わせがない」とか「あいにくの雨になった」とかいう、あの「あいにく」のもとの言葉です。

1 意地が悪い・にくらしいほどひどい

2 都合が悪い・間《ま》が悪い・あいにくだ

1 帝《みかど》の御掟《おきて》、きはめて**あやにくに**おはしませば、この（菅原道真《すがわらのみちざね》の）御子《みこ》どもを同じ方《かた》に遣《つか》はさざりけり。（大鏡・時平）

▼帝の（菅原道真への）ご処置は、極めて〔意地が悪く〕ていらっしゃるので、この（菅原道真の）お子さまたちを同じ方面にはおやりにならなかった。

2 時雨《しぐれ》といふばかりにもあらず、**あやにくに**あるに、なほ出《い》でむとす。（蜻蛉・上巻）

▼時雨というほどでもないが、〔あいにく（間が悪く）〕降ってきたけれども、やはり出かけようとする。

例文音読・入試問題

242

□□

おぼえ〈覚え〉

1（世間の）**評判**・**人望**

2〈多く「御覚え」の形で〉**寵愛《ちょうあい》されること**・信任されること

関名（名詞）…評判

「覚え」は動詞「覚ゆ」（↓P46）の連用形が名詞になったものです。1は**「人から思われること」**、2は**「貴人から格別に思われること」**です。

1

2

1世の**覚え**、時のきら、めでたかりき。（平家・巻一）

▼世間の〔**評判**〕も、時の華やかさ（＝栄華繁栄ぶり）も、すばらしかった。

「きら（綺羅）」とは、華やかさ、つまり栄華繁栄のことです。

2母后《ははきさき》いといみじう時めき、皇子《みこ》の**御覚え**も優れて、（浜松中納言・巻二）

▼母后はとても格別に（帝《みかど》に）寵愛され、皇子が（帝に）〔**寵愛されること**〕もぬきんでていて、

「御覚えめでたし」とか「御覚え優る」で、「格別の寵愛を受ける」ということです。つまり「ときめく（↓P44）」の意になります。

2右大臣の**御覚え**ことのほかにおはしましたるに、左大臣安からずおぼしたるほどに、（大鏡・時平）

▼右大臣（菅原道真《すがわらのみちざね》）への（帝の）〔**寵愛（信任）**〕は格別でいらっしゃったので、左大臣（藤原時平《ふじわらのときひら》）は不快にお思いになっていたが、

「寵愛を受ける」とか「寵愛される」という訳語は、女性についてのみ言われると思っている人がいますが、帝に気に入られ、かわいがられるのは女性とは限りません。この例文のように、男性についても言われます。男性の場合、「信任される」と言ってもいいのです。

243

ひま〈隙・暇〉

現代語では時間的なことに限っていいますが、もとは空間的な**「物と物の間のすき間」**の意です。

1 間・**すき間**
2 絶え間・**合間《あいま》**
3 時間的ゆとり・暇

1 妻戸《つまど》のあきたる**ひま**を何心もなく見入《い》れたまへるに、（源氏・野分）
▼妻戸が開いている〔**すき間**〕をなにげなくのぞき込みなさったところ、

2 僧ども念仏の**ひま**に物語するを聞けば、（蜻蛉・上巻）
▼僧たちが念仏の〔**合間**〕に話をするのを聞くと、

ものごとが行われていない「絶え間・合間」の意味です。

244

いとま〈暇〉

「いと」＝「暇」、「ま」＝「間」なので**「仕事のない、休みの時」**ということです。

仕事 仕事 仕事 仕事 → いとま → 仕事 仕事 仕事 仕事

1 時間的ゆとり・**暇**
2 (仕事を)**休むこと**・別れること・別れの挨拶

1 名利《みやうり》に使はれて、しづかなる**いとま**なく、（徒然・三八段）
▼名誉と利益に追い立てられて、落ち着いた〔**暇**〕もなく、

2 御息所《みやす(ん)どころ》、はかなき心地にわづらひて、まかでなむとし給《たま》ふを、**いとま**さらに許させ給はず。（源氏・桐壺）
▼御息所は、ちょっとした病にかかって、（養生のため宮中を）退出しようとなさるが、（帝は）〔**休むこと**〕をまったくお許しにならない。

名詞

例文音読・入試問題

245 □□

才《ざえ》

「生まれつきの才能」という意味ではありません。習得して得た才能で、特に平安時代の官僚（男性貴族）には必要不可欠であった**漢学（漢詩文）の教養**をいいます。

1 (漢学・漢詩文の)**教養**・学才
2 (和歌・音楽などの)技能・**才能**

1 この御族《おんぞう》は、女も皆**才**のおはしたるなり。（大鏡・道隆）
▼この御一族は、女性もみな〔**漢詩文の教養**〕がおありになったのである。

この「御族」は例外で、平安時代の女性は和歌は詠めても、漢詩文の教養があった人は少なかったのです。

2 琴《きん》弾かせ給《たま》ふことなむ一の**才**にて、（源氏・絵合）
▼琴《きん》の琴《こと》をお弾きになることが第一の〔**才能**〕で、

こんな「才」もありますが、まず1の意味で考えることです。

246 □□

よろこび〈喜び〉

「よろこび」は「任官や昇進の祝いごと」という意味のほかに、**任官・昇進した「お礼」**の意もあります。

1 喜び・お祝い(ごと)
2 (昇進・任官の)**お礼**

関 よろこび申し(名詞)
…お礼を申し上げること

2 **よろこび**奏するこそをかしけれ。（枕・よろこび奏するこそ）
▼（任官や昇進の）〔**お礼**〕を帝《みかど》に申し上げる姿はいいものである。

関 右の大臣《おとど》、大宮《おほみや》の御もとに**よろこび申し**に参り給《たま》へり。（宇津保・国譲上）
▼右大臣は、大宮《おおみや》の所に〔**(昇進の)お礼を申し上げ**〕に参上なさった。

「よろこび申し」で、「お礼を申し上げること」という名詞です。

247

こころばへ〈心ばへ〉

語源は「心延《は》へ」で、**心があたりに何かただよわせる様子、心の中のものが外に現れた様子**ということです。

かたち→外から見えるもの
⇔
心ばへ→内面にあると感じられるもの

1 **気だて**・性質〈心の様子〉
2 **心づかい**・気配り
3 **趣《おもむき》**・風情・趣意

同 心ばせ（名詞）…1 気だて・性質 2 心づかい・気配り

1 《三歳になった光源氏《ひかるげんじ》は、》御容貌《かたち》、**心ばへ**、ありがたくめづらしきまで見え給ふを、（源氏・桐壺）

▼お顔立ちも、〔**気だて**〕も、たぐいなくすばらしいまでに見えなさるので、

2 そのほどの**心ばへ**はしも、ねんごろなるやうなりけり。（蜻蛉・上巻）

▼（わたしが道綱《みちつな》を生んだ）そのころの（夫の）〔**心づかい**〕はさすがに、心がこもっているようであった。

3 春の**心ばへ**ある歌奉《たてまつ》らせ給ふ。（伊勢・七七段）

▼（歌を詠む人々を集めて）春の〔**趣**〕のある歌を差し出させなさる。

248

こころづくし〈心尽くし〉

「心を込めてすること」という現代語の意味ではありません。**「もの思いの限りを尽くすこと」**です。

心尽くし＝心のエネルギーを使い尽くすこと

1 **もの思いをすること**・気をもむこと

1 木《こ》の間《ま》よりもりくる月の影見れば**心づくし**の秋は来《き》にけり（古今・一八四）

▼木の枝の間から漏れてくる月の光を見ると、〔**もの思いをすること**〕が多い秋が来たことだなあ。

ふと考えごとにふけってしまうもの悲しい秋の訪れ……。今も昔も秋という季節は、もの思いをしてしまう、何だか悲しさを誘う季節なのですね。

例文音読・入試問題

249
□□
そこ

1 **あなた**〔二人称〕

250
□□
ここ

1 **このわたし**〔一人称〕
2 あなた〔二人称〕

「そこ」「ここ」は場所を表すだけでなく、会話の中で「あなた」「わたし」を表す**人称代名詞**の用法があります。

1 皇子《みこ》たちあまたあれど、**そこ**をのみなむかかるほどより明け暮れ見し。(源氏・紅葉賀)
▼皇子たちはたくさんいるけれども、ただ〔**あなた**〕だけをこのようなな(幼い)ときから朝晩見てきた。

1 **ここ**をば捨てさせ給《たま》ひつるか。(栄花・楚王のゆめ)
▼〔**このわたし**〕をお見捨てになったのか。

251
□□
かれ

1 **あの人**(=あの男・あの女)
2 あれ・あのもの

252
□□
それ

1 その人
2 あなた〔二人称〕

253
□□
これ

1 この人
2 **このわたし**〔一人称〕
3 あなた〔二人称〕

「かれ」は「he」ではなく、「that」です。つまり、「あの人」「あれ」の意で、**女性を指すこともあります。**

1 《帝《みかど》は遊女のことを気がかりにお思いになって》「**かれ**が申さむこと、院に奏せよ。(中略)」と仰《おほ》せたまうければ、(大和・一四六段)
▼「〔**あの女**〕が申すことを、わたしに申し上げよ。(中略)」とおっしゃったので、

2 **これ**はたびたび参つて候《さうら》ふ間《あひだ》、案内《あない》は存知して候ふ。(平家・巻十一)
▼〔**このわたし**〕は度々参っておりますので、様子は分かっております。

254 □□ あなた
1 あちら・**向こう**〔遠くのほう〕

255 □□ そなた
1 そちら
2 **あなた**〔二人称〕

256 □□ こなた
1 こちら
2 **このわたし**〔一人称〕

「あなた」に二人称の「あなた」の意はありません。

「あなた」「そなた」「こなた」は、現代語の「あっち」「そっち」「こっち」です。

山のあなたの空遠く
幸ひ住むと人の言ふ

というブッセの詩（上田敏《うえだびん》訳）を、昔は学校で習ったものですが、みなさんは知っていますか。

1 山崎《やまざき》の**あなた**に、水無瀬《みなせ》といふ所に宮ありけり。（伊勢・八二段）
▼山崎の〔**向こう**〕の、水無瀬という所に離宮があった。

> 山崎は、古来京都と大阪を結ぶ交通の要地です。現代では「山崎の水無瀬に」というところを、古文では右のように「山崎に水無瀬に」という言い方をすることがあります。まず広い場所を「Aに」と示し、続いて狭い場所を「Bに」と示すのです。つまり、「Aに」の「に」は「の」と訳せばよいわけです。

2 **こなた**をも**そなた**をも、さまざま人の聞こえ悩まさむ、（源氏・行幸）
▼〔**このわたし**〕のことも〔**あなた**〕のことも、いろいろ人が〔噂《うわさ》を〕申し上げて悩ますでしょう、

> このように「そこ」や「そなた」が二人称のあなたの意で使われますが、『平家物語』などではあなたを表す言葉に「御辺《ごへん》」があります。

257 □□ そのかみ
1 **その当時**・その昔・往時

関 当時（名詞）…
1 現在・今
2 その時・その折

ある事が起こったその当時・その昔が「そのかみ」です。「その神」とか「その髪」と思わないように。

1 **そのかみ**を思ひやりて、ある人の詠める歌。（土佐・一月二十日）
▼（阿倍仲麻呂《あべのなかまろ》が中国に留学した）〔**その当時**〕を思いやって、ある人が詠んだ歌。

名詞

258 □□

せうと〈兄人〉

※「ショウト」と読む

「せひと」のウ音便化した形です。**「ショートを守っているのは、わたしのせうと《ショート》です。」**

1 **兄**・弟
〈ほとんど「兄」を指す〉

同 このかみ〈兄〉（名詞）…1兄・姉 ← 2年長者

1 かの人の**せうと**なる和泉前守《いづみのさきのかみ》を召し寄せて、（源氏・若菜上）

▼あの女の〔**兄**〕である前の和泉守《いずみのかみ》を呼び寄せなさって、

同 この男の**このかみ**も衛府《ゑふ》の督《かみ》なりけり。（伊勢・八七段）

▼この男の〔**兄**〕も衛府《えふ》の長官であった。

「このかみ」は「子の上《かみ》」で、兄弟姉妹の中で年上の者（兄や姉）ということです。単に「年上・年長者」の意で使うこともあります。

259 □□

おとうと・おとと〈弟〉

「おとうと」は兄弟姉妹のうちで年下の者、つまり弟または妹のことです。**「おとうと」が女性の場合もあるの**で、注意してください。

1 弟・**妹**

1 妻《め》の**おとうと**を持《も》て侍《はべ》りける人に、うへのきぬを贈る。（古今・八六八詞書）

▼（わたしの）妻の〔**妹**〕を持っていました人に、束帯《そくたい》の上着を贈る。

「妻の妹を持っていました人」とは、妻の妹の夫ということです。

1《光源氏《ひかるげんじ》は宮中で桜の宴《うたげ》のあった夜、名前も聞かぬまま、ある女性（朧《おぼろ》月夜《づきよ》の君）と契りを結んでしまう。次は、帰宅しての光源氏の思い。》をかしかりつる人のさまかな。女御《にようご》の御**おとうと**たちにこそはあらめ。（源氏・花宴）

▼美しい人だったなあ。女御《にょうご》の〔**妹**〕たち（の一人）であろう。

260 □□ いも〈妹〉

「妹《いも》」は、**男性が妻や恋人のことを親しんで呼ぶ言葉**です。「背《せ》」はその反対に、**女性が夫や恋人を親しんで呼ぶ言葉**です。男女が結ばれることを、「妹背《いもせ》の契りを結ぶ」といったりします。

1 いとしいあなた〈妻・恋人〉

反 せ〔背〕(名詞)…いとしい人〔夫・恋人〕

1 筒《つつ》井《ゐ》つの井《ゐ》筒《づつ》にかけしまろがたけ過ぎにけらしな**妹**見ざるまに　(伊勢・二三段)

▼筒《つつ》井《い》を囲むその筒と背比べをしたわたしの背丈は（その筒の高さを）越えてしまったようだなあ。〔**いとしいあなた**〕を見ないでいるうちに。

反 信濃路《しなのぢ》は今の墾《は》り道刈《か》りばねに足踏ましむな沓《くつ》はけ我が**背**　(万葉・三三九九)

▼信濃路《しなのじ》は新しく切り開いた道です。切り株で足を踏み抜かないようにしてください、沓をおはきください、わたしの〔**いとしい人**〕よ。

261 □□ つま〈夫・妻〉

妻から夫を、夫から妻を呼ぶ語です。だから、「つま」は**「夫」の意で使われることもあります**。また、物の端《はし》を「つま」と言います。

つま ↗ 夫・妻
　　 ↘ 端

1 **夫**・妻

関 つま〔端〕(名詞)…1 はし・へり　2 端緒・きっかけ

1 《男と女が草むらに隠れていると、追って来た人が野に火をつけようとした。女は次のような歌を詠んだ。》
武蔵野《むさしの》は今日《けふ》はな焼きそ若草の**つま**もこもれり我もこもれり　(伊勢・十二段)

▼武蔵野を今日は焼かないでください。〔**夫**〕も（草の中に）隠れています。わたしも隠れています。

「若草の」は「つま」にかかる枕詞《まくらことば》です。枕詞は訳しません。

名詞

例文音読・入試問題

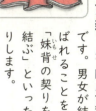

262 □□ はらから〈同胞〉

「はらから」は、**同じ腹から生まれた者**と覚えるといいでしょう。

1 **兄弟**・姉妹

1 鹿児《かこ》の崎といふ所に、守《かみ》の**はらから**、また異人《ことひと》これかれ、酒なにと持て追ひ来て、磯に下《お》りゐて、別れ難《がた》きことをいふ。（土佐・十二月二十七日）

▼鹿児の崎という所で、国守の〔**兄弟**〕、またそのほかの誰かれが、酒など持って追って来て、磯に下りて座り、惜別の言葉を述べる。

263 □□ かたへ〈片方〉

「かたへ」は「片方」で、**全体の半分や一部分**をいい、また**「傍らや傍らの人（同僚・仲間）」**の意です。

1 片方・**半分**・一部分
2 側《そば》・**傍ら**
3 **仲間**・同僚〔傍らの人〕

1 五年六年《いつとせむとせ》のうちに、千年《ちとせ》や過ぎにけむ、（庭の松の）**かたへ**はなくなりにけり。（土佐・二月十六日）

▼（留守をした）五、六年のうちに、千年も過ぎてしまったのだろうか、（庭の松の）〔**半分（一部分）**〕はなくなってしまっていたよ。

3 ある荒夷《あらえびす》の恐ろしげなるが、**かたへ**にあひて、「御子《おこ》はおはすや」と問ひしに、（徒然・一四二段）

▼ある荒々しい東国の武士で恐ろしい様子の者が、〔**仲間**〕（傍らの人）に向かって、「子どもさんはいらっしゃるか」と尋ねたところ、

「かたへ」は「かたへの人（傍らの人）」ということです。

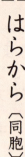

264 □□

ほど〔程〕

1 間・うち・時・ころ〔時間の程度〕
2 距離・広さ・あたり〔空間の程度〕
3 身分・地位・年齢〔人間の程度〕
4 様子・ありさま〔物の程度〕

「ほどなく参ります」「目標までほど遠い」「身のほどを知らない」「彼の実力のほどは疑問だ」など、現代語でも1～4の意味で使っています。

ただ古文では**時間や距離の程度だけでなく、広さ（面積）の程度にも使われます。**「ほどなき庭」というと「広さのない庭」つまり「狭い庭」ということです。

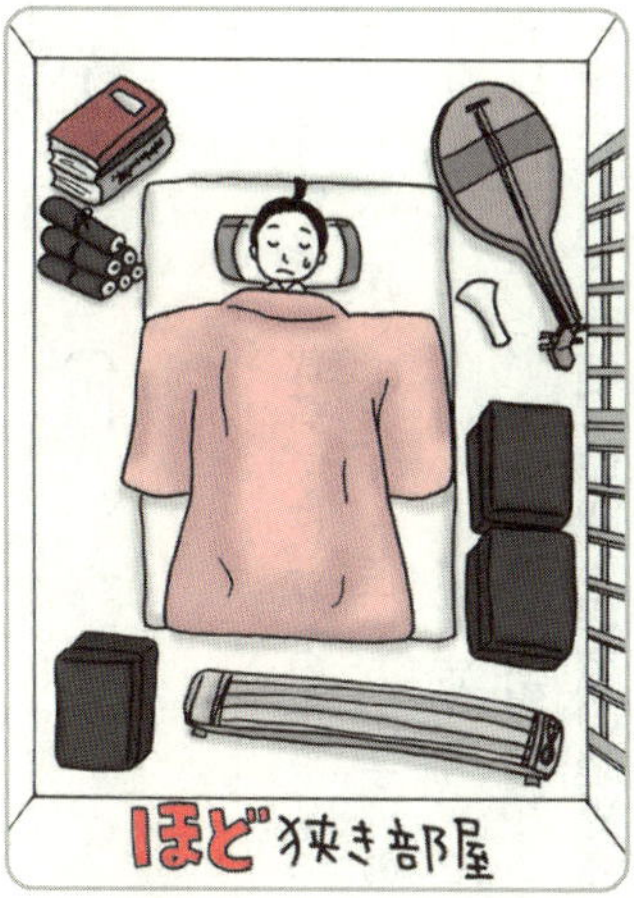

1 またの日、山の端《は》に日のかかる**ほど**、住吉《すみよし》の浦を過ぐ。（更級）

▼次の日、山の稜線《りょうせん》に太陽がかかる〔**ころ**〕、住吉の浦を通り過ぎる。

2 （部屋の）**ほど**せばしといへども、夜臥《ふ》す床あり。（方丈）

▼（部屋の）〔**広さ**〕は狭いとはいっても、夜、横になる床はある。

「ほど」はこのように広さ（面積）にも、また「ほど遠からず」といったように、「距離」の意でも使われます。

3 （桐壺《きりつぼ》の更衣《こうい》と）同じ**ほど**、それより下臈《げらふ》の更衣《かうい》たちは、まして安からず。（源氏・桐壺）

▼（桐壺の更衣と）同じ〔**身分**〕か、彼女より身分の低い更衣たちは、まして心穏やかではない。

4 髪は風に吹きまよはされて、すこしうちふくだみたるが、肩にかかれる**ほど**、まことにめでたし。（枕・風は）

▼髪が風に吹き乱されて、少しそそけ立っているのが、肩にかかっている〔**様子**〕は、ほんとうに魅力的だ。

名詞

例文音読・入試問題

265

□□

かぎり〔限り〕

1 限度・**限界**
2 極み・**極致**〔物事の上限〕
3 最期・**臨終**・葬送〔人生の限界点〕
4 全部・**すべて**〔限界点までの範囲〕

関 限りなし（形容詞）…この上もない ←
・けぢめ（名詞）…違い・隔て・隔たり ←

限り
これより
先には
行けない

「限り」は現代語では「この場限りの話」など、狭く限定する使い方が多いのですが、古語の「限り」は限定より、これ以上はないという「**限度・限界**」、ここが極みという**時間・空間・程度の限界点**（および**限界点までの範囲**）を表します。関の「限りなし」はその限界がない状態です。また、「けぢめ」は二つのものの差、区別、隔たりを表します。

1 絵にかける楊貴妃《やうきひ》のかたちは、いみじき絵師といへども、筆**限り**ありければ、いとにほひ少なし。（源氏・桐壺）
▼絵に描いた楊貴妃《ようきひ》の容貌《ようぼう》は、優れた絵師であっても、筆の力には〔**限界**〕があったので、まことにつやのある美しさはない。

2 いつはとは時はわかねど秋の夜ぞもの思ふことの**かぎり**なりける（古今・一八九）
▼（物思うということは）いつとは季節に区別はないけれども、秋の夜こそ物思いをすることの〔**極致**〕であるよ。

3 （紫《むらさき》の上《うえ》は）消えゆく露の心地して**限り**に見え給《たま》へば、（源氏・御法）
▼（紫の上は）消えゆく露の様子で〔**臨終**〕だと見えなさるので、

4 いかで琵琶《びは》の音《ね》のおぼゆる**かぎり**弾きて聞かせむ。（更級）
▼ぜひとも琵琶の音の（私が）思い出される（＝知っている）〔**すべて**〕（の曲）を（あの方に）弾いて聞かせよう。

関 満座興《きよう》に入ること**限りなし**。（徒然・五三段）
▼一座の者がみんなおもしろがることは〔**この上もない**〕。

関 この人は思ふをも、思はぬをも、**けぢめ**見せぬ心なむありける。（伊勢・六三段）
▼この人は愛する女に対しても、愛していない女に対しても、〔**違い**（**隔て**）〕を見せない心を持っていた。

266 □□

きは〈際〉

「窓際」や「瀬戸際」の言葉が示すとおり、先が切り落とされているぎりぎりのところというのが原義ですが、**「程度・身分」**の意でよく用いられます。

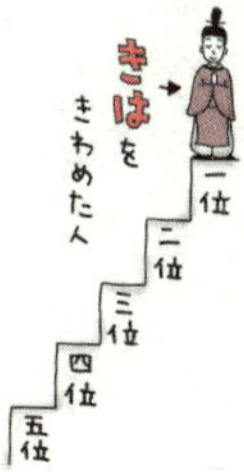

1 端・限り・終わり
2 程度〔ほど〕・**身分**〔身のほど〕

同 しな〔品〕（名詞）… 1 身分 ← 2 気品

2 ただ人《うど》も、舎人《とねり》など賜《たまは》る**きは**はゆゆしと見ゆ。（徒然・一段）

▼普通の貴族でも、舎人（＝警衛にあたる近衛府《このえふ》の官人）などを（朝廷から）いただく〔**身分**〕（の人）はたいしたものだと思われる。

同 人の品《しな》高く生まれぬれば、人にもてかしづかれて、（源氏・帚木）

▼人が〔**身分**〕高く生まれてしまうと、（周りの）人に大切にされて、

「品《しな》」には「気品・品位」の意もあります。

267 □□

ついで〈序〉

「ついで」とは、Aの次はB、Bの次はCという**ものごとの「順序」**をいいます。また、Aに引き続き、Bが起こる、その時（「機会・折」）の意もあります。

〈四季のついで〉
春ー夏ー秋ー冬

1 順序・**序列**
2 **機会**・折

同 しだい〔次第〕（名詞）… 順序

1 多くの**ついで**を越してこそ大臣《おとど》の位にはなしつれ。（宇津保・忠こそ）

▼多くの（官位の）〔**序列**〕を超えて大臣の位に就かせたのだ。

2 京に出《い》でたる**ついで**に（冷泉院《れいぜいいん》に）参りて、（源氏・橋姫）

▼（僧は）京に出た〔**機会**〕に（冷泉院のもとに）参上して、

例文音読・入試問題

268

□□

沙汰《さた》

1 **評議・裁き**・処置
2 **命令**・指図
3 **噂《うわさ》**・評判

ものごとの是非について「評議」し、「裁くこと」、また、考えてどうするか「処置」すること、また、その処置の「指令」が、「沙汰」です。あれこれ論議するということで、「噂・評判」の意もあります。

〈現代語の用例から意味を考える〉

「地獄の沙汰も金次第」
↓地獄に堕《お》ちるか極楽に行けるかの「**評議**・**裁き**・**処置**」の意。

「詳細は追って沙汰する」
↓処置についての「**命令**」の意。

「あれこれ取り沙汰する」
↓世間の「**噂**」の意。

---

1 いかがせんと**沙汰**ありけるに、（徒然・一七段）
▼どうしたものだろうかと〔**評議**〕があったところ、

1 「風発《ふうおこ》りたり」と云《い》ひて、**沙汰**の庭に出《い》でざりければ、（今昔・三一巻・二四話）
▼「風病が起こった」と言って、〔**裁き**〕の場に出なかったので、

2 世鎮《しづ》まりさうらひなば、勅撰《ちょくせん》の御**沙汰**さうらはんずらむ。（平家・巻七）
▼世の中が落ち着きましたならば、勅撰（和歌集を選べという帝《みかど》）のご〔**命令**〕がございましょう。

都落ちしなければならなくなった薩摩守《さつまのかみ》平《たいらの》忠度《ただのり》は、自作の和歌を携えて藤原《ふじわらの》俊成《としなり》を訪ね、右のように言って、勅撰集に一首でも選ばれることを頼みます。俊成によって忠度の歌は『千載《せんざい》和歌集』に入れられました。

3 この歌の故《ゆゑ》にやと、時の人**沙汰**しけるとぞ。（著聞・和歌）
▼この和歌のためであろうかと、当時の人は〔**噂**〕したということだ。

269 □□

とが〔咎・科〕

ほかから非難され、指弾されるようなこと（欠点や過ち）が「とが」です。「とがむ（＝現代語の『咎める』）」は動詞形です。**関**の「罪《つみ》」は**2**の「罰」の意味が重要です。

1 欠点・短所
2 過失・罪

関 罪（名詞）…**1** 罪 **2**（罪を犯して受ける）罰

1 光源氏《ひかるげんじ》、名のみことごとしう、いひけたれ給《たま》ふ**咎**《とが》多かなるに、（源氏・帚木）

▼「光源氏」と、名前だけは仰々《ぎょうぎょう》しく（立派だが）、（人から）けなされなさる〔**欠点**〕が多いようだが、

光源氏の「欠点」とは、「好《す》き事《ごと》（色恋沙汰）」への過度の熱心さです。

2 世治まらずして、凍餒《とうたい》の苦しみあらば、**とが**の者絶ゆべからず。（徒然・一四二段）

▼世が治まらないで、飢《う》え凍《こご》える苦しみがあるならば、〔**罪**〕を犯す者が絶えるはずがない。

270 □□

け〔故〕

下の例文は「～けにやあらむ」の形ですが、「あらむ」はよく省略されます。次のだじゃれで覚えましょう。

ケニヤに行ったたけにや、彼は日焼けしている。

1 ゆえ・**ため**・せい〔原因・理由を表す〕

1 在中将《ざいちゅうじやう》の東《あづま》に行きたりける**け**にやあらむ、この子どもも、人の国に通ひをなむときどきしける。（大和・一四四段）

▼在中将《ざいちゅうじょう》（＝在原業平《ありわらのなりひら》）が東国に行った〔**ため**〕であろうか、この子どもたちも、よその国に旅をときどきしたのだった。

名詞

例文音読・入試問題

271 □□

よし〈由〉

1 （奥ゆかしい）趣《おもむき》・**風情**・様子・そぶり
2 （家柄のよさなどの）**由緒**・由来
3 （何かをするための）手段・方法・**手立て**
4 **こと**・旨

関 ゆゑ〔故〕（名詞）…1 原因・理由 2 趣・風情 3 由緒・家柄

古文を読んでいて**最も多く目にする「よし」は4の「よし」**です。これはただ「こと」と訳せばすみます。

次に多いのは、「逢《あ》ふよしもなし」と言ったりする「よし」で、**「手段・方法」という3の意味**です。

「よしなし」という形容詞（↓P172）がありますが、その反対に**「よしあり」という表現**もよく出てきます。「よし」には物事が起こった理由・由来・いわれといった意味がありますから、「よしあり」とは「由緒・家柄・教養がある」ということであり、また「趣・風情がある」という意味でも使われます。「由緒ありげな振る舞いや様子」を表す動詞に**「よしばむ」「よしづく」**があることも知っておくといいでしょう。

1 古う作りなせる前水《せんずい》、木立《こだち》、**よし**あるさまの所なり。（平家・灌頂巻）

▼古風に造ってある庭前の池や、木立が、〔**風情**〕のある様子の所である。

2 母北《きた》の方《かた》なむ、いにしへの人の**よし**あるにて、（源氏・桐壺）

▼（桐壺《きりつぼ》の更衣《こうい》の）母である奥方は、昔の人で（＝古い家の出で）〔**由緒**〕ある方《かた》で、

3 《源　義経《みなもとのよしつね》の愛人静御前《しずかごぜん》は源　頼朝《みなもとのよりとも》の前で歌（次はその一部）を歌った。》

昔を今になす**よし**もがな（義経・巻六）

▼（義経様が時めいていた）昔を今実現する〔**手立て**〕があったらなあ。

4 （帝《みかど》は）御文《ふみ》、不死の薬の壺《つぼ》ならべて、火をつけて燃やすべき**よし**仰《おほ》せ給《たま》ふ。（竹取・富士の煙）

▼（帝はかぐや姫が差し上げた）お手紙と不死の薬の壺とを並べて、火をつけて燃やせという〔**こと**〕をご命令なさる。

「〜べきよし」の「べき」は命令であることが多く、その場合「〜せよということ」と訳すとぴったりです。

272 □□

やう〔様〕

1 **様子**・ありさま
2 **理由**・わけ
3 **方法**・手段
4〈形式名詞として使われ〉**〜ことには**

同 さま〔様〕(名詞)…
1 様子・ありさま 2 方法 3 方角

入試で問われる**もっとも重要な意味は2の「理由・わけ」**です。例えば、「やうこそあらめ」といったら、「(何か)わけがあるのだろう」の意です。

同に「さま」がありますが、これには1や2の意味のほかに、「京さま(京の方)」「あなたざま(あっちの方)」のように、3の「方角」の意があることに注意してください。

1 いとあやしき子なり。生《お》ひ立たむ**やう**を見む。(宇津保・俊蔭)
▼とても不思議な子である。成長していく〔**様子**〕を見よう。

2 参るまじくは、その**やう**を申せ。(平家・巻二)
▼参上しないつもりならば、その〔**理由**〕を申し上げよ。

3 その山見るに、さらに登るべき**やう**なし。(竹取・蓬莱の玉の枝)
▼(蓬莱山《ほうらいさん》という)その山を見ると、まったく登ることができる〔**方法**〕がない。

「やう」の前の「べき」はここでは可能の意味(〜ことができる)です。助動詞「べし」は後に打消の語があると、可能の意味になる場合が多いというのは知っておくと役立つ文法事項です。

4 母上に申したまひける**やう**、「おのれ死にはべりぬとも、(後略)」(大鏡・伊尹)
▼母上に申し上げなさった〔**ことには**〕、「わたしが死んでしまいましても、(後略)」

273
□□
ちぎり〈契り〉

動詞「契る」の連用形が名詞となったものです。
夫婦の契りや師弟の契りなど、この世での深い結びつきもいろいろありますが、生まれる前から運命的に決まっていたという**「前世からの約束」つまり「宿縁」の意もある**ことをお忘れなく！

1 約束〈言い交わすこと〉
2 前世からの約束・因縁・宿縁

1 心の限り行《ゆ》く先の**契り**をのみし給《たま》ふ。（源氏・明石）
▼（光源氏《ひかるげんじ》は明石《あかし》の上《うえ》に）心から将来の〔**約束**〕をなさるばかりだ。

2 前《さき》の世にも御**契り**や深かりけむ、世になく清らなる玉の男皇子《をのこみこ》さへ生まれたまひぬ。（源氏・桐壺）
▼（桐壺《きりつぼ》帝と桐壺の更衣《こうい》は）前世においてもご〔**宿縁**〕が深かったのだろうか、世にまたとなく清らかで美しい玉のような皇子までがお生まれになった。

274
□□
ほだし〈絆〉

出家するぞ
ほだし
行かないで…

つなぎ留《と》め、束縛するものが「ほだし」です。「絆《きずな》」は「絆《ほだし》」ともなるのです。

1 束縛するもの・障害となるもの

1 世の憂《う》き目見えぬ山路《やまぢ》へ入らむには思ふ人こそ**ほだし**なりけれ（古今・九五五）
▼（出家して）この世のつらさに遭わなくてすむ山に入ろうとするときには、愛する人こそが（出家の）〔**障害となるもの**〕であるよ。

男が俗世を捨て出家の身となることを願望しながらも、それを容易に実現させないもの、それは多くの場合、いとしい妻や娘の存在です。なぜなら、出家とは家族を捨てることであるからです。

275 □□

あやめ〔文目〕

綾織物《あやおりもの》の模様の意から、一般に物の**模様や形**をいい、さらに「物事の**道理・筋道**」の意でも使われます。

「あやめも知らず」
物の形も模様も分からない
↓
道理も筋道もない

1 (物の)模様・形・区別
2 (物事の)**道理**・筋道・分別

関 あやなし〔文無し〕(形容詞) …わけがわからない ←

2 郭公《ほととぎす》鳴くや五月《さつき》のあやめ草**あやめ**も知らぬ恋もするかな (古今・四六九)

▼ほととぎすが鳴く五月に咲くあやめ草、そのあやめではないが、〔**道理**〕(=あやめ)も分からない恋をわたしはすることだ。

「あやめも知らぬ恋」とは分別も何もない、無我夢中の恋のこと。

関 都のいたづらに亡《ほろ》ぶるやうやはあらんと頼もしくこそ覚えしに、かくいと**あやなき**わざの出《い》で来ぬるは、(増鏡・二巻)

▼都(の後鳥羽《ごとば》上皇ら)がむなしく敗北することがあろうかと心強く思われたのに、このようにたいそう〔**わけがわからない**〕ことが出現してしまったのは、

276 □□

うつつ〔現〕

夢に対して**目が覚めている状態**が「うつつ」です。漢字は現実の「現」をあてます。

1 **現実**
2 **正気**〔意識の確かな状態〕

1 夢か**うつつ**か寝てかさめてか (伊勢・六九段)

▼(あなたに逢《あ》ったのは)夢なのか〔**現実**〕なのか、寝ていたのか目覚めていたのか。

2 「皇后宮《くわうごうぐう》の御かたに火の」といふ。あさましともおろかなり。あまり**うつつ**ともなくて、(弁内侍)

▼「皇后宮《こうごうぐう》のほうで火事が」と言う。驚きあきれるという言葉では表しきれない。あまりのことに〔**正気**〕でもなく(=我を忘れて)、

例文音読・入試問題

277 □□ あるじ　A〔主〕　B〔饗〕

「あるじまうけ」とは、「あるじ（主人）」がごちそうの「まうけ（準備）」をすることです。

A 1 主人

B 2 饗応《きょうおう》・**もてなし**〔「あるじまうけ」の略〕

2 方違《かたたが》へに行きたるに、**あるじ**せぬ所。（枕・すさまじき物）

▼方違え（→P288）に行ったときに、〔**もてなし**〕をしない所。

「すさまじき物（興ざめな物）」の一例です。

2 この人の家、喜べるやうに**あるじ**したり。（土佐・二月十五日）

▼この人の家では、喜んでいる様子で〔**もてなし**〕をしてくれた。

278 □□ ふるさと〔古里・故郷〕

「ふるさと」とは**古くからなじんだ土地や家のこと**で、都を離れた人にとっては都のわが家が、また、宮仕えに出た女房にとっては京の町中の実家が「ふるさと」です。

1 **なじみの土地**〔昔住んでいた所・昔通っていた所〕

2 （家を離れた人にとって）**わが家**・自宅

3 旧都〔昔都があった所〕

1 仮の庵《いほり》もやや**ふるさと**となりて、軒に朽ち葉深く、（方丈）

▼仮の住まいもしだいに〔**なじみの土地**〕（＝昔からなじんでいるような土地）となって、軒先には枯れ葉が深く（積もり）、

2 見どころもなき**ふるさと**の木立《こだち》を見るにも、ものむつかしう思ひみだれて、（紫式部）

▼なんの見どころもない〔**わが家**〕（＝実家）の木立を見るにつけても、なんとなくうっとうしく心乱れて、

贈り物、もらうのあげるのどっちなの？

次の二つの例文の「立て」の違いが分かりますか？

1　木、**立て**り。
2　木、**立て**たり。

1は「立て」の下にサ行変格活用の動詞の未然形か四段活用の動詞の已然形に接続する完了・存続の助動詞「り」がついており、この場合は四段活用の動詞で、「（木が）立つ（＝自動詞）」という意味です。

2は「立て」の下に連用形に接続する完了・存続の助動詞「たり」がついており、下二段活用の動詞で、「（木を）立てる（＝他動詞）」という意味です。

同じ「立て（終止形は「立つ」）」でも活用の種類によって意味が異なるのです。

このように活用の種類によって意味が異なる重要語は、本書の中でも「**被《かづ》く**」（↓P49）や「**頼む**」（↓P48）などがあります。また似ていても自動詞と他動詞の違いがある重要語に、「**おどろく**」と「**おどろかす**」（↓P45）、「**ときめく**」と「**ときめかす**」（↓P44）などがあります。

これらを取り違えると、動作の主体（主語）と客体（相手）が逆になってしまいます。

あなたは、この単語集を四段活用の「頼む」です。この単語集は、あなたに下二段活用の「頼む」です。

あなたは、四段活用の「被く」と下二段活用の「被く」のどちらがいいですか？　わたしは絶対に四段活用ですね！　やっぱり、もらうほうがいいなあ。

279 □□

さて〔然て〕

1 そういう状態で・**そのまま**・そうして
2 それ以外・**そのほか**

関 さてしもあらず(慣用句)・さてしもあるべきことならず(慣用句)…そのままにしてはおけない

前の話を受け、さらに次の話題に話を展開させる接続詞の「さて」がありますが、それとは別に副詞の「さて」があるのです。

この「さて」は、前の内容を受けて次の内容へと導いていくのではなく、前に挙げた**その状態のままである**ことを表すものです。

「さてしもあらず」や「さてしもあるべきことならず」の形でもよく用いられます。「いつまでもそのまま（の状態）でいるわけにもいかない」の意です。

「さてしも」の「しも」は強意の副助詞「し」に係助詞「も」がついたものです（「しも」を一語の強意の副助詞とする説もあります）。

さて＝然て→そのような状態で

1 いにしへのことなど思ひ出《い》で聞こえけり。**さて**も（親王《みこ》に）さぶらひてしがなと思へど、おほやけごとどもありければ、(伊勢・八三段)

▼（男は）昔のことなどを思い出しお話し申し上げた。〔**そのまま**〕（親王に）お仕えしていたいと思うが、朝廷の勤めがあったので、

2 弓矢持《も》たる人二人、**さて**は下《しも》なる者、童《わらは》など(源氏・玉鬘)

▼弓矢を持っている（家来）二人、〔**そのほか**〕は下男、男の子など

関《嘉元《かげん》三（一三〇五）年九月十五日、亀山《かめやま》法皇は亡くなられた。》
さてしもあらぬ習ひなれば、同じ十七日に御わざの事せさせ給《たま》ふ。(増鏡・十一巻)

▼〔**そのままにしておくわけにもいかない**〕世の習いなので、同十七日に御葬儀をなさる。

関《熊谷《くまがい》次《じ》郎《ろう》直実《なおざね》はまだ十七歳の平《たいらの》 敦盛《あつもり》を討つしかなかった。》
前後不覚におぼえけれども、**さてしもあるべきことならね**ば、泣く泣く頸《くび》をぞかいてんげる。(平家・巻九)

▼（熊谷は）前も後も分からないように思えたが、〔**そのままにしておくこともできない**〕（＝そうしてばかりもいられない）ので、泣きながら（敦盛の）首をかき切った。

280 □□

さながら〈然ながら〉

副詞「さ（＝そう・そのように）」に、動作・状態がそのまま続くことを表す接続助詞「ながら」がついたものです。**「そっくりそのまま」**ということで、「すべて・全部」の意でも使います。

同「しかしながら」の「しかし」は、副詞「しか（＝副詞『さ』）」＋副助詞「し」（他の説もあります）です。

1 **そのまま**・もとのまま
2 **すべて**・ことごとく・全部

…そっくりそのまま・すべて　同しかしながら（副詞）

1 《光源氏《ひかるげんじ》は十六夜《いざよい》の月が美しい夜、初めて常陸《ひたち》の宮《みや》邸を訪れた。》

寝殿に参りたれば、まだ格子《かうし》も**さながら**、（姫君は）梅の香《か》をかしきを見出《い》だしてものし給ふ。（源氏・末摘花）

▼寝殿に参上したところ、まだ格子《こうし》も〔**そのまま**〕（で）、（姫君は）梅の香りのすてきな（庭）を見ておいでになる。

「まだ格子もさながら」とは、もう外は暗くなっているので、格子は下ろして（＝窓は閉めて）いるのが当然な時間なのに「格子を上げた（＝窓を開けた）ままで」ということです。

2 （強盗は）取りける物どもを、**さながら**返し置きて、帰りにけり。（十訓・六）

▼（強盗は）奪った品物を、〔**すべて**〕返し置いて、帰ってしまった。

同 重盛叙爵《しげもりじよしやく》より、今大臣の大将に至るまで、**しかしながら**君の御恩ならずといふことなし。（平家・巻二）

▼（わたし平《たいらの》）重盛は五位に叙せられてから、今大臣兼大将となるまで、〔**すべて**〕君（＝法皇）の御恩でないということはありません。

「しかしながら」に、「そうではあるが・しかし」という接続詞の用法が現れるのは室町時代末期以降のことです。

副詞

例文音読・入試問題

281 □□

いま〔今〕

1 まもなく・**すぐに**

2 (その上)さらに・**もう**

関 今《いま》は限《かぎ》り・今《いま》はかく(今《いま》はかう)(慣用句)
…もはやこれまで ⬅

いまめかし(形容詞)
…当世風だ・華やかだ ⬅

「今(=すぐに)行きます」や「今(=もう)少し大きいのがいい」といったように、現代語でもよく使っているのですが、古文の中の「今」はうまく訳せない人が多いようです。それは、ただ「今」を「今」と訳すことしか頭に浮かばないからです。**副詞としての1・2の訳語をしっかり覚えましょう。**また、「今は限り」「今はかく(今はかう)」など、よく使われる表現があります。「もうこれが最期(もはやこれまで)」という意です。

さらに、「今」からできた動詞が「今めく」(今風にする・当世風に振る舞う)で、この形容詞形が「今めかし」です。当世風(華やかでしゃれた感じ)であることを表します。

1 **今**来《こ》むと言ひしばかりに長月《ながつき》の有明《ありあけ》の月を待ち出《い》でつるかな (古今・六九一)

▼〔**すぐに**〕(あなたがわたしの所に)来ようと言ったばかりに、九月の(秋の夜長にあなたを待って)有明の月が出るのを待ってしまったことであるよ。

単に「今現在」に限るのでなく、「今から」と、未来に向けてある幅を持たせて使われるこのような用法に注意してください。

2 **いま**一階《ひときざみ》の位をだにと、贈らせたまふなりけり。(源氏・桐壺)

▼(帝《みかど》は)せめて〔**もう**〕一段上の位だけでもと、(桐壺《きりつぼ》の更衣《こうい》に)お贈りになるのだった。

関 人々**今はかく**とて海に沈みしありさま、(平家・灌頂巻)

▼(平家の)人々が〔**もはやこれまで**〕と思って海に沈んだ様子は、

「かく」がなく、「今はとて」となる場合も多くあります。

関 心にくく奥まりたるけはひは立ちおくれ、**今めかしき**ことを好みたるわたりにて、(源氏・花宴)

▼(右大臣家は)奥ゆかしく深みのある雰囲気は欠けていて、〔**当世風で華やかな**〕ことを好んでいるお邸《やしき》で、

282 □□

せめて

1は「せめて起こす（無理に起こす）」、2は「せめて恋し（痛切に恋しい）」というように、1は後に動詞が、2は後に形容詞がきます。

せめて＋動詞→強いて
せめて＋形容詞→ひどく

1 無理に・**強いて**
2 痛切に・切実に・**ひどく**

1 「老いの末《すゑ》に、うち捨てられたるがつらうも侍《はべ》るかな」と、**せめて**思ひ静めてのたまふけしき、いとわりなし。（源氏・葵）

▼「老いの末《すえ》に、（娘に）うち捨てられた（＝先立たれた）ことがつろうございますよ」と、（左大臣が）〔**強いて**〕気持ちを静めておっしゃる様子が、とてもどうしようもなく苦しげである。

2 **せめて**恐ろしきもの。夜鳴る神。（枕・せめておそろしき物）

▼〔**ひどく**〕恐ろしいもの。夜に鳴る雷。

283 □□

むべ・うべ〔宜〕

あることがらに**同意・賛成する気持ち**を「なるほど」とあらかじめ示し、下に続く文で「こうなんだ」とその内容を述べるという形をとります。

1 **なるほど**・いかにも

関 むべなり・うべなり（形容動詞）…もっともだ

1 （后《きさき》が）壁に穴をあけて、のぞかせたまひけるに、女御《にょうご》の御かたち、いとうつくしくめでたくおはしましければ、「**むべ**、時めくにこそありけれ」と御覧ずるに、（大鏡・師輔）

▼（后が）壁に穴をあけて、そこからのぞきなさったところ、女御のご容貌《ようぼう》が、とても美しくすばらしくていらっしゃったので、「〔**なるほど**〕、（こんなに美しいので）ご寵愛《ちょうあい》を受けるのだな」と御覧になると、

この後、嫉妬に狂った后は女御に陶器の破片を投げつけます。

例文音読・入試問題

284 □□

かつ

「かつ」は「その上に」と訳すものと思っていませんか。それは接続詞で、近世以降の用法です。

平安・鎌倉時代の古文では、**二つのことがらが並行して起こる、または行われる様子**を表します。そこから、事が連鎖的に起きる2の用法も生まれました。

1 一方では
2 すぐに・たちまち

関 はた(副詞)…また・やはり

1 恋のことわりなきものはなかりけり**かつ**睦《むつ》れつつ**かつ**ぞ恋しき（後撰・五八三）

▼恋のように理屈に合わないものはないものだ。〔一方では〕親しく接しながら〔一方では〕恋し（くてならな）い。

2 **かつ**あらはるるをも顧みず、口にまかせて言ひ散らすは、やがて浮きたることと聞こゆ。（徒然・七三段）

▼（嘘《うそ》であることが）〔すぐに〕ばれてしまうのも考えないで、口にまかせて言い散らすのは、すぐに根拠のないことだと分かる。

285 □□

ひねもす〈終日〉

「夜明けから日没までずっと」という「ひねもす」に対置されるのが、「日没から夜明けまで」つまり「一晩中」の意の「夜もすがら」です。

同 の「日一日」に似てはいますが、「**一日**《ひとひ》」は「ある日・先日」という意味です。

1 一日中・朝から晩まで

同 日暮《ひぐ》らし(副詞)・日一日《ひひとひ》(名詞)…一日中

反 夜もすがら(副詞) ← ・夜一夜《よひとよ》(名詞)…一晩中

1 雪こぼすがごと降りて、**ひねもす**にやまず。（伊勢・八五段）

▼雪が（器から水を）こぼすように降って、〔一日中〕やまない。

反 石山《いしやま》にこもりたれば、**夜もすがら**雨ぞいみじく降る。（更級）

▼石山寺に参籠《さんろう》したところ、〔一晩中〕雨がひどく降る。

ひねもす＝日暮らし＝日一日
夜もすがら＝夜一夜

286

かまへて〈～打消・禁止〉

もともと「構へて」は下二段活用の動詞「構《かま》ふ」の連用形に接続助詞の「て」がついて「工夫や策略などをめぐらして」という意味ですが、一語化し、副詞となったものです。

決して
かまへて
三振するなよ!!

1 **決して**（～ない・～するな）
2〈意志・命令などの表現を伴い〉きっと・必ず・**なんとかして**

1 いづれもいづれも**かまへて**真名《まな》の言葉を書かじとするなり。（無名抄）
▼誰もが〔**決して**〕漢字の言葉を書かないようにしようとするのである。

「かまへて」は「じ」（打消意志の助動詞）と呼応しています。

2（盗人が）この馬を見て、極めて欲しく思ひければ、「**かまへて**盗まむ」と思ひて、（今昔・二五巻・十二話）
▼（盗人が）この馬を見て、どうしても欲しく思ったので、「〔**なんとかして**〕盗もう」と思って、

「かまへて」は「む」（意志の助動詞）と呼応しています。

287

あへて〈敢へて〉〈～打消〉

下二段活用の動詞「敢《あ》ふ」の連用形に接続助詞の「て」がついて一語化し、副詞となったものです。

1 **まったく**・少しも・決して（～ない）

1 底へ降《お》るべき様も**あへて**なければ、（今昔・二八巻・三八話）
▼谷底に降りられる方法も〔**まったく**〕ないので、

「あへて」は「なけれ」（形容詞「なし」の已然《いぜん》形）と呼応しています。

副詞

288 □□

かけて(も)(〜打消)

下二段活用の動詞「掛く・懸く」の連用形に接続助詞の「て」がついて一語化し、副詞となったものです。

まれに肯定文中に用いて、「少しでも」という意になることがあります。

1 まったく・少しも・決して(〜ない)

1 **かけて**こそ思はざりしかこの世にてしばしも君にわかるべしとは(更級)

▼〔**まったく**〕思ってもみなかった。この世でしばらくの間でもあなたと別れるだろうとは。

「かけて」は「ざり」(打消の助動詞「ず」の連用形)と呼応しています。

1 **かけても**人の思ひ寄り聞こゆべき事ならねば、(源氏・蛍)

▼〔**決して**〕人が思い寄り(=思いつき)申し上げることができることではないので、

「かけても」は「ね」(打消の助動詞「ず」の已然形)と呼応しています。

289 □□

さだめて〈定めて〉(〜推量)

下二段活用の動詞「定む」の連用形に接続助詞の「て」がついて一語化し、副詞となったものです。

1 きっと・必ず(〜だろう)

1 この児《ちご》、「**さだめて**おどろかさむずらむ」と待ちゐたるに、(宇治・巻一十二話)

▼この子どもは、「〔**きっと**〕起こしてくれるだろう」と待っていたが、

「さだめて」は「むずらむ」(推量の助動詞「むず」の終止形と「現在推量」の助動詞「らむ」の終止形)と呼応しています。

実際の入試問題です。

問　傍線部「行かむずらむ」を品詞分解せよ。

A君の解答「行か・むず・らむ」
B君の解答「行か・む・ず・らむ」
C君の解答「行か・む・ず・ら・む」

みなさんはできたでしょうか?

正解はA君の解答です。

B君の解答とC君の解答は「む」と「ず」を二単語に分けているところが誤りです。打消の助動詞「ず」は未然形接続ですね。直上の「む」は「○・○・む・む・め・○」と活用します。よって「む」は連体形か終止形です。「ず」の直上の語は未然形にならなければならないので、矛盾が生じます。「むず」は一語で、推量の助動詞「むず」の終止形です。

むずらむ ＝ むず ＋ らむ
推量　現在推量

このように助動詞の接続と活用を覚えておかないと、品詞分解の問題に対処できないのみならず、上記の誤りのように「ず」を打消の助動詞にとってしまい

帰ってみれば「怖い蟹《かに》?」

書かれている内容が正反対になってしまいます。

幼いころ、童謡の「浦島太郎」の一節「帰ってみれば『こはいかに』」を「帰ってみれば『怖い蟹』」だと思っていたという話をよく聞きます。「こ」は代名詞で現代語の「これ」、「は」が係助詞、「いかに」（→P121）は副詞で英語のhowに相当します。つまり、浦島太郎が久しぶりに故郷に帰ってみると、そこに「怖い蟹」がいたのではなく、そのあまりの変わりように「これはどう（したことか）」と驚いたということなのです。

古文が苦手だと思っている人、最初は不器用でもいいのです。訳が見えない部分は、単語を一つ一つ確認してみてください。重要語句はその訳語をあてはめていってください。やがて思えるはずです。わたしの成績がここまで変わったのは「こはいかに」、それは……と。

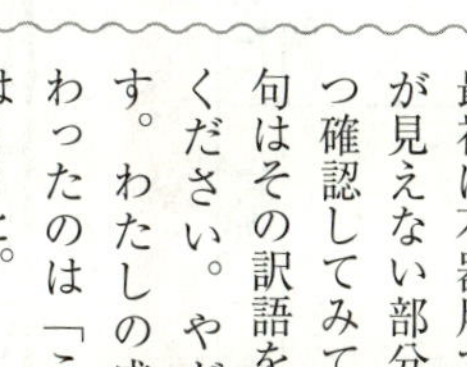

さまざまな代名詞

人称代名詞には、「われ」や「なんぢ」のように文字通り人称代名詞であるものと、「ここ」や「それ」のように、もとは指示代名詞であったものが人称代名詞として使われるようになったものとがあります。

① 人称代名詞（人物を指す）

	自称（一人称）	対称（二人称）	他称（三人称）近称	他称（三人称）中称	他称（三人称）遠称	不定称
語	**250ここ**・**253これ** **256こなた** あれ・あ われ・わ おの・おのれ まろ	**249そこ**・**250ここ** **252それ**・**253これ** **255そなた**・御辺 なれ・な なんぢ・そち	**253これ**・こ	**252それ**・そ	**251かれ**・か あれ・あ	たれ・た なにがし・それがし ＊「なにがし」「それがし」は自称としても用いられる
訳語	わたし・このわたし	あなた	この人	その人	あの人	だれ・だれそれ

② 指示代名詞

	近称	中称	遠称	不定称
事物	これ・こ	**252それ**・そ	**251かれ**・か あれ・あ	いづれ
訳語	これ	それ	あれ	どれ
場所	ここ	そこ	かしこ あしこ	いづこ いづく
訳語	ここ	そこ	あそこ	どこ
方向	**256こなた** こち	**255そなた** そち	**254あなた** かなた	いづち いづかた
訳語	こちら	そちら	あちら・向こう	どちら
時				いつ
訳語				いつ

主な呼応の副詞

副詞には、一定の意味を表す語とともに用いられ、あわせて全体で打消・禁止・疑問・反語などの意味を表すものがあります。左に主なものをまとめました。

	語	訳し方
打消	154 おほかた〔大方〕（～打消） 155 さらに〔更に〕（～打消） 156 世《よ》に（～打消） 157 たえて〔絶えて〕（～打消） 158 つゆ〔露〕（～打消） 160 つやつや（～打消） 287 あへて〔敢へて〕（～打消） 288 かけて（も）（～打消）	まったく・少しも・決して（～ない）
	152 え（～打消）	（～する）ことができない〔不可能〕
	161 をさをさ（～打消）	ほとんど（～ない）
	162 よも（～打消推量）	まさか（～ないだろう）
打消・禁止	159 ゆめ・ゆめゆめ（～打消・禁止）	1 まったく・少しも・決して（～ない） 2 決して（～するな）
	286 かまへて（～打消・禁止）	決して（～ない・～するな）
禁止	153 な～そ（「そ」は禁止の終助詞）	（～する）な・（～し）ないでくれ・（～し）てはならない
	163 あなかしこ（～禁止）	決して（～するな）

	語	訳し方
疑問・反語	128 いかで・いかでか（～推量など〔連体形〕・や・か）	1 どうして・どのように（～だろうか）〔疑問〕 2 どうして（～だろうか、いや、～ない）〔反語〕
	129 いかが・いかに（～推量など〔連体形〕・や・か）	1 どのように・どうして（～だろうか）〔疑問〕 2 どうして（～だろうか、いや、～ない）〔反語〕 3 どんなにか・どれほど・なんとまあ（～だろう）〔程度の強調・感嘆〕
	130 など・などか・などて・なじかは（～推量など〔連体形〕・や・か）	1 なぜ・どうして（～か）〔疑問〕 2 なぜ・どうして（～か、いや、～ない）〔反語〕
推量	289 さだめて〔定めて〕（～推量）	きっと・必ず（～だろう）
願望	128 いかで・いかでか（～意志・願望）	なんとかして（～よう・～たい・～てほしい）
	131 いつしか（～願望）	（できるだけ）早く（～たい・～てほしい）

長文問題　枕草子〈鳥は〉

本文のうち、第一章・第二章で学習した語を**赤太字**に、敬語の章以下でこれから学習する語を**太字**にしています。確認しながら読んでみましょう。

1 鶯《うぐひす》は、**文**《ふみ》などにも**めでたき**ものに作り、声よりはじめて、**さまかたち**も、さばかり**あてにうつくしき**ほどよりは、**九重**《ここのへ》の内に鳴かぬぞいと**わろき**。人の、「**さ**なむある」と言ひしを、「**さ**しもあらじ」と思ひしに、十年ばかり**候ひ**て聞きしに、まことに**さらに**音せざりき。さるは、*竹近き紅梅も、いとよく通ひぬべき**たより**なりかし。**まかで**て聞けば、**あやしき**家の見どころもなき梅の木などには、かしがましきまでぞ鳴く。2 夜《よる》鳴かぬも**いぎたなき**心地すれども、今は**いかがせむ**。夏秋の末まで老《お》い声《ごゑ》に鳴きて、虫食ひなど、*良《よ》うもあらぬ者は名をつけかへて言ふぞ、**くちをしく** **すごき**心地する。3 それもただ雀《すずめ》などのやうに、常にある鳥ならば**さ**も**おぼゆ**まじ。春鳴く**ゆゑ**こそはあらめ。*「年たち返る」など、**をかしき**ことに歌にも**文**にも作るなる

訳　1 鶯は、〔**漢詩**〕などでも〔**すばらしい**〕ものと詠み、声をはじめとして、〔**姿**〕も〔**顔立ち**〕も、あれほど〔**上品で**〕〔**かわいらしい**〕割には、〔**内裏**《だいり》〕の中で鳴かないのは、とても〔**よくないことだ**〕。誰かが「〔**そう**〕なんですよ（＝内裏では鳴かないんですよ）」と言ったが、「〔**そう**〕ではあるまい」と（私は）思っていたが、十年ほど（内裏に）**お仕えし**て聞いていたが、本当に〔**まったく**〕声がしなかった。そのくせ実は、（内裏の清涼殿の庭の）竹の近くの紅梅は、（鶯が）よく通って来（て鳴き）そうな〔**都合のいい場所**〕であるよ。（内裏から）**退出し**て聞くと、〔**身分が低い**〕（人の）家の、見所もない梅の木などには、やかましいまで（鶯が）鳴いている。2 夜鳴かないのも、〔**寝坊な**〕感じがするが、今さら**どうしようもない**。夏・秋の末までしゃがれ声で鳴いて、虫食いなどと、下々の者は名前を付け替えて言うのが、〔**残念で**〕〔**ぞっとするような**〕感じがする。3 それも、ただ雀などのように、いつ（どこにで）もいる鳥であるならば、〔**それほどに**〕も〔**思われ**〕はしないだろう。春に鳴くもの〔**だから**〕こそであろう。「年たち返る」など、〔**風流な**〕言葉で和歌にも〔**漢詩**〕にも詠んだりするというのは。〔**やはり**〕（鶯が鳴くのが）春の間だけだったならば、〔**ど**

は。**なほ**春のうちならましかば、**いかにをかしか**らまし。**4**人をも、人げなう、世の**おぼえ**あなづらはしうなりそめにたるをば、そしりやはする。鳶《とび》、烏《からす》などの**上**は、見入れ聞き入れなどする人、**世に**なしかし。**されば**、「**いみじかる**べきものとなりたれば」と思ふも、**心ゆか**ぬ心地するなり。**5**祭*のかへさ見るとて、雲林《うりん》院、知足《ちそく》院などの前に車を立てたれば、時鳥《ほととぎす》も**忍ば**ぬにやあらむ、鳴くに、いとよう**まねび**似せて、木高き木どもの中にもろ声に鳴きたるこそ、**さすがに をかしけれ**。

〔注〕竹近き紅梅――宮中には清涼殿《せいりょうでん》の庭に竹も梅も植えられていた。
良うもあらぬ者――下々の者。
年たち返る――「あらたまの年たち返る朝《あした》より待たるるものは鶯の声」（拾遺集・春）
祭のかへさ――賀茂《かも》祭（葵《あおい》祭）の斎王《さいおう》が翌日紫野《むらさきの》へ帰る行列。

鶯が来て
鳴いても
よさそう
なのに…

んなにか〔**すばらしかっ**〕たことだろう。**4**人についても、一人前でなく、世間の〔**評判**〕も悪くなりはじめた人を、（うるさく）批判したりするだろうか。鳶や烏など（平凡な鳥）の〔**こと**〕は、目をつけたり聞き耳を立てたりなどする人は、〔**まったく**〕いないものだよ。〔**だから**〕、「（鶯は）〔**すばらしい**〕はずのものとなっているから（なのだ）」と思うが、（鶯が夏・秋まで鳴き続けるのはやはり）**納得のゆか**ない気がするのである。**5**（初夏の）賀茂祭の帰り（の行列）を見ようと思って、雲林院、知足院などの前に牛車を止めていると、ほととぎすは（季節柄、鳴くのを）〔**こらえ**〕きれないのだろうか、鳴くのだが、（その声を鶯が）とてもよく〔**まね**〕て似せて、木高い木などの中で、声を合わせて鳴いているのは、〔**なんといっても**〕〔**やはり**〕〔**すばらしい**〕。

書かれてなくても見えてくる！

敬語を覚えるとこんないいことがあるという話をしましょう。古文を読む際の最大の課題は一文一文の主語をはっきりさせながら読むということですが、敬語が分かるとこれがとてもよく見えてくるのです。

男が女に向かって、「などさやうに**思《おぼ》す**らむ。」と言った場合、「**思す**」（→P239）の主語は誰でしょうか。男か？　女か？　それは、「思す」が「思ふ」の尊敬語（お思いになる）と知っていれば、女（あなた）が主語だとすぐに分かります。なぜなら、会話で話し手が自分に尊敬語を使うことはなく（例外的にはありますが）、尊敬語は相手に使うのが普通だからです。では、「果物《くだもの》を**奉《たてまつ》ら**む。」はどうでしょう。これは、「**奉る**」（→P242）が「与ふ」の謙譲語（差し上げる）ということを知っていれば、男（わたし）が主語と分かるでしょう。

次に、①「AがBに**のたまひ**けり（＝おっしゃった）。」と、②「BがAに**申し**けり（＝申し上げた）。」という文があった場合、AとBにはどんな人物が入るでしょうか。例えば、「蔵人《くらうど》が帝《みかど》にのたまひけり。」とか「帝が蔵人に申しけり。」といった文が考えられるでしょうか（「蔵人」とは帝にお仕えする役人です）。そんなことは考えられません。①は「帝が蔵人にのたまひけり。」、②は「蔵人が帝に申しけり。」でなければなりません。なぜなら、帝と蔵人という二人の人物がいたら、もちろん作者は帝のほうに敬意をはらうはずで、①では尊敬語「**のたまふ**」（→P232）の主語は帝でなければならず、②では謙譲語「**申す**」（→P234）の相手が帝でなければなりません（謙譲語は動作の受け手（相手）に敬意を表します）。

敬語は、語り手や作者が人物をどう扱っているかを示す言葉です。よって、敬語の使い方を見れば、主語が明示されていなくても、それはおのずと見えてくるのです。この古文読解の有効な手がかりを知らないのはもったいなさすぎるでしょう。

敬語の章

見出し語　26語
関 連 語　7語

290 □□

のたまふ〔宣ふ〕 ハ行四段
のたまはす〔宣はす〕 サ行下二段

「言ふ」の尊敬語は、「言いなさる」と訳さず、「おっしゃる」と訳します。「の給ふ」と表記されることもあります。

意味「のたまふ」＝「のたまはす」
敬意「のたまふ」＞「のたまはす」

1 **おっしゃる**〔「言ふ」の尊敬語〕

1 薩摩守《さつまのかみ》馬よりおり自《みづか》ら高らかに**のたまひ**けるは、（平家・巻七）

▼薩摩守（平忠度《たいらのただのり》）が馬から下り自《みずか》ら声高らかに〔**おっしゃっ**〕たのは、

1 などかうしも、あながちに**のたまはす**らむ。（源氏・紅葉賀）

▼（源氏《げんじ》の君は）どうしてこうも、無理に〔**おっしゃる**〕のだろうか。

「のたまふ」に助動詞「す」がついた「のたまはす」は、特に高貴な方が主語の場合に使います。

291 □□

仰《おほ》す サ行下二段

もとは「命じる」という意ですが、命令は上位者からなされるので、「ご命令になる」という尊敬の意を伴うようにもなり、さらに単に「言ふ」の尊敬語としても使われるようになりました。「らる」「給ふ」がついた「**仰せらる**」「**仰せ給ふ**」も「仰す」と訳は変わりません。

1 **命じる**
2 **ご命令になる**〔「命ず」の尊敬語〕
3 **おっしゃる**〔「言ふ」の尊敬語〕

関 仰せ（名詞）…お言葉・ご命令

2 「今さけぶものは何ものぞ。きつと見て参れ」と**仰せ**ければ、（平家・巻六）

▼「今叫ぶものは何だ。すぐに見て参れ」と〔**ご命令になっ**〕たので、

3 「少納言よ、香炉峰《かうろほう》の雪いかならむ」と**仰せ**らるれば、（枕・雪のいと高う降りたるを）

▼「清少納言よ、香炉峰の雪はどんなであろう」と（中宮様が）〔**おっしゃる**〕ので、

292

聞こゆ
聞こえさす

ヤ行下二段
サ行下二段

1 **申し上げる**〔「言ふ」の謙譲語〕
2 **(お)〜申し上げる**〔謙譲の補助動詞〕

関 聞こゆ（動詞）…（→P47）
1 聞こえる
2 評判になる
3 分かる

謙譲語「聞こゆ」には二通りの使い方があります。「聞こゆ」の直前に動詞がなかったら1、動詞があったら2です。

「聞こゆ」に助動詞「さす」がついた「聞こえさす」は、「聞こゆ」よりも相手に対する敬意が高くなります（そこが違うだけで、意味には違いはありません）。

1 《帝の最愛の女性である桐壺《きりつぼ》の更衣《こうい》が病に倒れ、療養のため宮中を退出することになった。意識もうすれがちな更衣を前にして帝は、》よろづのことを泣く泣く契りのたまはすれど、（桐壺の更衣は）御いらへもえ**聞こえ**給はず。（源氏・桐壺）

▼（帝が）あらん限りのことを涙ながらにお約束なさるけれども、（桐壺の更衣は）ご返答も〔**申し上げ**〕なさることができない。

1 「いかなりしことぞ」と（御息所《みやす(ん)どころ》が）問はせ給ひつれば、（わたしは）ありのままに**聞こえさせ**て、（源氏・夕霧）

▼「どうしたことなのか」と（御息所が）お尋ねになったので、（わたしは）ありのままに〔**申し上げ**〕て、

2 竹の中より（かぐや姫を）見つけ**聞こえ**たりしかど、（竹取・かぐや姫の昇天）

▼竹の中から（かぐや姫を）見つけ〔**申し上げ**〕たのだが、

2 （中宮様に）ありつる事を語り**聞こえさすれ**ば、（枕・返る年の二月二十五日に）

▼（中宮様に）さきほどのことを（わたしが）〔**お**〕話し〔**申し上げる**〕」と、

敬語動詞

例文音読・入試問題

293 □□

申《まう》す

サ行四段

「聞こゆ」と同じく、「言ふ」の謙譲語です。動詞に接続する場合は、補助動詞となります。

申す＝聞こゆ＝聞こえさす

1 **申し上げる**〔「言ふ」の謙譲語〕
2 **（お）～申し上げる**〔謙譲の補助動詞〕

1 参るまじくは、そのやうを**申せ**。（平家・巻一）
▼参上しないつもりならば、その理由を〔**申し上げよ**〕。

2 あはれにうれしくも会ひ**申し**たるかな。（大鏡・序）
▼感慨深くうれしいことにも（あなたに）〔**お**〕会い〔**申し上げ**〕たことよ。

「会ふ」という動詞に接続しているので、これは補助動詞です。

294 □□

奏《そう》す

サ行変格

「奏す」は「申し上げる」という謙譲語ですが、**相手が天皇**（まれに上皇・法皇）に限られます。

「上皇」とは、譲位した天皇、「法皇」とは、出家した上皇のことをいいます。

1 （帝《みかど》・上皇・法皇に）**申し上げる**〔「言ふ」の謙譲語〕

1 内侍《ないし》帰り参りて、この由《よし》を**奏す**。みかど聞こし召して、（竹取・御狩のみゆき）
▼内侍は（宮中に）帰参して、このことを〔**（帝に）申し上げる**〕。帝は（それを）お聞きになって、

「奏す」が文中にあったら、直前に「帝に」を補って読むことです。

次の例文のように「楽を奏す」という場合の「奏す」は「（音楽を）演奏する」の意です。これは敬語動詞ではありません。
◎文人《ぶんじん》詩を奉り、伶人《れいじん》楽を**奏し**て、（平家・巻二）
▼文人は漢詩を献上し、楽人《がくにん》は音楽を〔**演奏し**〕て、

295 □□ 啓《けい》す

サ行変格

「啓す」も「申し上げる」という謙譲語です。**相手が中宮**（天皇のお后《きさき》）**か東宮**（皇太子）かは、ケースバイケース（啓すバイ啓す）です。まず登場人物を確認しましょう。

1 （中宮《ちゅうぐう》・東宮《とうぐう》に）申し上げる〔「言ふ」の謙譲語〕

1 御前《おまへ》に参りて、ありつるやう**啓すれ**ば、（枕・大進生昌が家に）

▼（中宮の）御前に参上して、さきほどの様子を〔**（中宮に）申し上げる**〕と、

『枕草子《まくらのそうし》』の作者清少納言《せいしょうなごん》は、中宮定子《ていし》にお仕えしていたので、「啓す」とあれば、「中宮に申し上げる」の意です。

1 東宮《とうぐう》に参り給《たま》ひて、「真《まこと》にさぶらひけり」とて、したまひつるありさまを**啓せ**させ給へれば、（大鏡・兼家）

▼（藤原道長《ふじわらのみちなが》は）東宮御所に参上なさって、「事実でございました」と言って、（事実であることを確かめるためにご自分が）なさった振る舞いを〔**（東宮に）申し上げ**〕なさったところ、

296 □□ 承《うけたまは》る

ラ行四段

訳語に注意しましょう。

承る→お聞きする（謙譲語）
きこしめす→お聞きになる（尊敬語）

「お〜する」は謙譲語の訳、「お〜になる」は尊敬語の訳です。

1 お受けする・お聞きする〔「受く」「聞く」の謙譲語〕

1 《ご寵愛《ちょうあい》の深かった桐壺《きりつぼ》の更衣《こうい》を亡くした帝は、更衣の母へ参内するように勧める使者を遣わされたが、更衣の母はこう答えた。》

（帝の）かしこき仰《おほ》せ言《ごと》をたびたび**うけたまはり**ながら、みづからはえなむ思ひたまへ立つまじき。（源氏・桐壺）

▼（帝の）おそれ多いお言葉を何度も〔**お受けし（お聞きし）**〕ながら、わたし自身はとても（参内など）思いもよりません。

297 □□

給《たま》ふ

A ハ行四段

B ハ行下二段

敬語動詞の中でもっともよく使われるのが2の「給ふ」です。動詞や助動詞に接続して、動作主への敬意を表します。同じように動詞に接続しますが、まったく違う働きをするのが3です。**2と3は四段活用か、下二段活用かで区別**します。活用の違いをよく覚えてください。

	語幹	未然	連用	終止	連体	已然	命令
A 四段	たま	は	ひ	ふ	ふ	へ	へ
B 下二段	たま	へ	へ	(ふ)	ふる	ふれ	○

●は・ひ・ふ→尊敬
●ふる・ふれ→謙譲
●へ→活用形で判断（已然形・命令形→尊敬／未然形・連用形→謙譲）

A
1 **お与えになる・下さる**〔「与ふ」の尊敬語〕
2 **〜なさる・お〜になる**〔尊敬の補助動詞〕

B
3 **〜(ており)ます**〔謙譲の補助動詞〕

同 たぶ〔給ぶ〕(動詞)…1お与えになる・下さる 2〜なさる・お〜になる
たうぶ〔給ぶ〕(動詞)…1お与えになる・下さる 2〜なさる・お〜になる

1 大御酒《おほみき》**給ひ**、禄《ろく》**給は**むとて、遣《つか》はさざりけり。(伊勢・八三段)
▼(親王は)お酒を〔**下さり**〕、ほうびを〔**お与えになろ**〕うとして、(翁《おきな》を家に)お帰しにならなかった。

2 人目も今はつつみ**給は**ず泣き**給ふ**。(竹取・天の羽衣)
▼(かぐや姫は)人目も今は気がね〔**なさら**〕ないで泣き〔**なさる**〕。

3 内々《うちうち》に、思ひ**給ふる**さまを奏し給へ。(源氏・桐壺)
▼内々《ないない》に、(わたしの)思っ〔**ております**〕ことを帝《みかど》に申し上げてください。

「給ふる」はハ行下二段の「給ふ」の連体形です。

同 (光源氏《ひかるげんじ》は)そのわたりの山賤《やまがつ》まで物**たび**、(源氏・賢木)
▼(光源氏は)その近辺の身分の低い者にまで物を〔**お与えになり**〕、

同 もていまして、深き山に捨て**たうび**てよ。(大和・一五六段)
▼(姑《しゅうとめ》を)連れていらっしゃって、深い山に〔**お**〕捨て〔**になっ**〕てください。

「捨てたうびてよ」は「捨て給ひてよ」と同じです。「てよ」は完了の助動詞「つ」の命令形です。

298 □□

たまはす〔給はす・賜はす〕

サ行下二段

「たまふ」（右ページの1）に助動詞「す」がついた「たまはす」は、「たまふ」より高い敬意を表し、よりいっそう高貴な人が主語の場合に使われます。

1 **お与えになる**・下さる〔「与ふ」の尊敬語〕

1（帝は）中納言に琵琶《びは》、兵衛督《ひやうゑのかみ》に箏《さう》の琴、宰相《さいしやう》中将和琴《わごん》、源《げん》中将横笛、中務《なかつかさの》宮の少将笙《しやう》の笛など**たまはす**。（狭衣・巻一）

▼（帝は）権《ごんの》中納言に琵琶を、兵衛の督に箏の琴を、宰相中将に和琴を、源中将に横笛を、中務の宮の少将に笙の笛を〔**お与えになる**〕。

たまはす＝たまふ　たまはす≠たまはる

299 □□

たまはる〔賜はる・給はる〕

ラ行四段

次の**「たまはる」と混同しないように**注意してください。

2の尊敬語の意味もありますが、1の**謙譲語の意味のほうが断然重要**です。

1 **いただく**〔「受く」「もらふ」の謙譲語〕
2 お与えになる・下さる
〔「与ふ」の尊敬語〕〔鎌倉時代以降の用法〕

1 親王《みこ》たち上達部《かんだちめ》連ねて、（帝から）禄《ろく》ども品々《しなじな》に**賜はり**給ふ。（源氏・桐壺）

▼親王たちや上級貴族は立ち並んで、（帝から）ほうびなどを身分に応じて〔**いただき**〕なさる。

2（源《みなもとのよりとも》 頼朝は）備前《びぜん》の児島《こじま》を佐々木《ささき》に**賜はり**ける。（平家・巻十）

▼（源頼朝は）備前の児島を佐々木に（ほうびとして）〔**お与えになっ**〕た。

敬語動詞

例文音読・入試問題

300

□□

召《め》す

サ行四段

「召す」は多くの意味を持つ尊敬語です。しかし、1の意味で使うことが断然多いので、まずこれを覚えることです。ほかはそのつど、前後の文脈から考えていきましょう。目的語の確認がポイントです。

〈「召す」の意味の判別法〉

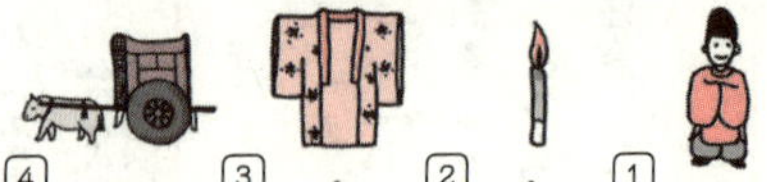

1 (人を側《そば》に)**お呼びになる**〔「呼ぶ」の尊敬語〕

2 (物を側に)**お取り寄せになる**〔「取り寄す」の尊敬語〕

3 **お召しになる**〔「着る」の尊敬語〕

4 **お乗りになる**〔「乗る」の尊敬語〕

5 **召し上がる**〔「食ふ」「飲む」の尊敬語〕

関 つかはす〔遣はす〕(動詞)
…1(人や物を)おやりになる〔「遣《や》る」の尊敬語〕
2 行かせる・やる(尊敬語ではない)

1 (宮は)右近《うこん》の尉《じょう》なる人を**召し**て、「忍びて物へゆかむ」とのたまはすれば、(和泉式部)

▼(帥《そち》の宮《みや》は)右近の尉である人を〔**お呼びになっ**〕て、「ひそかに例の所へ行こう」とおっしゃるので、

2 (柏木《かしわぎ》は)紙燭《しそく》**召し**て、御返《かへ》り見給《たま》へば、(源氏・柏木)

▼(柏木は)紙燭(＝照明用具)を〔**お取り寄せになっ**〕て、(女《おんな》三宮《さんのみや》からの)ご返事を御覧になると、

3 青色の御唐衣《からぎぬ》、蝶《てふ》をいろいろに織りたりし**召し**たりし、いふかひなくめでたく、(建礼門院)

▼萌葱《もえぎ》色の唐衣(に)、蝶《ちょう》をさまざまに織り出したのを〔**お召しになっ**〕ていたのは、言いようもなくすばらしく、

4 御輿《おんこし》に**召し**て、福原《ふくはら》へ入《い》らせおはします。(平家・巻四)

▼(高倉《たかくら》上皇は)輿《こし》に〔**お乗りになっ**〕て、福原へお入りになる。

「輿」(→P291)は、お祭りの「御神輿《おみこし》」の形をした乗り物です。

301 □□

思《おぼ》す・思《おぼ》し召《め》す

サ行四段

「思《おも》ふ」に奈良時代の尊敬の助動詞「す」がついたのが「思《おぼ》ほす」で、それが「思す」となり、さらに尊敬を高める「召す」がついたのが、「思し召す」です。

1 お思いになる〔「思ふ」の尊敬語〕

同 思《おも》ほす（動詞）…お思いになる

1 ほど経《ふ》るままに、せむ方《かた》なう悲しう**おぼさるる**に、（源氏・桐壺）

▼時がたつにつれて、どうしようもなく悲しく〔**お思いになる**〕が、

1 院も聞こし召しつけていかに**思し召さ**むと、（源氏・若菜下）

▼院も聞きつけなさってどのように〔**お思いになる**〕だろうかと、

302 □□

おほとのごもる〔大殿籠る〕

ラ行四段

「大殿《おほとの》」とは邸宅の中心的な建物である「寝殿《しんでん》」のこと。そこに主人が「籠《こも》る」のが「大殿籠る」です。「御殿籠《おんとのごも》る」と表記されることもあります。

1 おやすみになる〔「寝《ぬ》」「寝《い》ぬ」の尊敬語〕

同 おんとのごもる〔御殿籠る〕（動詞）…おやすみになる

1 夜《よ》いたく更《ふ》けて、御前《おまへ》にも**大殿ごもり**、人々みな寝《ね》ぬるのち、（枕・心にくき物）

▼夜もたいそう更けて、中宮も〔**おやすみになり**〕、女房たちもみな寝てしまったあとで、

「御前」は「宮《みや》の御前」、つまり中宮定子《ていし》のことですが、「御前にも」を「中宮にも」と訳しても後とうまくつながりません。しかし「中宮も」と訳すとぴったりです。このように「～には」「～にも」の形で、「～」の部分に高貴な人物がくる場合、「に」は主格を表すことがあることを知っておいてください。

303 □□

さぶらふ・さうらふ〈候ふ〉〈候ふ〉

ハ行四段

1 （貴人の側《そば》に）**お仕え申し上げる**・伺候《しこう》する〔「仕ふ」の謙譲語〕
2 **あります**・おります〔「あり」「をり」の丁寧語〕
3 ～です・**～（でござい）ます**〔丁寧の補助動詞〕

「さぶらふ」や「はべり」を平気で「いらっしゃる」と訳す人がたくさんいますが、「いらっしゃる」は尊敬語の訳です。**「さぶらふ」にも「はべり」にも尊敬語の用法はありません。**

もともと謙譲語（1の意味）ですが、鎌倉時代以降は丁寧語として使うほうが多いので、2と3の意味・用法もしっかりと覚えておきましょう。

1 （わたしは）宮《みや》の御前《おまへ》近く**さぶらひ**て、もの啓《けい》しなど、（枕・五月の御精進のほど）
▼（わたしは）中宮様のお側《そば》に〔**お仕え申し上げ**〕て、何か申し上げたりなど、

帝《みかど》や中宮の側に女房が「さぶらふ」とか、主人の側に家来が「さぶらふ」という場合は、「お仕え申し上げる」という意の謙譲語です。

2 （都には）物語の多く**さぶらふ**なる、ある限り見せたまへ。（更級）
▼（都には）物語がたくさん〔**あります**〕とかいう（＝あるとかいうことです）、（それらを）すべて見せてください。

人ではなく「物語」が主語ですから、「あります」の訳になります。

3 西国にて左の中将殿失《う》せさせ給《たま》ひ**さうらひ**ぬ。（平家・巻十）
▼西国で左中将殿はお亡くなりになり〔**まし**〕た。

動詞に接続する「候ふ」は丁寧の補助動詞です。

3 さやうのことに心得たる者に**候ふ**。（徒然・一八四段）
▼そのようなことは得意な者で〔**ございます**〕。

「候ふ」の前の「に」は、断定の助動詞「なり」の連用形です。

304 □□

はべり〔侍り〕

ラ行変格

1 〔貴人の側に〕お仕え申し上げる・伺候する〔「仕ふ」の謙譲語〕

2 あります・おります〔「あり」「をり」の丁寧語〕

3 ～です・～(でござい)ます〔丁寧の補助動詞〕

「はべり」の意味は「さぶらふ」と同じです。もともと謙譲語なので、その意味も知っておく必要がありますが、**丁寧語としての用法が主**です。

現代語では「あります・ございます」「～です・～ます」が丁寧語ですが、それに相当するのが「候ふ」と「侍り」なのです。

貴人に人が「候ふ」「侍り」
←1 お仕え申し上げる

貴人なしで人・物が「候ふ」「侍り」
←2 おります・あります

1 夕《ゆふ》さりまで（帝の側に）**はべり**てまかり出《い》でける折《をり》に、（古今・三九七）

▼夕方まで（帝の側に）〔**お仕え申し上げ**〕て退出したときに、

身分の高い人がいて、そこにわたし、もしくは誰かが「はべり」とあったら、「お仕え申し上げる」とまず訳してみることです。

2 おのがもとにめでたき琴《きん》**はべり**。（枕・無名といふ琵琶の御琴を）

▼わたしの所にすばらしい琴《きん》の琴《こと》が〔**あります**〕。

「琴」はお仕えしませんから、「あります」という丁寧語の訳になります。

3 かの撫子《なでしこ》のらうたく**侍り**しかば、（源氏・帚木）

▼あの愛《いと》し子《ご》がかわいく〔**ございまし**〕たので、

このように補助動詞の「侍り」は形容詞に接続するものもあります。

3 その北《きた》の方《かた》なむ、なにがしが妹に**はべる**。（源氏・若紫）

▼その（大納言の）北の方（＝夫人）は、わたしの妹で〔**ございます**〕。

「はべる」の前の「に」は、断定の助動詞「なり」の連用形です。

例文音読・入試問題

305

□□

奉《たてまつ》る

ラ行四段

1 **差し上げる**〔「与ふ」の謙譲語〕
2 **（お）〜申し上げる**〔謙譲の補助動詞〕
3 **お召しになる**〔「着る」の尊敬語〕
4 **召し上がる**・お飲みになる〔「食ふ」「飲む」の尊敬語〕
5 **お乗りになる**〔「乗る」の尊敬語〕

よく使われるのは、謙譲語の1・2です。1と2の区別は簡単で、動詞や助動詞に接続するものは2、そうでないものは1です。

「たてまつる」の**主語が身分の高い人の場合は**、3・4・5の意味をあてはめてみてください。

〈尊敬語「奉る」の判別法〉

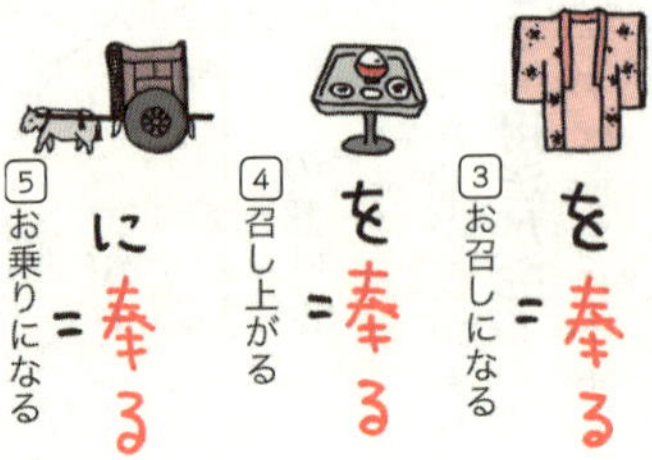

1 聖《ひじり》、（光源氏《ひかるげんじ》に）御守りに独鈷《とこ》**たてまつる**。（源氏・若紫）
▼高僧は、（光源氏に）お守りとして独鈷《どっこ》（＝仏具）を〔**差し上げる**〕。

2 仏をさへうらみ**奉る**は、いみじう愚かなり。（発心・第五・六）
▼仏までも恨み〔**申し上げる**〕のは、たいそう愚かである。

3 **奉れ**る御単衣《ひとへ》の御衣《おんぞ》をかづけさせ給《たま》へりけり。（大和・一六一段）
▼（后《きさい》の宮は）〔**お召しになっ**〕ていた単衣《ひとえ》のお着物を（在《ざい》中将にほうびとして）お与えになった。

4 天人言ふ、「壺《つぼ》なる御薬**たてまつれ**」、（竹取・天の羽衣）
▼天人が（かぐや姫に）言う、「壺の中のお薬を〔**召し上がれ**〕」、

5 女御《にょうご》殿、対《たい》の上《うへ》は、一つに**奉り**たり。次の御車には明石《あかし》の御方、尼君忍びて乗りたまへり。（源氏・若菜下）
▼女御殿と対の上は、同じ車に〔**お乗りになっ**〕た。次の車には明石の御方と尼君が、人目を忍んでお乗りになった。

306 □□

参《まゐ》らす

サ行下二段

1 **差し上げる**〔「与ふ」の謙譲語〕
2 **(お)〜申し上げる**〔謙譲の補助動詞〕

「参らす」は**「参る」とはまるで違う敬語**だと、はっきり意識している人は少ないようです。下の「参らせ給《たま》ふ」の解釈で示しているように、確かにまぎらわしいところはありますが、「参らす」という謙譲語があることをしっかり頭に入れてください。

〈本動詞の場合〉
参らす＝奉る } 差し上げる

〈補助動詞の場合〉
参らす＝奉る＝聞こゆ＝申す } (お)〜申し上げる

1 《清少納言《せいしょうなごん》が実家にしばらく引き籠《こも》っていると、中宮から、よく知られた和歌の下《しも》の句を引いて、早く出仕せよとのお便りがあった。》御返りごと書きて**まゐらせ**むとするに、この歌の本《もと》、さらに忘れたり。（枕・殿などのおはしまさでのち）

▼（わたしは）お返事を書いて（中宮様に）〔**差し上げ**〕ようとするが、（中宮様が下さった和歌の）上《かみ》の句を、まったく忘れて思い出せなかった。

2 女院《にようゐん》御涙をながさせ給へば、つき**参らせ**たる女房たちも、みな袖をぞしぼられける。（平家・灌頂巻）

▼女院《にょいん》が涙をお流しになると、〔**お**〕付き〔**申し上げ**〕ていた女房たちも、みな袖を絞りなさった（＝ひどく悲しんで泣きなさった）。

◉ **「参らせ給ふ」の四通りの解釈**

① 「参らせ」＋「給ふ」 → **「差し上げなさる」**
② 「参ら」＋「せ（尊敬）」＋「給ふ」 → **「参上なさる」**
③ 「参ら」＋「せ（使役）」＋「給ふ」 → **「参上させなさる」**
④ （動詞）＋「参らせ」＋「給ふ」 → **「〜申し上げなさる」**

※**①か②が普通**です。「何かを・誰かを」という目的語をもつ場合は①か③です。

307

まゐる〔参る〕 まうづ〔詣づ〕

ラ行四段
ダ行下二段

1 **参上する**〔「行く」「来」の謙譲語〕
※「まうづ」は1の意味のみ
2 （貴人に何かをして）**差し上げる**〔「与ふ」「す」の謙譲語〕
3 **召し上がる**〔「食ふ」「飲む」の尊敬語〕

「参る」はまず1で訳します。

次に、「参上する」では不適当な場合（例えば「酒参る」といった場合）、「酒を（ついで）差し上げる」とか「酒を召し上がる」といった2や3の意味を考えればいいのです。2の例に**「御格子《みかうし》参る」**があります。女房が主人のために**「格子をお上げ（お下げ）する」**という意です。また、**「大殿油《おほとなぶら》参る」**は**「灯火をおつけする」**という意です。つまり2は「敬意を伴った名詞（ほとんど「御＋名詞」）＋参る」という形をとります。

1 宮に初めて**参り**たるころ、（枕・宮にはじめてまゐりたるころ）

▼（わたしが）中宮様のもとに初めて〔**参上し**〕たころ、

「参る」対象が寺社の場合、「お参りする・参詣する」と訳します。

1 泉《いづみ》の大将《たいしやう》、故左の大殿《おほいどの》に**まうで**給《たま》へりけり。（大和・一二五段）

▼泉の大将は、今は亡き左大臣邸に〔**参上**〕なさった。

2 （光源氏《ひかるげんじ》は女房に）とく**御格子参ら**せ給ひて、朝霧をながめ給ふ。（源氏・朝顔）

▼（光源氏は女房に朝）早く〔**格子をお上げ**〕させなさって、朝霧（の立ちこめた庭）を御覧になる。

「御格子参る」は、朝明るくなるころだと「格子をお上げする」、夕方暗くなるころだと「格子をお下げする」と訳します。「御格子参らせ」の「せ」は使役の助動詞です。

2 親王《みこ》に馬《むま》の頭《かみ》、大御酒《おほみき》**まゐる**。（伊勢・八二段）

▼親王に馬《うま》の頭（＝在原業平《ありわらのなりひら》）は、お酒を（ついで）〔**差し上げる**〕。

3 泉の大将、（中略）外《ほか》にて酒など**まゐり**、酔《ゑ》ひて、（大和・一二五段）

▼泉の大将は、（中略）よそで酒など〔**召し上がり**〕、酔《よ》って、

308 □□

まかる〈罷る〉 ラ行四段
まかづ〈罷づ〉 ダ行下二段

「ま**ゐ**る」の「ゐ」、「ま**う**づ」の「う」を、「か」に変えると、「ま**か**る」「ま**か**づ」になります。

「まかる・まかづ」は、「退出する」という訳ですべてかたづくわけではありません。「〈都から地方へ〉下る」という意味や単にどこかに「出かけます・参ります」という使い方もあります。

1 〈貴所から〉**退出する**・〈都から地方へ〉赴く・下る〈「出《い》づ」「行く」の謙譲語〉

2 出かけます・参ります〈「行く」の丁寧語〉

3 〈動詞の上につき、謙譲や丁寧の意を表す〉〈特に訳さなくてよい〉※「まかづ」には3の用法なし

1 **まかで**なむとし給ふを、暇《いとま》さらに許させ給はず。(源氏・桐壺)

▼〈御息所《みやすんどころ》は〉〈**退出し**〉ようとなさるが、〈帝《みかど》は〉休むことをまったくお許しにならない。

2 人のもとに**まかれ**りける夜、(古今・一九六・詞書)

▼ある人〈=友人〉のもとに〈**出かけまし**〉たその夜、

3 娘に**まかり**おくれて、またの年の春、桜の花盛りに、(拾遺・一二七四・詞書)

▼娘に先立たれて、次の年の春、桜の満開のときに、

「まかり」の下に動詞がついていたら、「まかり」を訳さず、飛ばして読んでください。例えば「中納言にまかりなる」とはただ「中納言になる」ということを丁寧に言ったに過ぎないのです。

309 □□

あそばす〈遊ばす〉 サ行四段

何かを「なさる」という尊敬語です。「和歌あそばす」なら「和歌を**詠みなさる**」と、具体的な動作を補って訳します。

1 〈何かを〉**なさる**〈「す」の尊敬語〉

1 御格子《みかうし》あげさせて、御琵琶《おんびは》**あそばさ**れけるところに、(平家・巻五)

▼格子を上げさせて、琵琶を〈**弾きなさっ**〉ていたところに、

例えば、「碁《ご》あそばす」なら「碁を打ちなさる」、「手跡《て》うつくしうあそばす」なら「文字を美しく書きなさる」と訳します。

310 □□

つか(う)まつる〈仕(う)まつる〉

ラ行四段

1 **お仕え申し上げる**〈「仕《つか》ふ」の謙譲語〉
2 **いたす・(何かを)し申し上げる**〈「す」の謙譲語〉
3 **(お)～申し上げる**〈謙譲の補助動詞〉

「**貴人に**つか(う)まつる」という場合は、「つか(う)まつる」は「お仕え申し上げる」と訳しますが、そのほかは、**何を「つか(う)まつる」かで、そのつどふさわしい訳を**しなくてはなりません。

〈「○○つかうまつる」の訳〉

1 堀河《ほりかは》の左大臣殿は、御社《みやしろ》まで(中宮に)**つかまつら**せ給《たま》ひて、(大鏡・道長下)

▼堀河の左大臣殿は、神社まで(中宮に)〔**お仕え申し上げ**〕なさって、

2 京極《きやうごく》の御息所《みやす(ん)どころ》、亭子院《ていじのゐん》の御賀《が》**仕うまつり**給ふとて、(大和・三段)

▼京極の御息所が、亭子院《いん》(宇多《うだ》法皇)の(六十歳の)お祝いを〔**し申し上げ**〕なさるということで、

「御賀す(お祝いをする)」の謙譲表現が、「御賀仕うまつる(お祝いをし申し上げる〈=お祝いをして差し上げる〉)」です。

2 箏《さう》の琴《こと》**つかうまつり**給ふ。(源氏・花宴)

▼(光源氏《ひかるげんじ》は)箏の琴を〔**お弾き申し上げ**〕なさる。

2 「和歌一つづつ**仕うまつれ**。さらば許さむ」とのたまはす。(紫式部)

▼「和歌を一首ずつ〔**お詠み申し上げよ**〕(=お詠みせよ)。そうしたら許そう」と(道長《みちなが》公が)おっしゃる。

「歌つかうまつる」は「歌をし申し上げる」、すなわち「歌を(誰かのために)お詠み申し上げる」ということです。

311 聞《き》こし召《め》す

サ行四段

尊敬語として1と2の使い方がありますが、1のほうがよく使われます。**謙譲語の「聞こえさす」と混同しないように**しましょう。

聞こし召す → 「聞く」の尊敬語（お聞きになる）
聞こえさす → 「言ふ」の謙譲語（申し上げる）

1 **お聞きになる**〔「聞く」の尊敬語〕
2 **召し上がる**・お飲みになる〔「食ふ」「飲む」の尊敬語〕

1 笑ひののしるを、上《うへ》にも**聞こしめし**て渡りおはしましたり。（枕・うへにさぶらふ御ねこは）

▼（女房たちが）笑って大騒ぎするのを、帝《みかど》も〔**お聞きになっ**〕て（そちらへ）お越しになった。

2 夜昼（尼君を）恋ひ聞こえ給ふに、（姫君は）はかなき物も**きこしめさず**。（源氏・若紫）

▼夜も昼も（尼君を）恋しく思い申し上げなさるので、（姫君は）ちょっとした食べ物も〔**召し上がら**〕ない。

312 しろしめす

サ行四段

「しろしめす」は「知る」の尊敬語ですが、「知る」には「治める」の意もありますので、その尊敬語でもあります。使う頻度の低い敬語です。

1 **知っていらっしゃる**〔「知る」の尊敬語〕
2 **お治めになる**〔「治める」という意の「知る・治《し》る」の尊敬語〕

1 御心には**しろしめし**てや、知らず顔を作らせ給ひけむ。（源氏・若菜下）

▼お心の中では〔**知っていらっしゃっ**〕て、知らないふりをなさっていたのだろうか。

2 天皇《すべらぎ》の、天《あめ》の下《した》**しろしめす**こと、（古今・仮名序）

▼（醍醐《だいご》）天皇が、天下を〔**お治めになる**〕ことは、

313 □□

おはす
おはします

サ行変格　サ行四段

1 **いらっしゃる**〔「あり」「行く」「来」の尊敬語〕
2 **〜（て）いらっしゃる**〔尊敬の補助動詞〕
※「おはす」はサ行四段またはサ行下二段活用という説もある

「おはす・おはします」は、**いつも「いらっしゃる」**と訳しておけばすみますが、その内容はいろいろあるので、違いをよく理解しておいてください（例文参照）。

動詞・形容詞・形容動詞と尊敬や断定の助動詞に接続する場合、補助動詞になります。

〈訳は「いらっしゃる」でも〉
ここにおはす（ここにいらっしゃる）→「あり」
こなたへおはす（こちらへいらっしゃる）→「来」
あなたへおはす（あちらへいらっしゃる）→「行く」

1 昔、惟喬《これたか》の親王《みこ》と申す親王**おはしまし**けり。（伊勢・八二段）
▼昔、惟喬の親王と申し上げる親王が〔**いらっしゃっ**〕た。

この「おはします」は「あり」の尊敬語です。

1 門《かど》をたたきて、「庫持《くらもち》の皇子《みこ》**おはし**たり」と告ぐ。（竹取・蓬萊の玉の枝）
▼門をたたいて、「庫持の皇子が〔**いらっしゃっ**〕た」と告げる。

この「おはす」は「来」の尊敬語です。

2 上《うへ》も聞こしめして、興《きよう》ぜさせ**おはしまし**つ。（枕・五月ばかり）
▼帝《みかど》もお聞きになって、おもしろがっ〔**ていらっしゃっ**〕た。

「おはしまし」の前の「させ」は尊敬の助動詞です。「〜させおはします」は、「〜させ給ふ」と同じく二重尊敬を表し、「〜なさる・〜（て）いらっしゃる」と訳します。

2 （光源氏《ひかるげんじ》が）世に知らず聡《さと》うかしこく**おはすれ**ば、（源氏・桐壺）
▼（光源氏が）世に例がないほど聡明《そうめい》で優れ〔**ていらっしゃる**〕ので、

このように形容詞の連用形に接続し、動作・存在を表さない場合は、補助動詞になります。

314 □□

います・ます・まします　サ行四段

いますかり　ラ行変格

現代語では「ます・います」は丁寧語ですが、**古文では尊敬語**ですから、注意してください。訳は「ます・います」ではなく、「いらっしゃる」です。

現代語の「います」→丁寧語
≠
古語の「います」→尊敬語

1 **いらっしゃる**〔「あり」「行く」「来」の尊敬語〕
2 **〜(て)いらっしゃる**〔尊敬の補助動詞〕
※「いますがり」「いまそかり」「いまそがり」などの形もある

1 福原《ふくはら》の新都に**まします**人々、名所の月を見んとて、（平家・巻五）
▼福原の新しい都に〔**いらっしゃる**〕人々は、名所の月を見ようとして、

この「まします」は「あり」の尊敬語です。

1 2 右大将に**いまそがり**ける藤原《ふぢはら》の常行《つねゆき》と申す、**いまそがりて**、（伊勢・七七段）
▼右大将で〔**いらっしゃっ**〕た藤原の常行と申し上げる方が、〔**いらっしゃっ**〕て、

初めの「いまそがり」は補助動詞、後のは「来」の尊敬語です。

315 □□

御覧《ごらん》ず　サ行変格

この敬語編、
いまー度よーく
御覧ぜよ！

「御覧ず」の「ず」は打消の助動詞ではありません。「御覧ず」で一語です。

1 **御覧になる**〔「見る」の尊敬語〕

関 御覧ぜさす（連語）…ご覧に入れる・お目に掛ける

1（小督《こごう》の失踪《しっそう》後、帝は）夜は南殿《なでん》に出御《しゅつぎょ》なつて、月の光を**御覧じて**ぞなぐさませ給《たま》ひける。（平家・巻六）
▼（小督の失踪後、帝は）夜は紫宸殿《ししんでん》にお出ましになり、月の光を〔**御覧になっ**〕てお心をなぐさめなさった。

敬語動詞

例文音読・入試問題

重要敬語動詞と主な意味・用法

① 尊敬語（本動詞の用法のみのもの）

動詞	もとの動詞	訳例
のたまふ・のたまはす［下二段］・仰《おほ》す［下二段］	言ふ	おっしゃる
思《おぼ》す・思《おぼ》し召《め》す・思《おも》ほす	思ふ	お思いになる
御覧《ごらん》ず［サ変］	見る	御覧になる
聞《き》こし召《め》す	聞く	お聞きになる
	食ふ・飲む	召し上がる
おほとのごもる	寝《ぬ》・寝《い》ぬ	おやすみになる
しろしめす	知る	知っていらっしゃる
	知る・治《し》る	お治めになる
たまはす［下二段］	与ふ	お与えになる
召《め》す	呼ぶ	お呼びになる
	取り寄す	お取り寄せになる
	着る	お召しになる
	乗る	お乗りになる
	食ふ・飲む	召し上がる

動詞	もとの動詞	訳例
あそばす	す	なさる
つかはす	遣《や》る	おやりになる

② 尊敬語（本動詞と補助動詞の用法があるもの）

動詞	もとの動詞	訳例
たぶ・たうぶ	与ふ	お与えになる・下さる
	補助動詞	～なさる・お～になる
おはす［サ変］・おはします	あり・行く・来《く》	いらっしゃる
	補助動詞	～(て)いらっしゃる
います・ます・まします・いますかり［ラ変］	あり・行く・来	いらっしゃる
	補助動詞	～(て)いらっしゃる

③ 謙譲語（本動詞の用法のみのもの）

動詞	もとの動詞	訳例
承《うけたまは》る	受く・聞く	お受けする・お聞きする
たまはる	受く・もらふ	いただく
奏《そう》す［サ変］	言ふ	（帝《みかど》に）申し上げる
啓《けい》す［サ変］	言ふ	（中宮・東宮に）申し上げる
まうづ［下二段］	行く・来	参上する
まかる／まかづ［下二段］	出《い》づ・行く	（貴所から）退出する

④ 謙譲語（本動詞と補助動詞の用法があるもの）

動詞	もとの動詞	訳例
申《まう》す／聞こゆ［下二段］／聞こえさす［下二段］	言ふ	申し上げる
	補助動詞	（お）〜申し上げる
参《まゐ》らす［下二段］	与ふ	差し上げる
	補助動詞	（お）〜申し上げる
つか（う）まつる	仕ふ	お仕え申し上げる
	す	し申し上げる
	補助動詞	（お）〜申し上げる

⑤ 尊敬語または謙譲語になるもの

動詞			もとの動詞	訳例
まゐる	本	尊	食ふ・飲む	召し上がる
		謙	行く・来	参上する
奉《たてまつ》る	本	尊	着る	お召しになる
			食ふ・飲む	召し上がる
			乗る	お乗りになる
		謙	与ふ	差し上げる
	補	謙	補助動詞	（お）〜申し上げる
給ふ	本	尊	与ふ	お与えになる・下さる
	補 四段	尊	補助動詞	〜なさる・お〜になる
	補 下二段	謙	補助動詞	〜（ており）ます

⑥ 謙譲語または丁寧語になるもの

動詞			もとの動詞	訳例
はべり［ラ変］／さぶらふ／さうらふ	本	謙	仕ふ	お仕え申し上げる・伺候《しこう》する
		丁	あり・をり	あります・おります
	補	丁	補助動詞	〜です・〜（でござい）ます

長文問題　大鏡〈時平〉

本文のうち、敬語の章で学習した語を**赤太字**にしています。確認しながら読んでみましょう。

1（この左大臣は）物のをかしさをぞ、え念ぜさせ**給《たま》は**ざりける。2笑ひたたせ**給ひ**ぬれば、すこぶる事も乱れけるとか。3*北野《きたの》と世をまつりごたせ**給ふ**間、非道なることを**仰せ**られければ、さすがにやむごとなくて、せちにし**給ふ**ことを、いかがはと**思《おぼ》し**て、「この大臣《おとど》のし**給ふ**ことなれば、不便《ふびん》なりと見れど、いかがすべからむ」と嘆き**給ひ**けるを、なにがしの*史《し》が、「ことにも**侍《はべ》ら**ず。おのれかまへてかの御事をとどめ**侍らむ**」と**申し**ければ、「いとあるまじきこと。いかにして」など**のたまはせ**けるを、「ただ**御覧ぜよ**」とて、*座につきて、事きびしく定めののしり**給ふ**に、この史、*文刺《ふんさし》に文はさみて、いらなくふるまひて、この大臣に**奉《たてまつ》る**とて、いと高やかに*ならして**侍り**けるに、大臣文もえ取らず、手わななきて、やがて笑ひて、「今日は術《ずち》なし。

訳

1（この左大臣は）ものごとの滑稽さを、我慢することが〔**お**〕でき〔**になら**〕なかった。2（いったん）笑い出し〔**なさっ**〕てしまうと、ずいぶんとものごとが乱れたとか（いうことです）。3北野（＝右大臣菅原道真）と（一緒に）世を治め〔**なさっ**〕ていたときに、（左大臣が）理にかなわないことを〔**おっしゃっ**〕たので、なんといってもやはり（左大臣は）重々しく、（その人が）無理やりに〔**なさる**〕ことを、（北野は）どうして（止められようか）と〔**お思いになっ**〕て、「この左大臣が〔**なさる**〕ことであるので、不都合だと思うけれども、どうすることができようか（いや、できはしない）」と嘆き〔**なさっ**〕ていたところ、なんとかという主典が、「（たいした）ことでも〔**ありませ**〕ん（＝簡単なことです）。わたしが必ずあの（左大臣のなさる）ことを止め〔**まし**〕ょう」と〔**申し上げ**〕たので、（北野は）「とてもできるはずもないことだ。どうして（そんなことができようか）」などと〔**おっしゃっ**〕たが、（主典は）「まあとにかく（黙って）〔**御覧になっていてください**〕」と言って、（左大臣が）座について、議案を厳しく裁定して大声を上げ〔**なさっ**〕ていると、この主典が、文ばさみに書類をはさんで、（わざと）大げさに振る舞って、この左大臣に（書類を）〔**差し**

右の大臣に任せ**申す**」とだにいひやり**給は**ざりければ、それにこそ、菅原の大臣、御《み》心《こころ》のままにまつりごち**給ひ**けれ。

4また、北野の神にならせ**給ひ**て、いと恐ろしく神なりひらめき、清涼殿《せいりやうでん》に落ちかかりぬと見えけるが、*本院《ほんゐん》の大臣、太刀《たち》を抜きさけて、「生きても我がつぎにこそものし**給ひ**しか。今日神となり**給へ**りとも、この世にはわれに所おき**給ふ**べし。いかでかさらではあるべきぞ」と、にらみやりて、**のたまひ**ける。5一度はしづまらせ**給へ**りけりとぞ、世の人**申し** **侍り**し。6されどそれは、かの大臣のいみじう**おはする**にはあらず、*王威《わうゐ》の限りなく**おはします**によりて、*理非をしめさせ**給へ**るなり。

〔注〕北野――右大臣菅原道真《すがわらのみちざね》。　史――太政官の主典《さかん》で、文書を扱う役人。　座――宮中で公事《くじ》のとき、公卿《くぎょう》が列座する座席。　文刺――文書をはさんで貴人に差し出すための杖。　ならして――「ならす」は放屁《ほうひ》すること。　本院の大臣――左大臣時平のこと。　王威――帝の権威・威光。　理非――正しい筋道。分別。

上げる〕という（まさにその）ときに、たいそう音高く放屁し〔**まし**〕たので、左大臣は書類も（手に）取ることもできず、手が震えて、そのまま笑って、「今日はどうしようもない。右大臣に（政務は）任せ〔**申し上げる**〕」とさえ言い終え〔**なさら**〕なかったので、そのことによって、菅原の大臣が、お思いどおりに政務を執り行い〔**なさっ**〕た。

4また、北野が雷神に〔**お**〕なり〔**になっ**〕て、とても恐ろしく雷が鳴り（稲妻が）光って、（宮中の）清涼殿に落ちかかったと見えたが、本院の大臣（＝左大臣時平《ときひら》）が、太刀を抜き放って、「（あなたは）生前もわたしの次（の位）であり〔**なさっ**〕た。（たとえ）今雷神になり〔**なさっ**〕ているとしても、この現世ではわたしに対して遠慮〔**なさる**〕べきである。どうしてそうでなくてあってよいだろうか（いや、よいはずがない）」と、（雷の方を）にらみやって、〔**おっしゃっ**〕た。5（すると、その時）一度だけは（雷神も）鎮《しず》まり〔**なさっ**〕たと、世間の人が〔**申し上げ**〕〔**まし**〕た。6しかしそれは、あの（本院の）大臣が立派で〔**いらっしゃる**〕のではなく、帝《みかど》のご威光がこの上なく〔**いらっしゃる**〕（からな）ために、（道真公の霊が、朝廷で定めなさった官位の順序を乱してはならないという）分別を示し〔**なさっ**〕たのである。

生徒に質問されることがあります。「文法と重要語句をきちんと勉強したのに、本文が読めません（問題が解けません）。どうしてでしょうか」。その問いにはこう答えるしかありません。「それは当たり前のことだよ」

日記の中で最初に成立した『**土佐日記**』を例に挙げましょう。「いかでとく京へもがな」という一文があります。この訳を問うた大学がありました。「いかで」（→P120）も「とし」（→P87）も重要語句で本書にも掲載されています。「もがな」は願望の終助詞です。そのまま逐語訳をすれば「何とかして早く京へ〜たい」となり、「〜」に適する語を考えれば「行く」と答えたいところです。しかし、『土佐日記』は紀貫之《きのつらゆき》が土佐の国司の任期を終え、土佐から久し振りに京へ帰る五十五日間の船旅を中心とした日記。筆者は望郷の念を抱いています。つまり、「行く」ではなく、「帰る」や「戻る」でなくてはなりません。また帰京後にこんな描写があります。「船人も、みな子たかりてののしる」。同じ船に乗ってきた部下たちも、子どもが寄ってたかって大騒ぎをしているのです。やっと故郷に帰ってきた喜びにあふれています。ところが、それを目にした貫之は悲しみに堪えきれず歌を詠みます。なぜでしょう。貫之は最愛の娘を土佐で亡くしていたのです。『土佐日記』には前述の望郷の念と亡き子への哀惜の念が綴《つづ》られています。日記はどういう動機で書かれたのか、その背景知識が無くては読解は成り立ちません。

続いても日記から入試問題を引きましょう。

問　本文中の「殿」とは誰のことをいうのか。その姓名を答えよ。

「これだけでは分かりません」。当然です。では出典名を確認しましょう。『**紫《むらさき》式部《しきぶ》日記**』。これで「殿」は確定します。解答は「藤原道長《ふじわらのみちなが》」。『紫式部日記』における「殿」とは「藤原道長」のことなのです。では、道長と筆者との関係を知っていますか。道長は筆者の仕える主人（中宮彰子《しょうし》）の父親です。日記は説話などと異なり、登場人物を紹介してくれません。よって主な登場人物とその呼称（呼び名）、筆者との関係なども知っておかなくては右のような入試問題のみならず、主体判定、読解もままなりません。取り分け、日記というジャンルは読解の前提となる背景知識が必要なのです。

歴史物語といえば『**栄花物語**』と『**大鏡**』。二作品とも藤原道長のことを描いていますが、その姿勢には大きな違いがあります。洋の東西を問わず、古くから権力者のことを記した歴史書というものは、扱われた人物の生きていた時代に近いほどその人物に寄り添った内容になるものです。記述しているのはそれなりの教養や立場を持った人で、その職は為政者の庇護《ひご》のもとに成り立っている場合がほとんどだからです（褒めなければクビになっちゃいますからね)。ところが時代が下ると為政者の影響力から離れた人が描くようになります。そこにはフェアな視点が生まれます。是是非非《ぜぜひひ》(よいことはよい、悪いことは悪いと公平な判断を下すこと)の態度で記されるようになるのです。歴史は時間によって冷却され、客観視されていきます。『栄花物語』では道長のことを褒めそやすことが多く、批判することはありません。それに対して後に成立した『大鏡』では評価することもあれば、酷評することもあるのです。このことでそれぞれの作品の読解の方向性が定まります。さらに内容合致問題では選択肢の絞り込みにつながることもあります。『栄花物語』のそれにおいては道長を否定している選択肢は消去されるのです。

注意してほしいのは随筆です。表向きのジャンルと実質的ジャンルが異なる場合が多いからです。例えば**『徒然草』**。随筆以外に説話や評論的な内容の文章も含まれます。**『玉勝間』**は評論が主流で、特に学説論(=学問上の説に関わる評論)が入試に出題されます。**『枕草子』**は随想的章段、類聚《るいじゅう》的章段、日記的章段で構成されていますが、おおよそ入試に出されるのは日記的章段です。よって前述の日記における読解法が必要で、登場人物に使用される敬語などから主体判定をしなくてはなりません。

最後に私の恥ずかしい話をします。高校時代に自分の不勉強を棚に上げて、「『枕草子』は嫌いだ。自慢ばかりして……。挙句の果ては、こんな自慢話めいたことなど書きたくないけれど、周りの人が全部書けっていうからどうしようもない、だって。何が『をかし』だ。おかしなヤツだ」とうそぶいていました。ところが後に彼女が本当につらい日々の中でこの作品を書いていたことを知りました。

――大好きな主人、中宮定子《ていし》。その兄弟が道長と争い、殺人事件にまで発展。更には前天皇に矢を射かけてしまう。その咎《とが》は中宮定子にも及び、宮中を追放される。同僚の女房たちは中宮定子のもとから離れてゆく。それでも清少《せいしょう》納言《なごん》はひたすら中宮定子の側《そば》に仕え続ける。一度信じた人を裏切ることは意地でもしたくなかった。中宮定子は二十余歳で亡くなる――どん底の日々の中でも「をかし、をかし」と空を見上げていたのです(清少納言さん、ゴメンナサイ。何も知らずに嫌っていました)。私はその背景を知ってから『枕草子』を読み直しました。彼女は、涙などみじんも見せずに、笑っていました。私は、涙を抑えきれず泣きました。初めて彼女の笑いが、『枕草子』の「をかし」が理解できたのです。

『枕草子』には桜の描写が十一箇所。全て満開、咲き誇っています。彼女にとって中宮定子は満開の桜。決して散らない、いえ散らせたくなかったのです。

『枕草子』の記述は現在形が基本。彼女にとっては中宮定子との日々が今でも全て。主人亡き後も、あの頃を現前させたかったのです。

「喜びの極みは涙であり、悲しみの極みは笑いである」

彼女はそれを『枕草子』で具現した人でした。

前世からの因縁—「さるべきにや」の日

私の友人の若い頃の話です。彼にはたまらなく好きな人がいました。彼女とは、思いもしない場所で出会うことが重なったそうです。例えば、電車に間違えて乗ったことに気づいて降りようとしたドアの前に彼女が立っていた。目の不自由な人を送っていった店で彼女が買い物をしていた。そんなことが不思議なくらい何度もあったといいます。彼は彼女に「運命だね」と、喜びを隠しつつ潤んだ目をして語りかけました。彼女は困惑気味に目を伏せ、「偶然です」と返したそうです。

「さるべきにや」は慣用句の章（→P268）でも取り上げたように、概《おおむ》ね後ろに「ありけむ」が省略されており、「そうなるはずの前世からの因縁であったのだろうか」という意です。ただ直訳は「そうであるはずであったのだろうか」にしかなりません。なぜ「前世からの因縁（＝運命・宿命）」という訳語が出てくるのでしょうか。それは連体形「べき」の後に「契り」や「縁」という語が省略されているからなのです（省略されず明示されることもあります。また、「さるべきにこそは（あらめ・ありけめ）」、「さるべきにて」などと疑問の係助詞を伴わない場合もあります）。

あらゆる言語において使用頻度、慣用性の高い表現には省略が見られます（挨拶などがその最たる例。「こんにちは（今日は）」は「ご機嫌いかがですか」などが省略されています）。「さるべき」ときたら「契り」「縁」。良きにつけ悪しきにつけ、この世で起こることは前の世から決まっている。それは平安時代を生きる人々にとって常に身近にあった考え方（→P287「信仰と習俗」）で、生き方や生きる意味などについての思想を表しています。生きていれば、楽しいことばかりではありません。悲しいこともつらいこともあります。昔も今も同じです。何とかその状況を、負の感情を乗り越えたい。それには現実を宿命として受け入れるしかない。「さるべきにや」等の言い回しが生まれたのは、悲しみの底に足をつけて前を向いて生きるための知恵だったのではないでしょうか。

光源氏は最初の正妻である葵《あおい》の上《うえ》を亡くした悲しみの中でこう思います。「とてもかくても、さるべきにこそはものしたまひけめ（＝結局、前世からの因縁でいらっしゃったのだろう）」。ただ一方で、最愛の妻、紫の上を京に残して流れていった明石《あかし》で、当地の入道から娘をもらってほしいと訴えられたときは、「巡り逢ったのも宿命だろうか」などと都合よく思ったりもしています。

人との出会い、書物との出会いも一つの運命なのかもしれません。冒頭の彼は七年の歳月をかけて「偶然」を「運命」に昇華させ、彼女と結婚しました。

あなたが志望校に合格し、「さるべきにや」と思える日が来ることを心から祈っています。私たちはそのささやかな一助となるべくこの単語集を作りました。

慣用句の章

慣 用 句　　94語

□□

あかず〈飽かず〉

1 満足しない・もの足りない

2 飽きることがない・名残惜しい

● この「あかず（飽かず）」に関連する慣用句に「**あかなくに（飽かなくに）**」があります。「満足していないのに・名残惜しいのに」という意味です。

● 「あく（飽く）」が打消を伴わないときの意味は、
1 満足する・十分だと思う　2 飽きる・いやになる

1 （更衣《こうい》を）女御《にょうご》とだに言はせずなりぬるが**あかず**口惜しうおぼさるれば、（源氏・桐壺）

▼（更衣を）女御とさえ言わせなくなった（＝呼ばせずじまいになった）のが〔**もの足りなく**〕残念に思われるので、

2 愛敬《あいぎやう》ありて、言葉多からぬこそ、**飽かず**向かはまほしけれ。（徒然・一段）

▼優しさがあって、口数の多くない人とこそ、〔**飽きることなく**〕（＝いつまでも）対面したい。

□□

あからめもせず

1 よそ見もしない

● 男女間の話題で用いられるときは、「他の異性に心を移さない・浮気もしない」ということです。また、何かに一生懸命になるという文脈に用いられたときは、「脇目もふらない」と訳すとよい場合もあります。

1 花の本《もと》にはねぢ寄り立ち寄り、**あからめもせず**まもりて、（徒然・一三七段）

▼桜の花のもとには体をねじるようにして立ち寄り（＝割り込み）、〔**よそ見もしないで（＝脇目もふらずに）**〕見つめて、

□□

あなかま

1 ああ、うるさい・静かに

1 **あなかま**、人に聞かすな。（更級）

▼〔**静かに**〕、人に聞かせるな。

●「あな」は感動詞で「ああ」の意、「かま」は形容詞「かまし」の語幹です。「かまし」は「かしがまし」と同義で「やかましい」の意です。

□□
あらぬ
1 別の

1 **あらぬ**ものにいひなしてやみぬるつとめて、（枕・うへにさぶらふ御ねこは）
▼〔**別の**〕ものと言ってそのままになってしまったその早朝、

□□
ありありて
1 生き続けて
2 結局

2 **ありありて**かく遥《はる》かなる国になりにたり。（更級）
▼〔**結局**〕このように（都から）遠い国（の国司）になってしまった。

□□
ありし
1 以前の・あの
2 生前の

1 わが**ありし**かたちにもあらず、（大和・一五五段）
▼自分の〔**以前の**〕容貌《ようぼう》でもなく、

□□
ありつる
1 先程の・例の

1 **ありつる**所に帰りて、（蜻蛉・上巻）
▼〔**先程の**〕場所に帰って、

慣用句

□□ **あれかにもあらず**

同 われかにもあらず／あれかひとか・われかひとか

1 呆然《ぼうぜん》としている

● 同義表現に「ものもおぼえず」があります。直訳すれば、「ものも思われない」、つまり、何も考えられない、茫然《ぼうぜん》自失のさまや無我夢中のさまをいいます。

1 **あれかにもあらず**、現《うつつ》とも覚えで、（更級）
▼〔**呆然として**〕、現実とも思われないで、

□□ **いかがはせむ**

同 せむかたなし

1 どうしようもない

● 「いかがはせむ」は疑問の場合（どうしようか）もありますが、入試で問われるのは反語がほとんどです。

1 いとにくくはらだたしけれども、**いかがはせむ**。（枕・大進生昌が家に）
▼とても憎らしく腹立たしいが、〔**どうしようもない**〕。

□□ **いさ〜知《し》らず**

1 さあ、〜分からない

1 いさ、我は**知らず**。（宇治・巻八・四話）
▼〔**さあ**〕、わたしは〔**分からない**〕。

□□ **いざ（させ）給《たま》へ**

1 さあいらっしゃい

1 「**いざ給へ**」とて隣なる所へ率《ゐ》て行く。（宇治・巻一・十六話）
▼「〔**さあいらっしゃい**〕」と言って隣である所（＝隣の家）へ連れて行く。

□□

いちのひと〔一の人〕

1 摂政・関白

● 一般には摂政・関白のことですが、太政大臣や左大臣のことをいう場合もあります。

1 **一の人**の御《おほん》有様はさらなり、徒人《ただうど》も、舎人《とねり》など賜はる際は、ゆゆしと見ゆ。（徒然・一段）

▼〔**摂政・関白**〕のご様子は言うまでもなく、徒人（＝ここでは摂政・関白以外の貴族）も、舎人（＝警護の役人）などを（朝廷から）いただく身分のものは、すばらしいと思われる。

□□

いとしもなし

同 いとしもあらず

1 たいしたこともない

● 副詞「いと」は下に打消の語を伴って「それほど・たいして（〜ない）」という意で、「し」は強意の副助詞、「も」は強意の係助詞で、ともに訳さなくてかまいません。よって直訳すれば、「それほどでもない」ということです。

1 **いとしもあらぬ**御心ざしなれど、（源氏・若菜下）

▼〔**たいしたこともない**〕（妻への）愛情であるが、

□□

いはむかたなし〔言はむ方なし〕

同 言ふばかりなし・言ふはかりなし

1 言いようもない

1 **言はむ方なく**むくつけげなるもの来て、（竹取・蓬莱の玉の枝）

▼〔**言いようもなく**〕恐ろしそうなものが来て、

□□ **いふかひなし**

1 言ってもかいがない
2 つまらない・取るに足りない

2 男《を》の童《わらは》の物怖《ものお》ぢせず、**いふかひなき**を召し寄せて、（堤中納言・虫めづる姫君）
▼男の子で何も怖がらず、〔**取るに足りない**〕（＝卑《いや》しい）者を（姫君は）呼び寄せなさって、

□□ **～（と）いふもおろかなり**

同 ～（と）いへばおろかなり／～などもおろかなり／～とはおろかなり／～（と）いふもなかなかなり／～（と）いふもなべてなり

1 （～という言葉では）言い尽くせない

● 「おろかなり」は「世の常なり」となることもありますが、意味は同じです。

1 いと心細し**と言へばおろかなり**。（源氏・明石）
▼とても心細い〔**という言葉では言い尽くせない**〕。

□□ **いふもさらなり**〔言ふも更なり〕

同 いへばさらなり／さらにもあらず／さらにもいはず

1 言うまでもない

1 軸《ぢく》表紙箱のさまなど**いへばさらなり**かし。（源氏・鈴虫）
▼軸や表紙や箱の（立派な）様子など〔**言うまでもない**〕よ。

1 妻子《めこ》どもは**さらにもいはず**、（大和・一六八段）
▼妻子たちは〔**言うまでもなく**〕、

□□ **色《いろ》に出《い》づ**

1 （こらえきれず）表情に出る

● 心の中の思い、特に、秘めた恋心が表情やしぐさに表れるときに使います。

1 忍ぶれど**色に出で**にけりわが恋は物や思ふと人の問ふまで（拾遺・六二二）
▼人目を忍んでいたけれども、〔**表情に出**〕てしまったなあ、私の恋は。「もの思いをしているのか」と人が尋ねるほど。

□□

寝《い》を寝《ぬ》

1 寝る

● 「寝《い》」は「寝ること」で、直訳は「寝ることを寝る」です。「を」は係助詞の「も」「は」「こそ」になることもあります。

1 恐ろしくて**寝《い》も寝《ね》**られず。（更級）

▼恐ろしくて〔**寝る**〕こともできない。

□□

えならず

同 えもいはず

1 言いようもなくすばらしい

● 「えもいはず」には、「言いようもなくひどい」の意味もあることに注意してください。

1 珍しく、**えならぬ**調度ども並べおき、（徒然・十段）

▼珍しく、〔**言いようもなくすばらしい**〕調度品を並べ置いて、

□□

音《おと》に聞《き》く

1 噂《うわさ》に聞く

1 **音には聞け**ども、いまだ見ぬ物なり。（竹取・火鼠の皮衣）

▼〔**噂には聞く**〕が、まだ見たことがない物である。

□□

数《かず》ならず

同 数にもあらず

1 ものの数ではない・取るに足りない

1 **数ならぬ**身はえ聞き候はず。（徒然・一〇七段）

▼〔**取るに足りない**〕身では聞くことができません。

くるしからず

□□

1 不都合ではない・差し支えない

● 右のように「苦しかるまじ」や「苦しからじ」だと「差し支えないだろう」の意になります。

1 「其人《そのひと》ならば**苦しかるまじ**。入れ申せ」（平家・巻七）

▼「その人であるならば（＝平忠度《たいらのただのり》殿ならば）、〔**差し支えないだろう**〕。お入れせよ」

けしきばかり

□□

同 かごとばかり／さまばかり

1 ほんの少し・形ばかり

● 「けしき」という名詞は多くの意味を持ちます（→P110）が、「ちょっと・少し」という意で副詞的に使われる場合があります。

1 （光源氏《ひかるげんじ》が）一をれ（＝一部分）**気色ばかり**舞ひたまへるに、似るべきものなく見ゆ。（源氏・花宴）

▼（光源氏が）一部分を〔**ほんの少し**〕舞いなさったが、似るはずのものもなく（＝たとえようもなくすばらしく）見える。

見参《げんざん》に入《い》る

□□

1 〔貴人に〕お目にかかる

2 〔貴人に〕お目にかける

● 1の「入る」は四段活用で自動詞、2「入る」は下二段活用で他動詞です。

1 （三位《さんみ》中将に）今一度**見参に入り**、昔語りをも申して、（平家・巻十）

▼（三位中将に）もう一度〔**お目にかかり**〕、昔語り（＝思い出話）をも申し上げて、

2 （敦盛《あつもり》の首を）九郎御曹子《おんぞうし》の**見参に入れ**たりければ、（平家・巻九）

▼（敦盛の首を）九郎御曹子（＝義経《よしつね》）の〔**お目にかけ**〕たところ、

こころあり

□□

＝なさけあり

反 こころなし＝なさけなし

1 **なさけある**人にて、瓶《かめ》に花をさせり。（伊勢・一〇一段）

▼〔**風流心がある**〕人で、瓶に花を挿していた。

2 **心あら**ん人はうたて愚かなりとぞ見るべき。（徒然・三八段）

▼〔**分別がある**〕人はいやで愚かだと見るだろう。

1 情趣を解する・風流心がある
2 道理を解する・分別がある
3 思いやりがある

□□
心《こころ》置《お》く
1 心を留める・気にかける
2 気がねする・遠慮する

1 「（私のことを）ひがひがしく聞こえなす人ありとも、ゆめ**心おき**たまふな」（源氏・若菜下）
▼「（私のことを）ひねくれて（＝ゆがめて）申し上げる人がいても、決して〔**気にかけ**〕なさるな」

2 まことのよるべと頼みきこえむには必ず**心置か**れぬべし。（源氏・葵）
▼本当のよりどころだとあてにし申し上げているような人には自然と必ず〔**気がねし**〕てしまうにちがいない。

□□
心《こころ》の闇《やみ》
1 心の迷い
2 分別を失った親心・思い乱れる親心

2 （紫《むらさき》の上《うえ》のもとに姫君を養女に出すことを決心した明石《あかし》の君が）よそのものに思ひやらむほどの**心の闇**、（光源氏は）推し量り給《たま》ふにいと心苦しければ、（源氏・薄雲）
▼（紫の上のもとに姫君を養女に出すことを決心した明石の君が姫君のことを）よそのものと（＝他人の子として）思い遣る（＝遠くから案じる）ようなときの〔**思い乱れる親心**〕を、（光源氏は）推し量りなさると実に気の毒なので、

◎「心の闇」とは、思い乱れて、分別を失った心を闇にたとえていった慣用句ですが、藤原兼輔《かねすけ》の歌「人の親の心は闇にあらねども子を思ふ道に惑ひぬるかな」（後撰《ごせん》集）から、特に子どものことを思うあまり、理性、思慮分別を失い思い乱れる親心のことをいいます。この歌は『源氏物語』などに「心の闇」の引歌（↓P316）として頻出します。

□□
こころ(を)やる
1 気晴らしをする・心を慰める
2 得意になる・満足する

1 かう心憂きことと、思ひなぐさめがてら、**心もやら**むと思ひて、津《つ》の国の方《かた》へぞいきける。（平中・三五段）
▼（平中《へいちゅう》は）このようにつらいことと、（その）思いを慰めがてら、〔**気晴らしをし**〕ようと思って、摂津《せっつ》の国の方へ行った。
2 **心をやり**て遊ぶと見ゆれど、（紫式部）
▼〔**満足し**〕て遊んでいると見えるが、

□□
こころゆく
1 満足する・納得する
2 気が晴れる

1 あなめでたと、聞く人の**心ゆき**て、（源氏・明石）
▼ああすばらしいと、聞く人が〔**満足し**〕て、

□□
させる
1 たいした（〜ない）

◉下に打消の語を伴います。副詞「さ」・サ変動詞「す」の未然形・完了の助動詞「り」の連体形がつながったものです。

1 **させる**能もおはせ**ね**ば、（宇治・巻三・六話）
▼〔**たいした**〕才能もおありでは〔**ない**〕ので、

□□
さはれ・さばれ
1 どうとでもなれ・ええ、ままよ
2 それはそうだが・しかし

◉「さはあれ」がつづまったものです。

1 **さはれ**、このついでにも死なばや。（源氏・柏木）
▼〔**どうとでもなれ**〕、この機会に死にたい。

さらでだに

1 そうでなくてさえ・ただでさえ

◉「さ＋あら」がつづまった「さら」に打消の接続助詞「で」と副助詞「だに」がついたもので、それぞれを逐語訳すれば「そうである＋ないで＋さえ」、つまり「そうでなくてさえ」となります。

関連語として次のものがあります。
・さらずは＝そうでないならば
・さらで＝そうでなくて・それ以外で
・さらでは＝そうでなくては・そうでなかったら
・さらでも＝そうでなくても

1 **さらでだに**あやしきほどの夕暮れに荻《をぎ》吹く風の音ぞ聞こゆる（後拾遺・三一九）
▼〔**ただでさえ**〕不思議なほどの（人恋しさを感じる）夕暮れに（さらに）荻を（揺らして）吹く風の音が聞こえてくる。

さらぬ

A〈然らぬ〉
B〈避らぬ〉

A 1 そうではない・それ以外の
B 2 避けられない

◉1の「さら」は「さ＋あら」がつづまったもので、2の「さら」はラ行四段動詞「避る」（→P56）の未然形です。2は「さらぬ別れ」の形で用いられることがほとんどで、「死別」の意となります。

1 内侍《ないし》ども、**さらぬ**女房《にようばう》たちも候《さうら》ひけり。（著聞・草木）
▼内侍たちや、〔**それ以外の**〕女房たちもお仕えしていた。

2 **さらぬ**別れに御心動かしたまふな。（源氏・松風）
▼〔**避けられない**〕別れ（＝死別）にお気持ちを動かさないで（＝動揺しないで）ください。

□□

さるべき

同 さりぬべき／しかるべき

1 そうなるはずの
2 ふさわしい・適当な
3 立派な・相当な（身分の）

1 さるべき縁のいささかありて、（更級）
▼〔**そうなるはずの**〕因縁が少しあって、
2 さるべき物もなければ、（落窪・巻四）
▼〔**適当な**〕物もないので、
3 さるべき人々、ゆかしき事かなと、ささめき合ひたり。（宇治・巻十一・六話）
▼〔**立派な**〕人々が、見たいものだなあと、ささやき合った。

□□

さるべきにや（ありけむ）

1 そうなるはずの前世からの因縁であったのだろうか（↓P256）

1 さるべきにやありけむ、この男《をのこ》の家ゆかしくて率《ゐ》て行け、といひしかば、（更級）
▼〔**そうなるはずの前世からの因縁であったのだろうか**〕、この男の家を見たくて連れて行け、と言ったところ、

◉「さる」は指示副詞「さ」にラ変動詞「あり」がついてつづまったラ変動詞「さり」（↓P126）の連体形、「べき」は当然の助動詞「べし」の連体形、「に」は断定の助動詞「なり」の連用形、「や」は疑問の係助詞、「あり」はラ変動詞「あり」の連用形、「けむ」は過去推量の助動詞「けむ」の連体形。直訳は「そうであるはずであったのだろうか」。

□□

さるものにて

同 さることにて

1 言うまでもないことで・もちろん
2 ともかくとして・一応もっともだが

1 わざとの御学問はさるものにて、（源氏・桐壺）
▼正式な御学問は〔**言うまでもないことで**〕、

□□
されぱよ
1 思ったとおりだ・案《あん》の定《じょう》だ
同 さればこそ

1 さればよ、とこそおぼゆれ。いととくも変はる御心かな。（和泉式部）
▼〔**案の定だ**〕、と思われる。実に早く変わるお心ですねえ。

□□
せきあへず〈塞き敢へず〉
1 （涙などを）せき止めきれない・我慢できない・こらえきれない

1 枕よりまた知る人も無き恋を涙**せきあへず**もらしつるかな（古今・恋三）
▼枕よりほかには知る人もない（私の）恋を、（せつなさに）涙を〔**こらえきれず**〕、他人《ひと》に漏らしてしまったよ（＝他人に知られてしまったよ）。

□□
そのこととなく
1 これということもなく

1 **そのこととなく**物ぞ悲しき（伊勢・四五段）
▼〔**これということもなく**〕もの悲しい。

□□
そばめにかく
1 横目で見る
2 軽く見る・馬鹿にする・冷たい目で見る

1 左の袖を広げ、月を少し**そばめにかけ**つつ（平家・巻四）
▼左の袖を広げ、月を〔**横目で見**〕ながら

● 「そばめ」を漢字表記すれば、「側目（傍目）」で、側（傍）、つまりわきから横目で見ることをいいます。また「軽く見る・冷たい目で見る」こともいいます。

例文音読・入試問題

□□

ただならずなる

1 懐妊する・妊娠する

1 かく**ただならず**ならせ給《たま》ひてのちは、（栄花・花山たづぬる中納言）

▼このように〔**懐妊し**〕なさった後は、

□□

力《ちから》なし

1 どうしようもない・しかたない・どうにもならない

●何かに抵抗しようにも、反発するだけの力がない、ということです。

1 横笛《よこぶえ》、なさけなううらめしけれども、**力なう**涙をおさへて帰りけり。（平家・巻十）

▼横笛は情けなく恨めしいが、〔**どうしようもなく**〕涙をこらえて帰った。

□□

ときしもあれ

1 ほかに時もあろうに・よりによってこんな時に

●語の構成は、名詞「時」＋強意の副助詞「し」＋強意の係助詞「も」＋ラ変動詞「あり」の已然形「あれ」です。

1 例の、**ときしもあれ**雨いたく降り、神いといたく鳴るを胸ふたがりて嘆く。（蜻蛉・中巻）

▼いつものように、〔**ほかに時もあろうに**〕雨がひどく降り、雷が実にひどくとどろくのを、（悲しみで）胸がふさがって（＝あふれて）嘆いた。

□□

ときにあふ

1 ちょうどよい時期に出会う

2 時流に乗って栄える・時めいている

1 折ならで色づきにけるもみぢ葉は**ときにあひ**てぞ色まさりける（蜻蛉・上巻）

▼（まだその）時でもないのに色づいてしまったもみじ葉は〔**ちょうどよい時期に出会っ**〕（＝秋になっ）ていっそう美しい色になった。

2 いみじう**時にあひ**たる人の婿《むこ》になりて、（枕・いみじうしたてて婿とりたるに）

▼（ある人が、）とても〔**時流に乗って栄え**〕ている人の婿となって、

□□

ところう〔所得〕

1 よい地位を得る
2 得意になる・いい気になる

1 京にてこそ**ところえ**ぬやうなりけれ、（源氏・若紫）
▼京では〔**よい地位を得**〕（られ）ないようであったが、

2 万《よろづ》の咎《とが》は、なれたるさまに上手めき、**ところえ**たるけしきして、人をないがしろにするにあり。（徒然・二三三段）
▼全ての欠点は、（物事に）慣れている（＝物慣れた）様子で上手ぶって、〔**得意になっ**〕た様子で、人をないがしろにするところにある。

● 「ところう」は名詞「所」とア行下二段活用の動詞「得」からできたものですが、一般的には複合動詞として一語で扱います。

□□

とばかり

1 ちょっとの間・しばらく

1 殿におはして、**とばかり**うち休み給《たま》ふ。（源氏・松風）
▼御殿にいらっしゃって、〔**ちょっとの間**〕お休みになる。

□□

なでふ《なじょう》・なんでふ《なんじょう》・なんでう《なんじょう》・何条《なんじょう》

A 1 なんという（連体詞的用法）
B 2 どうして（副詞的用法）

1 こは、**なでふ**事をのたまふぞ。（竹取・かぐや姫の昇天）
▼これは、〔**なんという**〕ことをおっしゃるのか。

2 **なでふ**女が真名書《まんなぶみ》は読む。（紫式部）
▼〔**どうして**〕女が漢籍を読むのか。

● 「なにといふ（何と言ふ）」→「なんてふ」→「なんでふ」→「なでふ」と変化しました。「何条」と漢字をあてることもあります。

□□

名《な》に(し)負《お》ふ

1名前を持つ
2有名である

●「し」は強意の副助詞です。2の「れ」は完了の助動詞「り」の已然形で存続の意味。係助詞「こそ」が割り込み、「こそ」～已然形で文が終止せず、後ろに逆接で続く用法です。

1名にし負はばいざ言問《こと》はん都鳥《みやこどり》わが思ふ人はありやなしやと (伊勢・九段)

▼(都という)〔**名前を持つ**〕ならば、さあ、(おまえに)尋ねてみよう。都鳥よ、(京都の)私の愛する人は(無事で)いるかどうかと。

2花橘《はなたちばな》は名にこそおへれ、なほ梅のにほひにぞ、いにしへの事も立ちかへり恋しう思ひ出でらるる。(徒然・十九段)

▼花橘は〔**有名であるけれども**〕、やはり梅のにおいのほうが、昔のことも(その当時に)立ち戻って思い出される。

□□

何《なに》(に)か(は)せむ

1いったい何になろうか・何にもならない

●語の構成は、代名詞「何」+格助詞「に」+反語の係助詞「か」+強意の係助詞「は」+サ変動詞「す(「なる」の代動詞として使われています)」の未然形「せ」+推量の助動詞「む」の連体形「む」です。

1几帳《きちやう》の内にうち臥《ふ》して引き出《い》でつつ見る心地、后《きさき》の位も何にかはせむ。(更級)

▼几帳の中で横になって(源氏《げんじ》物語を)取り出して見る(=読む)気持ちは、后の位も〔**何にもならない**〕。

□□

音《ね》を泣《な》く

同 音に泣く

1声を上げて泣く

1音を泣きたまふさまの、心深くいとほしければ、(源氏・夕霧)

▼〔**声を上げて泣き**〕なさる様子が、情が深く気の毒なので、

□□ ～のがり

1 ～のもとへ

1 ありし女**のがり**いきたりけり。（大和・一四九段）

▼以前の女〔**のもとへ**〕行った。

□□ ～ばこそあらめ

1 ～ならばともかく（実際はそうではない）

● 「～」の部分には活用語の未然形がきます。よって未然形＋「ば」で仮定の意が生じます。「あらめ」は省略されることもあります。

1 わが押し取りて居たら**ばこそあらめ**。（宇治・巻十二・十五話）

▼私が無理矢理に（奪い）取って住んでいる〔**ならばともかく（実際はそうではない）**〕。

□□ 人《ひと》となる

1 一人前になる・成人する
2 正気に戻る

● 関連表現に「男になる」があり、「男子が元服（＝男子の成人式）して一人前になる」という意です。

1 二人の子やうやう**人となり**て後、（発心・第六・四）

▼二人の子がしだいに〔**一人前になっ**〕て後、

2 やうやう、生き出でて、**人となり**給《たま》へりけれど、（源氏・夢浮橋）

▼（浮舟《うきふね》は）だんだん、元気が出てきて、〔**正気に戻り**〕なさっていたが、

□□ ひとやりならず

1 他人からさせられるのではない・自分のせいである

1 胸うちつぶれて**人やりならず**おぼゆ。（源氏・薄雲）

▼胸がつぶれ（るような思いがし）て〔**自分のせいである**〕と思われる。

□□

またの

1 次の

1 **またの**日の、まだつとめて、霜のいと白きに、（和泉式部）

▼〔**次の**〕日（＝翌日）の、まだ早朝、霜がとても白いときに、

□□

～ままに

1 ～（する）とすぐに・～（する）やいなや
2 ～ので
3 ～につれて・～に従って

1 やがてかきつく**ままに**、首のほどを食はむとす。（徒然・八九段）

▼（猫または）そのまま飛びつく〔**とすぐに**〕、首の辺りに食いつこうとする。

2 かなしき**ままに**、奥へも入らで、やがて端《はし》にふしたれば、（和泉式部）

▼悲しい〔**ので**〕、奥へも入らないで、そのまま端に伏していると、

□□

昔《むかし》の人《ひと》

1 亡くなった人
2 昔の知人・昔なじみであった人

1 **昔の人**の必ず求めておこせよとありしかば、求めしに、（更級）

▼〔**亡くなった人**〕（＝あなたの姉上）が、（物語を）きっと探してよこしてくれ、と言ったので、（私は）探したけれども、

2 五月《さつき》待つ花橘《はなたちばな》の香《か》をかげば**昔の人**の袖の香ぞする（古今・一三九〈伊勢・六〇段〉）

▼（陰暦の）五月を待って咲く橘《たちばな》の花の香りをかぐと、〔**昔なじみであった人**〕の袖の香りがする。

● 2の歌は、香を自分の好みによって独自に調合し、衣類にたきしめた当時の習慣に基づいています。その香りをかげば、特定のある人が思い出されたのです。

□□

目《め》もあやなり

1 まぶしいほど立派だ

1 **めもあやに**、いみじき天人《あまびと》の天降《あまくだ》れるを、（源氏・手習）

▼〔**まぶしいほど立派で**〕、すばらしい天人が天から降りてきたのを、

● 形容動詞「あやなり」は連用形「あやに」で使われることが多いのです。また、一般的にはプラスの評価を与える表現ですが、まれに「驚くほどひどい」というマイナスの意味で使われることもあります。

□□ ～やおそきと

1 ～（する）とすぐに

1 ただ夜明けむ**やおそきと**合戦《かつせん》を始めておそはせ給へ。（今昔・五巻・十七話）

▼ただ夜が明ける〔**とすぐに**〕合戦を始めて襲撃なさい。

□□ やらん

1 ～であろうか

● 「やらん」はラ行四段活用の動詞「やる（遣る）」の未然形＋推量の助動詞「ん（＝む）」の場合もありますが、「にやあらん」がつづまったものであることが多いので注意しましょう（「にやあらん」の「に」は断定の助動詞「なり」の連用形、「や」は係助詞、「あら」はラ変動詞「あり」の未然形、「ん（＝む）」は推量の助動詞）。

1 法皇のにはかに見えさせ給《たま》はぬは。いづ方へ御幸《ごかう》**やらん**。（平家・巻七）

▼（後白河《ごしらかわ》）法皇が急にお見えにならないよ。どちらへお出まし〔**であろうか**〕。

□□ やるかたなし

1 （心を）晴らしようがない・どうしようもない

同 やらむかたなし

● 漢字表記すれば「遣る方無し」「遣らむ方無し」。「む」は推量の助動詞「む」の連体形で婉曲の意味。直訳は「（マイナスの気持ちを）遠くにやる（ような）方法がない」です。

1 その恨み、まして**やらむかたなし**。（源氏・桐壺）

▼（局《つぼね》を移された更衣《こうい》の）その恨みは、まして〔**晴らしようがない**〕。

□□ 世《よ》にあり

1 この世に生きている
2 世間に認められている・世間で評判が高い

● 「僧どもの」の「の」は同格の用法です。

2 **世にある**僧どもの参らぬはなし。（宇治・巻一五・六話）
▼〔**世間で評判の高い**〕僧たちで、〔祈禱《きとう》のために〕参上しない者はいない。

□□ 例《れい》ならず

1 いつもではない・普段と違う
2 体調がいつもどおりでない・病気である・懐妊している

1 **例ならず**仰《おほ》せ言《ごと》などもなくて日頃《ひごろ》になれば、（枕・殿などのおはしまさでのち）
▼〔**普段と違って**〕お言葉などもなくて数日になるので、

2 親などの心地あしとて、**例ならぬ**けしきなる。（枕・むねつぶるる物）
▼親などが気分が悪いといって、〔**体調がいつもどおりでない**〕様子であること（は心配で胸がつぶれるようだ）。

□□ 例《れい》の

1 いつものように
2 いつもの

● 1は用言に続く（連用修飾）場合の、2は体言に続く（連体修飾）場合の訳し方です。

1 中将《ちゆうじやう》、**例の**うなづく。（源氏・帚木）
▼中将は、〔**いつものように**〕うなずく。

2 **例の**車にておはしたり。（和泉式部）
▼〔**いつもの**〕車でいらっしゃった。

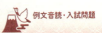

古典常識の章

常識語　248語

非常識は困りもの

古文を正確に読むには古典文法と古語の知識が必須ですが、もう一つ「古典常識」を学ぶ必要があります。別な言い方をすると、古典文法と古語の知識はあっても、「古典常識」がないために、とんでもない間違った読みをしてしまうこともあるのです。

　宮中や貴人の邸宅にお仕えする女性（女房）の呼び名は、身内の男性の官職をもとにつけられることは知っているでしょうか。古文には「右近」や「侍従」や「大夫《たいふ》」といった女性もしばしば登場するのです。そんな常識がないために、『十訓抄《じっきんしょう》』という説話に、若殿上人が「督殿《かうどの》」に恋文を送る話があるのですが、この「督殿」を男性と決め込んで、考え込んでいた生徒がいました（「督殿」は実は女房名なのでした）。

　先日も『枕草子《まくらのそうし》』の演習問題をやっているときに、こんなことがありました。「主殿司《とのもづかさ》」が作者清少《せいしょう》納言《なごん》（この人も「少納言」なのに女性ですね）にある人の手紙を持ってきて、返事を待つ場面があります。この「主殿司」というのは、お庭の掃除もしたりする下級役人で、ただ手紙を持って行き、返事をもらってくるだけの存在でしかないのです。しかし、そんな知識がない人は、この人を主な登場人物と見なしてしまって、その後の読解をどんどんずらしていました。こういう例でお分かりと思いますが、「古典常識」は単なる知識ではすまされず、本文の内容読解にも大きくかかわってくることがあるのです。

「如月《きさらぎ》・神無月《かんなづき》」を、また「時鳥《ほととぎす》・野分《のわき》・時雨《しぐれ》」を知らなくては、場面が何月のことか、季節がいつかも分かりません。「直衣《のうし》・指貫《さしぬき》」を、また「裳《も》・唐衣《からぎぬ》」を知らなくては男女どちらの様子を述べているのか分かりません。貴族の住まいがどのようなものであったかを知らなくては、親と子が、また姫君と恋人がどのような位置にいて会話を交わしたかもイメージできません。どんな世界でも「常識」がないほど困ったことはないのです。

古典常識

風流と教養

昔の人々は、季節の移り変わりに、われわれ現代人よりははるかに敏感な感受性をもっていました。私たちの生活にとっては当たり前の照明器具や冷暖房がなかった時代においては、京の都の人であれ、自然に抱かれて生きていたのです。ですから、寒さ・暑さ、日の長さ・短さを肌身で直《じか》に感じ、月の満ち欠け、開花や落葉を詠嘆の思いをもって見つめ、また季節で変わる鳥の声に聞き入ったのです。古人は誰もが風流人であったといっていいでしょう。したがって、古文を読む上では、月の名称や時刻、また各季節の風物についておよその知識をもっていることが必要となるのです。

古典の世界の人々の教養とは、花鳥風月といった四季の風物を繊細な感覚で受け止め、それを表現できるというところにあります。したがって、まず「手（＝文字）」が上手であることが求められ、美しい「文《ふみ》（＝手紙）」が書けることは、男でも女でもうらやましがられることでした。そして、恋文ともなれば、欠かせないのは歌です。和歌を詠むことができなければお目当ての女性に近づくことさえできません。そのためには基礎教養として『古今《こきん》和歌集』などの勅撰《ちょくせん》集くらい頭に入っていなくてはなりませんでした。このように和歌は、貴族の男性・女性ともに生活に必要なものでした。さらに男性は、宮中に仕え、務めを果たしていくために、漢学の教養が必須でした（役所の文書はすべて漢文でしたから）。これを「才《ざえ》」といいます。もう一つ付け加えると、貴族の男女がともに励んだのが琴・琵琶《びわ》などの楽器の演奏です。今でいえば室内楽の演奏会が、貴族社会では「遊び」として好まれました。素敵な琴の音色を耳にして、男はその弾き手に思いを募らせるなどということもあったのです。

1 四季の風物

春

東風《こち》
桜
藤
鶯《うぐひす》
梅
霞《かすみ》
朧月《おぼろづき》

夏

五月雨《さみだれ》(現在の梅雨)
花橘《はなたちばな》
時鳥《ほととぎす》
卯《う》の花
蛍
葵《あふひ》

秋

冬

〈春〉**東風**　**こち**　春、東方から吹いてくる風

〈夏〉**卯の花**　**うのはな**　初夏（陰暦四月）に咲く白い花

葵　**あふひ**《あおい》　葉がハートの形をした草。賀茂《かも》神社の祭り（葵祭《あおいまつり》）に用いられた

〈秋〉**野分**　**のわき**　秋に吹く激しい風。台風

尾花　**をばな**《おばな》　すすきの花穂

〈冬〉**時雨**　**しぐれ**　（秋の末から）冬の初めに降る雨

網代　**あじろ**　川で魚（氷魚《ひお》）をとるための仕掛け

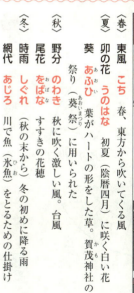

② 月の異名《いみょう》

四季	月	異名	
春	一月	睦月	むつき
	二月	如月	きさらぎ
	三月	弥生	やよひ
夏	四月	卯月	うづき
	五月	皐月	さつき
	六月	水無月	みなづき
秋	七月	文月	ふみづき（ふづき）
	八月	葉月	はづき
	九月	長月	ながつき
冬	十月	神無月	かんなづき
	十一月	霜月	しもつき
	十二月	師走	しはす

③ 十二支と時刻・方位

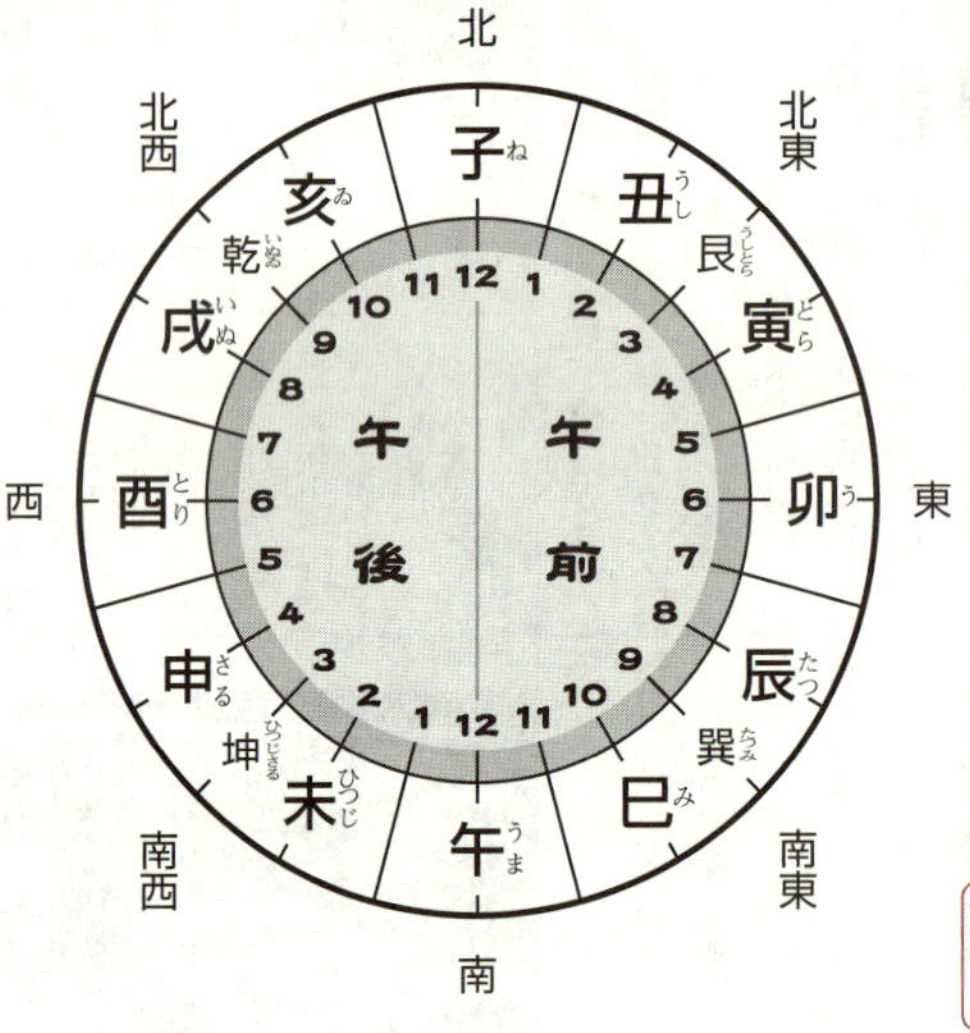

〈月にかかわる語〉

朔日　ついたち　①月の第一日　②月の初め・上旬

晦日　つごもり　①月の最終日　②月の終わり・下旬

望月　もちづき　陰暦の十五日の夜の月・満月

十六夜　いざよひ《いざよい》　陰暦の十六日の夜の月

有明　ありあけ　陰暦の十六日以降、特に二十日以降の月

（夜が明けてもまだ空に残っている月）

4 楽器

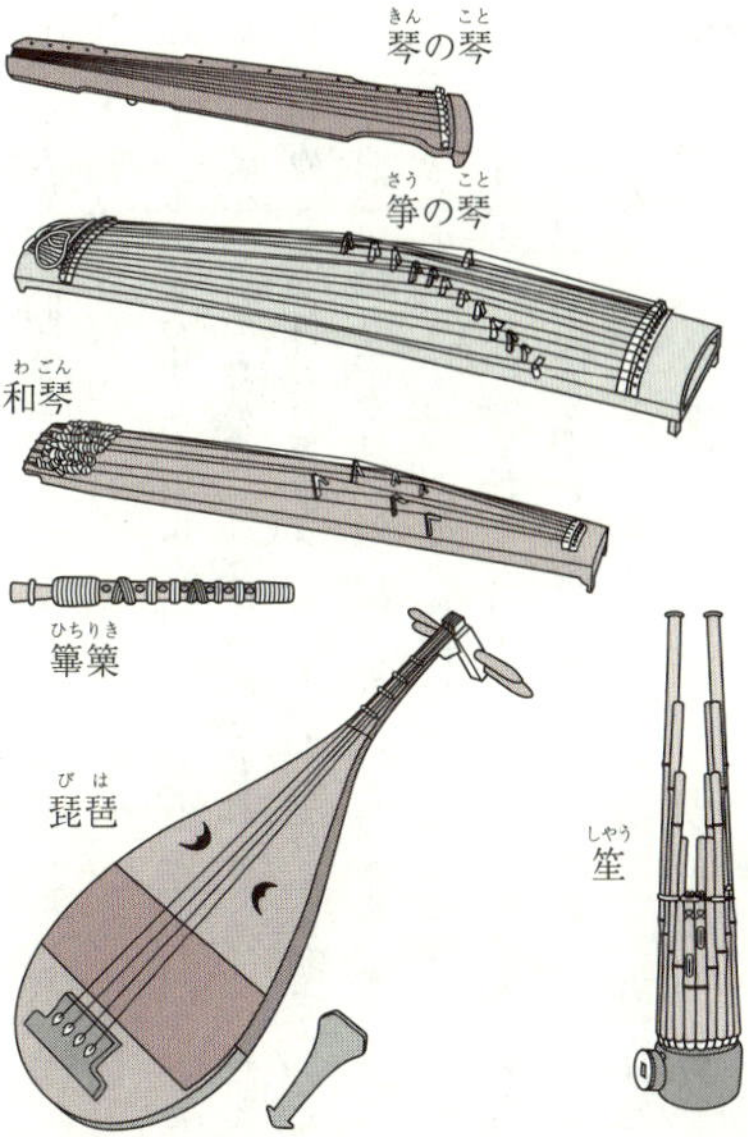

※「琴《こと》」とは弦楽器の総称で、琵琶《びわ》も琴の一種

箏　**さう**《そう》　弦が十三本ある琴。「箏《さう》の琴《こと》」に同じ。「しやう《しょう》」とも読む

琴　**きん**　弦が七本の琴。「琴《きん》の琴《こと》」に同じ

和琴　**わごん**　六本の弦を張り、柱《じ》で支えた琴

笙　**しやう**《しょう》　十七本の竹管を円形に立て並べた、雅楽用の管楽器。「笙《しやう》の笛《ふえ》」ともいう

篳篥　**ひちりき**　十八センチメートルほどの竹製の縦笛《たてぶえ》

5 その他風流・教養関係

入相　**いりあひ**《いりあい》　日没のころ。また、「入相の鐘」の略

東雲　**しののめ**　明け方の、東の空が明るくなるころ

有職　**いうそく**《ゆうそく》　①学問・音楽など諸芸に優れた人　②儀礼・行事の故実に精通した人

学生　**がくしやう**《がくしょう》　大学（＝大学寮）で学んでいる人

真名・真字　**まな**　漢字

澪標　**みをつくし**《みおつくし》　船に水路を知らせる目印の杭《くい》。和歌では多く「身を尽くし」との掛詞になる

空蟬　**うつせみ**　蟬の抜け殻、または蟬。「うつせみの世」は「はかないこの世」の意

菖蒲　**あやめ**　「しょうぶ」のこと。陰暦五月五日の端午《たんご》の節句には軒《のき》に挿した。和歌では多く「文目《あやめ》」との掛詞になる

女郎花　**をみなへし**《おみなえし》　秋の七草の一つ

撫子　**なでしこ**　秋の七草の一つ。「愛する子ども・娘」の比喩によく用いられる

蓬生　**よもぎふ**《よもぎう》　よもぎなどの雑草が生い茂り、荒れ果てた所。「よもぎ」は荒れた庭を象徴する雑草の一つ

八重葎　**やへむぐら**《やえむぐら》　幾重にも生い茂っているつる草。荒廃した庭や住まいのさまをいう

浅茅　**あさぢ**《あさじ》　草地や荒れ地に群生する丈《たけ》の低い茅《ちがや》。庭や野原の荒涼としたさまをいう

恋愛と結婚

恋の熱い思いというものはいつの時代も変わらないといいながら、恋から結婚に至るプロセスは現代と平安時代では大きく異なっています。貴族の女性は親・兄弟やお仕えする女房といったごく限られた人にしか顔を見せませんでしたから、男の恋は「どこそこの屋敷には素敵な女性がいるらしい」という噂《うわさ》（「音に聞く」）からはじまるしかありませんでした（幸運な偶然から〝深窓の令嬢〟を「垣間見る《かいまみる》」といったこともたまにはありましたが）。男はお目当ての女にせっせと恋文を贈ります（そのためには恋文を取り次いでくれる人も見つけなくてはなりませんでした）。女のほうは手紙をやり取りする中で、女房たちとも相談しながら男の品定めをします。男の身の程も愛情の深さもおよそ確かめたとき、初めて女は色よい返事をします（もちろん和歌で）。そこでやっと男は女の家に「通ふ」ことになりますが、恋は人目を忍ぶものですから、明るい昼間に行くわけではありません。暗くなるのを待って行くのです。そして、女と夜をともに過ごした男は、夜が明ける前には女のもとを去らなくてはなりませんでした。それが男女の逢瀬《おうせ》の鉄則です。男は帰宅すると、すぐにしなければならないことがあります。「あなたと別れて今どんなにせつない思いをしているか」「あなたなしではもう生きられそうもない」といった、愛情をこめた歌を贈らなくてはいけなかったのです。この手紙を「後朝《きぬぎぬ》の文《ふみ》」といいます。こうして、三日連続して男が女のもとに通っていけば、結婚が成立したと見なされたようです。三日目の夜には「三日夜《みかよ》の餅《もちひ》」で祝いました。男は女の両親と対面し、女の婿と認められるのです。結婚のお披露目ということで、これを「所顕《ところあらは》し」といいました。

1 男女の会話

平安時代の随筆や物語などには、女のもとを男が訪れ、会話を交わす場面がありますが、それは上のような場面をイメージしてください。

男は簀子《すのこ》（→P295）に座り、廂《ひさし》の間（→P295）にいる女と御簾《みす》（→P295）越しに会話します。親や夫でもない限り、男が女の部屋に入って対面することはありません。当時の女性は、御簾を掛け、部屋の中には几帳《きちょう》（→P295）を置き、手に持った檜扇《ひおうぎ》（袙扇《あこめおうぎ》）（→P293）や着物の袖で顔を隠すなどして、自分の姿をあらわに見られないようにしました。

また、男の話したい女が身分のある娘（姫君）である場合、女は奥の母屋《もや》（→P295）にいるため、直接の会話はできず、女房を介して会話することになります。

後朝　**きぬぎぬ**　男女が共寝《ともね》した翌朝

懸想　**けさう**《けそう》　異性に思いをかけること。恋

女房　**にようばう**《にょうぼう》　宮中または貴族の屋敷に仕える女性。部屋を与えられることが多い

2 後宮《こうきゅう》

後宮とは后妃《こうひ》や女官たちが住む宮中の奥御殿（七殿五舎《しちでんごしゃ》といいます）のこと。天皇の后妃には中宮《ちゅうぐう》（皇后）、女御《にょうご》、更衣《こうい》の序列があります。また天皇に仕える女官として内侍《ないし》（現在の秘書にあたります）がおり、尚侍《ないしのかみ》、典侍《ないしのすけ》、掌侍《ないしのじょう》の序列がありました。平安時代の有力貴族は自分の娘を帝の后妃として入内《じゅだい》させることで、政治の実権の維持を図りました。后妃たちは天皇の寵愛《ちょうあい》を得ようと競い合い、后妃それぞれに紫式部《むらさきしきぶ》や清少納言《せいしょうなごん》といった有能な女房が集められたりもしました。後宮は江戸城の大奥のような所といってもいいでしょう。

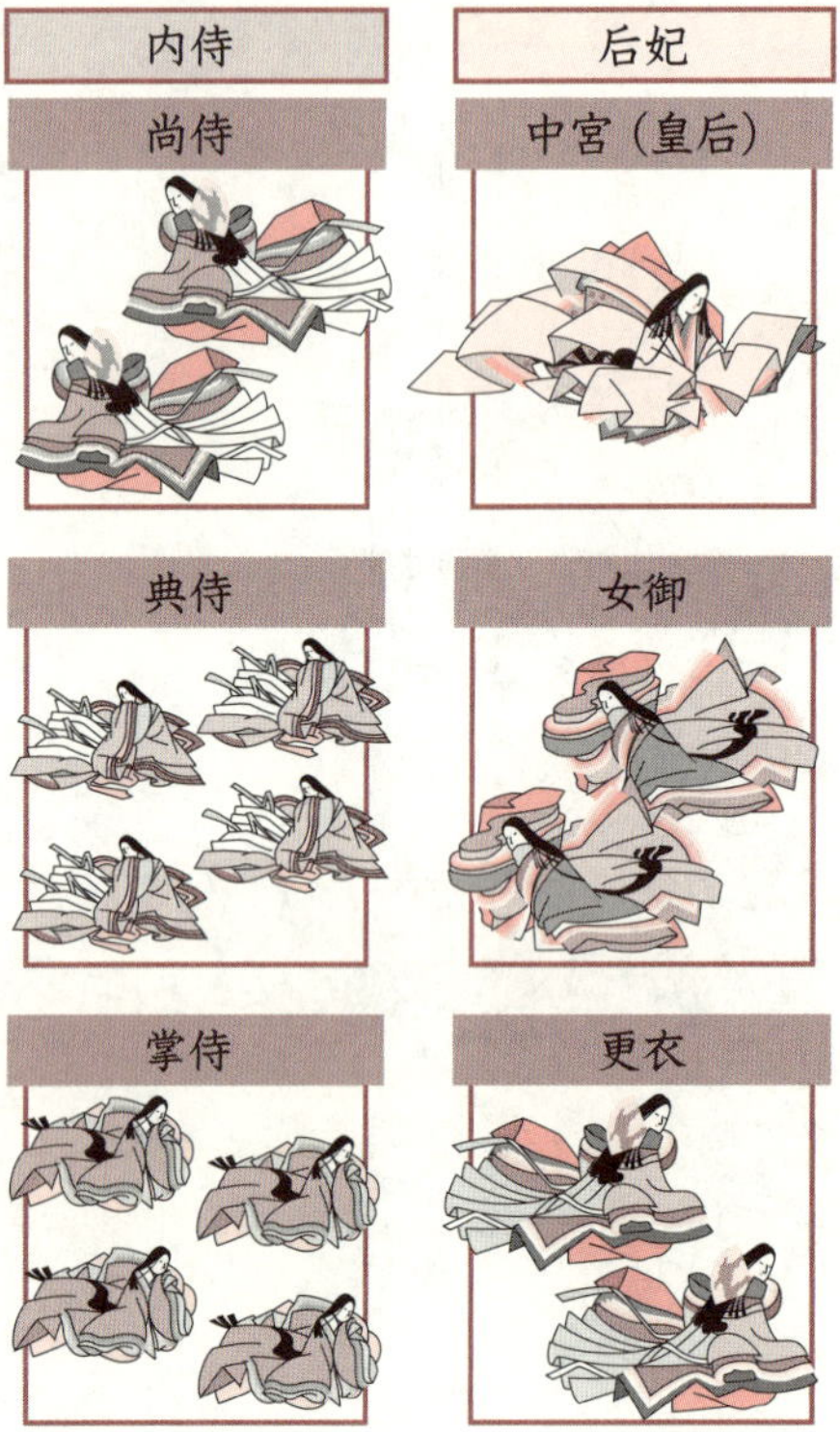

中宮 **ちゅうぐう**《ちゅうぐう》 天皇の正妻。皇后に同じ。通常、摂政《せっしょう》・関白・大臣の娘から選ばれた

女御 **にょうご**《にょうご》 中宮に次ぐ天皇の后妃。通常、摂政・関白・大臣の娘から選ばれた

更衣 **かうい**《こうい》 女御の次の位の天皇の后妃。大納言以下の娘から選ばれた

御息所 **みやす（ん）どころ** ①天皇の子をもうけた女御・更衣 ②皇太子・親王の妃《きさき》

内侍 **ないし** 天皇に近侍《きんじ》し、取り次ぎや礼式などをつかさどった内侍司《ないしのつかさ》の女官《にょかん》の総称。特に、三等官の「掌侍《ないしのじょう》」を指すことが多い

尚侍 **ないしのかみ** 内侍司の女官長。女御・更衣に次ぐ妃ともなった

典侍 **ないしのすけ** 内侍司の二等官。公卿《くぎょう》・殿上人《てんじょうびと》の娘が任ぜられた

命婦 **みやうぶ**《みょうぶ》 後宮の女官

采女 **うねめ** 地方官の娘から選ばれ、天皇の食事など日常的な雑事に奉仕した女官

古典常識

信仰と習俗

私たち現代人には現代人の世界観があり、その枠の中で考え生きているように、平安時代には平安時代の人々の生き方・行動を支配する信仰や習俗というものがありました。それは第一に仏教思想ですが、仏教においては、人は前世、現世、後世《ごせ》の三世《さんぜ》を生まれ変わっていく存在であり、前世が現世を宿命的に決定づけ、現世のあり方がその人の後世（来世）を決めると考えました。

古文を読んでいると、「さるべきにや」（→P268）や「宿《すく》世《せ》」といった言葉をよく見かけます。これは、この世で起こったある出来事（例えば、ある美しい女性との出会い）が前世からの宿命でそうなるようになっていたのだということを表す言葉です。偶然ではなく、運命と考えることで、各自さまざまな人生を自らに納得させていたのかもしれません。

古文にはまたしばしば発心《ほっしん》して出家し、仏道修行をする人が現れますが、それは、この世が無常であることも悟らず、名聞《みょうもん》・名利《みょうり》（→P288）に執着したまま死ぬことになれば、来世は地獄・餓鬼・畜生の世界に堕《お》ちると考えたからです。地獄・餓鬼・畜生の世界とは何の安らぎもない苦しみの世界です。現世のあり方が来世のあり方を決めるのですから、現世のあり方をよくすることが、来世の地獄を回避する唯一の手立てです。そして、それがこの世での仏道修行なのです。仏道修行に励むとき、地獄とは正反対の永遠の安らぎの世界、極楽が待ち受けていると考えました（これが浄土信仰です）。

現代においても結婚式は仏滅を避け大安の日を選ぶといった風習がありますが、人間の住むこの世界に対して私たちよりずっと畏怖・脅威を感じていた昔の人々は、物事の吉凶をひどく気にかけました。凶とされる日には外出も控え、悪いとされる方角には向かうことを避けようとしました。陰陽道《おんようどう》という吉凶を占う方術が人々の行動を大きく規制していたのです。これらを単に迷信として片付けず、昔の人には昔の人の行動規範があったことをよく理解した上で、古人の思いに身を寄せてほしいものです。

〈信仰・習俗関係〉

方違へ　**かたたがへ**《かたたがえ》　陰陽道《おんようどう》で災いをもたらすとされる方角を避けるため、前夜別の方角の家に泊まり、翌日そこから方角を変えて、目的地に向かうこと

方塞がり　**かたふたがり**　行こうとする方角に行くと災いがあるとされ、行けないこと

陰陽師　**おんやうじ**《おんようじ》　陰陽道によって占いをした呪術師《じゅじゅつし》

宿世　**すくせ**　前世からの因縁《いんねん》。宿命

前世　**ぜんせ・ぜんぜ**　この世に生まれる前の世

後世　**ごせ**　死後生まれ変わる世界。来世

後生　**ごしやう**《ごしょう》　来世。また極楽往生《おうじょう》（＝来世で極楽に生まれて安楽を得ること）

蓮　**はちす・はす**　池や沼に生える水草。仏教では極楽の池に生えるというので、極楽往生の象徴とされる

物怪　**もののけ**　人に取りついて病気や死に至らせるもの。死霊《しりょう》・生霊《いきりょう》など

物忌　**ものいみ**　一定期間、家に籠もって身を慎むこと

発心　**ほつしん**《ほっしん》　悟りを得ようと心を起こすこと。仏道にはいること。出家すること

験者　**げんざ**　修験道《しゅげんどう》の修行者。加持祈禱《かじきとう》によって、物怪をはらい、病気を治すなどの霊験を現す者。「げんじゃ」とも読む

行脚　**あんぎや**《あんぎゃ》　（僧が）諸国を旅して巡ること

僧都　**そうづ**《そうず》　僧正《そうじょう》に次ぐ位の僧

阿闍梨　**あざり・あじやり**《あじゃり》　導師を務める徳の高い僧

大徳　**だいとこ**　徳の高い僧。単に僧の意でも使う

袈裟　**けさ**　僧が左肩から右脇にかけてまとう法衣《ほうえ》

墨染め（衣）　**すみぞめ（ごろも）**　①黒または灰色に染めた僧や尼の服　②喪服

苔の衣　**こけのころも**　僧や隠者の衣服

物詣　**ものまうで**《ものもうで》　神社仏閣に参詣すること

誦経　**ずきやう**《ずきょう》　経文《きょうもん》を暗記して唱えること

読経　**どきやう**《どきょう》　経文を声を出して読むこと

聴聞　**ちやうもん**《ちょうもん》　説法・法話などを聞くこと

衆生　**しゆじやう**《しゅじょう》　仏の救済の対象となるすべてのもの。あらゆる人々

結縁　**けちえん**　仏の教えに触れて仏道に縁を結ぶこと

善知識　**ぜんちしき**　人を仏道に導き入れる機縁となるもの

冥加　**みやうが**《みょうが》　神仏が人知れず授けてくれる加護

功徳　**くどく**　現世や来世でのよい報いのもととなる善行

解脱　**げだつ**　煩悩や迷いを脱して悟りの境地に達すること

名聞　**みやうもん**《みょうもん》　世間での名誉や評判

名利　**みやうり**《みょうり》　現世での名誉と利益

閼伽　**あか**　仏に供える水。また、仏に供える物

斎宮　**さいぐう**　伊勢《いせ》神宮に仕えた未婚の内親王《ないしんのう》（「内親王」とは天皇の姉妹および皇女のこと）

斎院　**さいゐん**《さいいん》　賀茂《かも》神社に仕えた未婚の内親王

古典常識 宮中と貴族

1 行事・儀式

除目 **ぢもく《じもく》** 大臣以外の官吏の任命の儀式。春の「県召《あがためし》の除目」と秋の「司召《つかさめし》の除目」と、年二回行われた

県召 **あがためし** 春に行われた地方官吏の任命式

司召 **つかさめし** 秋に行われた中央官吏の任命式

公事 **くじ** 朝廷の政務や儀式。公務

行幸・御幸 **みゆき** 天皇や上皇のお出かけ。天皇には「行幸」、上皇には「御幸」の字を主に用いた

節会 **せちゑ《せちえ》** 節日《せちにち》や公事《くじ》のある日に宮中で催された儀式や宴会。天皇が群臣に酒食を賜った

新嘗祭 **にひなめまつり《にいなめまつり》** 毎年陰暦十一月に天皇がその年の新穀を神に供える儀式。「新嘗会《しんじやうゑ》」ともいう

大嘗会 **だいじやうゑ《だいじょうえ》** 天皇が即位後、その年に収穫した穀物を初めて神に供える儀式。天皇一代に一度だけ行われる盛大な儀式。「大嘗祭《だいじやうさい》」ともいう

五節 **ごせち** 大嘗会・新嘗祭に行われた宮中行事。五人の舞姫の舞楽（「五節《ごせち》の舞《まひ》」）が中心

更衣 **ころもがへ《ころもがえ》** 夏・冬の季節に応じて衣服や調度を替えること。陰暦四月一日と十月一日とに行った

追儺 **ついな** 大晦日《おおみそか》の夜に宮中で行われた、悪鬼を追い払う儀式。「鬼《おに》やらひ」ともいう。後に民間に伝わり、節分の豆まきとなった

葵祭 **あふひまつり《あおいまつり》** 京都の賀茂神社の祭り。「祭《まつり》」といえばこの祭を指す。「山」といえば比叡《ひえい》山を、「川」といえば賀茂川を指す

重陽 **ちようやう《ちょうよう》** 五節句の一つ。陰暦九月九日の節句。菊の節句

産養ひ **うぶやしなひ《うぶやしない》** 出産後、三日目、五日目、七日目、九日目の夜に親族を招いて行われる祝宴

五十日の祝ひ **いかのいはひ《いかのいわい》** 誕生後五十日目に行われる祝いの儀式

袴着 **はかまぎ** 幼児が初めて袴をつける儀式。男女ともに三歳から七歳ごろに行った。今日の七五三のもととなった儀式

元服 **げんぶく** 男子の成人の儀式。十一歳から十六歳ごろ行われた。髪を結い、冠《かんむり》をつけ、大人の装束に改める

初冠 **うひかうぶり《ういこうぶり》** 男子が元服して初めて冠をつけること。「元服」の同義語

裳着 **もぎ** 女子の成人の儀式。成人したしるしに初めて裳《も》をつける。垂れた髪を束ねて結い上げる（→P293）「髪上げ」の儀式と同時に十二、三歳ごろ行われた

2 官位（官職と位階）

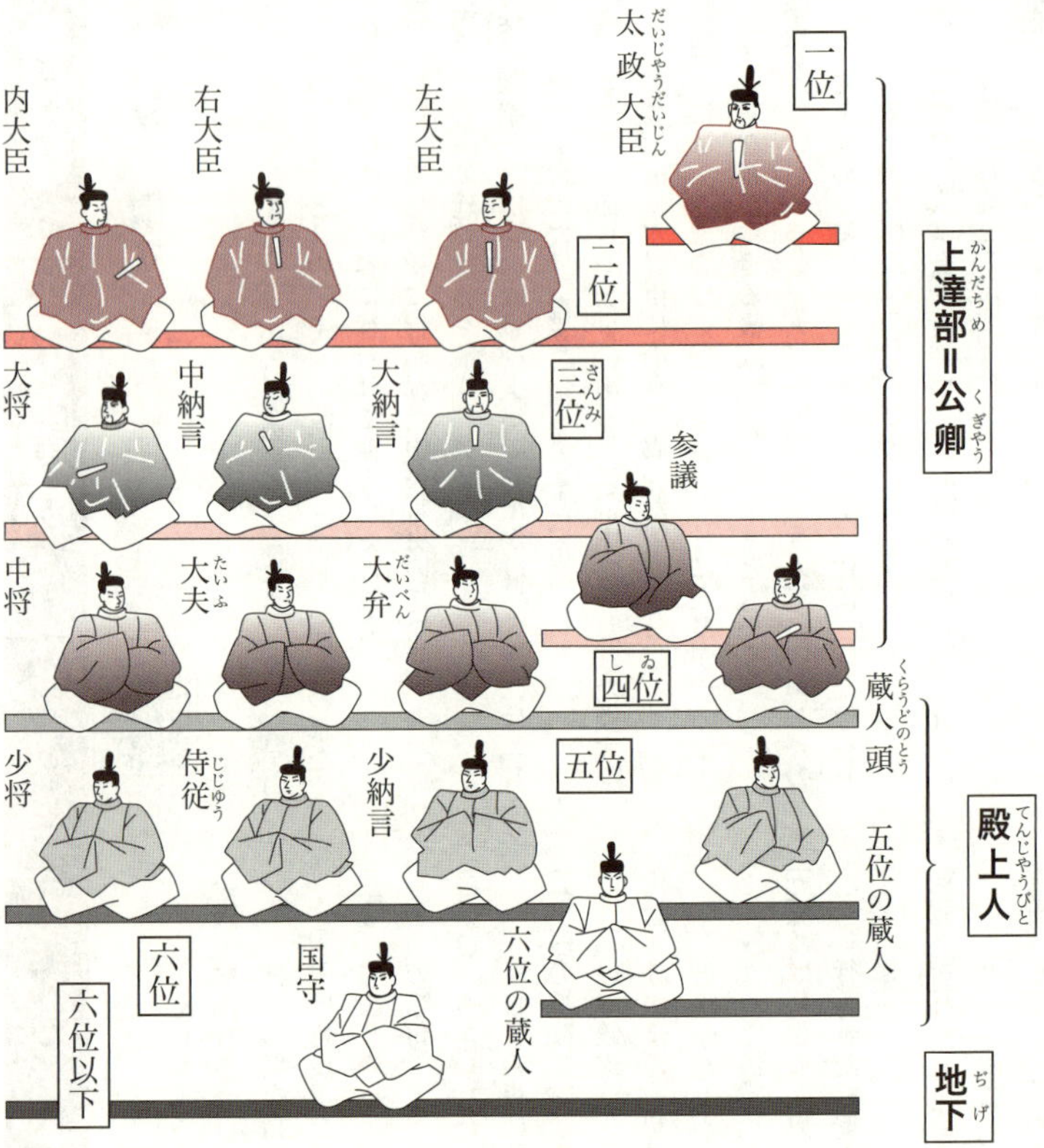

上達部　**かんだちめ**　大臣や大納言・中納言など、三位《さんみ》以上の者の総称（四位《しい》の参議も含む）

公卿　**くぎやう**《くぎょう》　「上達部」の別の言い方

殿上人　**てんじやうびと**《てんじょうびと》　清涼《せいりょう》殿《でん》の殿上《てんじょう》の間《ま》に昇殿を許された者の総称（通常、四位・五位の者、および六位の蔵人《くろうど》をいう）。「上人《うへびと》」「雲客《うんかく》」「雲《うん》上人《しやうびと》」「雲《くも》の上人《うへびと》」ともいう

大臣　**おとど**　大臣・公卿を敬った言い方

宰相　**さいしやう**《さいしょう》　「参議」の唐風（中国風）の呼称

蔵人　**くらうど**《くろうど》　天皇に仕え殿上の諸事を担当した職員

朝臣　**あそん**　五位以上の者の姓名につける敬称

地下　**ぢげ**《じげ》　殿上の間に昇殿を許されない者（六位以下の者）

春宮 **とうぐう** 皇太子。「東宮」とも書く

上皇 **じやうくわう**《じょうこう》 譲位した天皇の尊称

法皇 **ほふわう**《ほうおう》 出家した上皇

随身 **ずいじん** 警護のため貴人のお供をする人。身分によって定員が決まっている。「御」がつくと「御随身《みずいじん》」

前駆 **さき** 先払い（貴人の外出のとき、道の前方にいる人を追い払う人）。「先」「前」とも書く。「ぜんく」「せんぐ」とも読む

帥 **そち** 大宰府《だざいふ》の長官。「そつ」とも読む

検非違使 **けびゐし**《けびいし》 都の治安維持にあたった役人

舎人 **とねり** 天皇・皇族に仕える下級役人。牛車《ぎっしゃ》の牛飼いのこともいう

内舎人 **うどねり** 宮中警備や行幸《ぎょうこう》警護を務めた役人

主殿司・主殿寮 **とのも（り）づかさ** 宮中の清掃や走り使いを務めた下級役人

雑色 **ざふしき**《ぞうしき》 雑役や走り使いを務めた者

近衛 **このゑ**《このえ》 内裏《だいり》を警護し、行幸の供奉《ぐぶ》・警備をつかさどった役所。長官を大将《だいしょう》という

郎等 **らうどう**《ろうどう》 武士の従臣・家来

滝口 **たきぐち** 宮中の警護にあたった武士

衛士 **ゑじ**《えじ》 宮中の警護にあたった兵士

受領 **ずりやう**《ずりょう》 国司の長官（＝国守）。「守《かみ》」に同じ

防人 **さきもり** 多くは東国出身者で、九州北辺の防衛に従事した兵士

3 乗り物

牛車《ぎっしゃ》

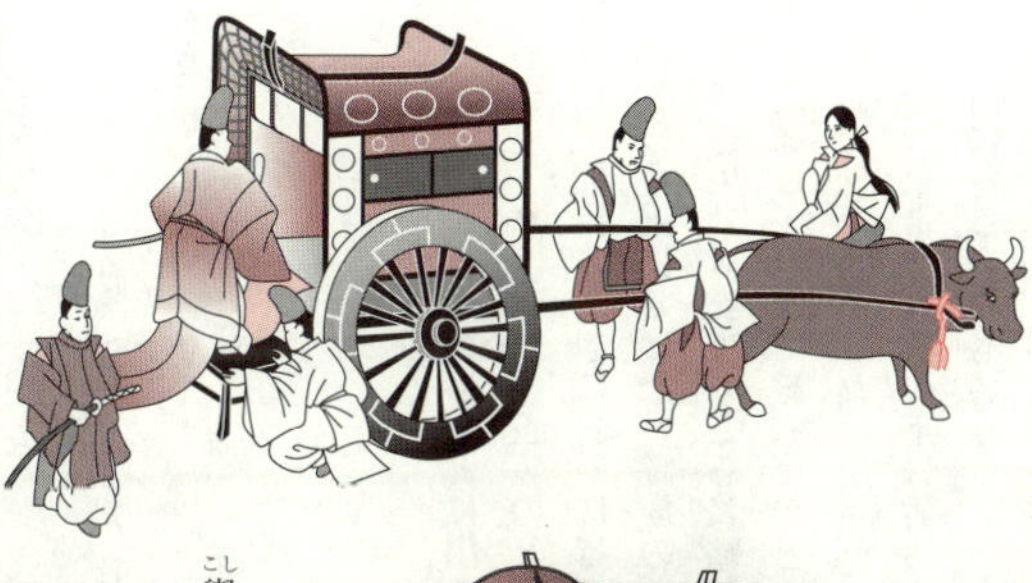

輿《こし》

牛車 **ぎっしゃ** 貴族がよく用いた乗り物。乗る人の身分により多くの種類がある。殿上人が一般に用いたのを「網代車《あじろぐるま》」という

輿 **こし** 二本の棒をかつぐものと手で腰に支えるものとある。平安前期までは天皇の乗り物だが、以降は公家《くげ》・武士も用いた

4 衣服

男の衣服

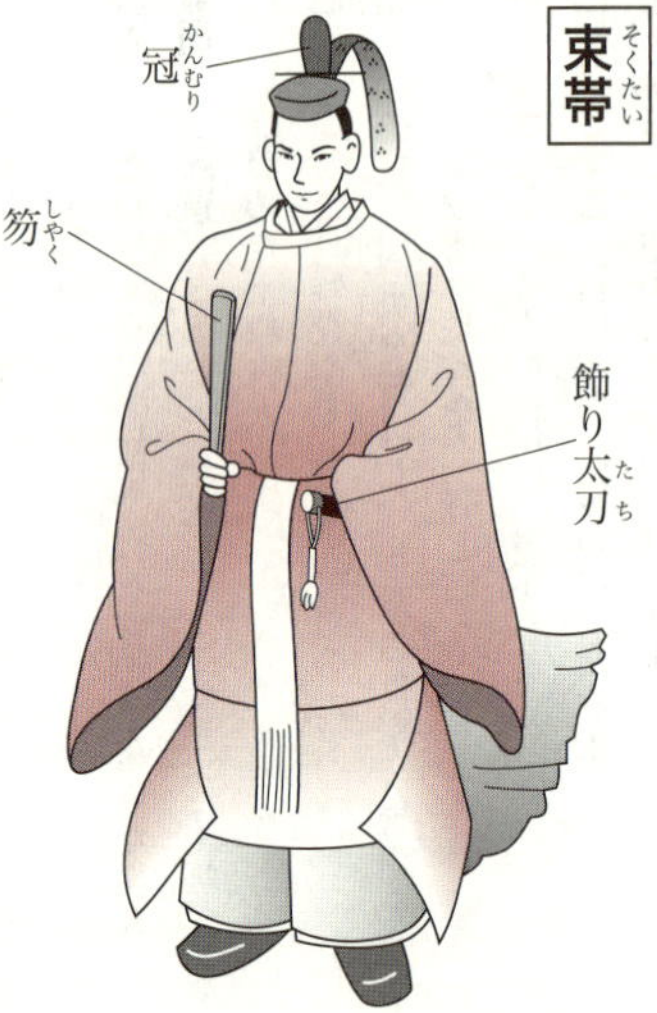

束帯　**そくたい**　宮中行事などに出るときの貴族の正装

冠　**かんむり・かうぶり《こうぶり》**　正装のときに頭にかぶるもの

笏　**しやく《しゃく》**　正装のときに右手に持つ薄い板

直衣　**なほし《のうし》**　正装ではない貴族の平常服

狩衣　**かりぎぬ**　直衣よりさらに略装の貴族の平常服

烏帽子　**えぼし**　直衣・狩衣姿のときに頭にかぶるもの

指貫　**さしぬき**　袴《はかま》の一種。外出時には裾を紐《ひも》で括《くく》る

衵　**あこめ**　束帯や直衣の下に着る衣服（女性の上着と肌着の間に着るものもいう）

直垂　**ひたたれ**　武士の平常服（室町時代以降は武士の礼服）

水干　**すいかん**　庶民の平常服

女の衣服

十二単《じふにひとへ》

【側面図】

【正面図】

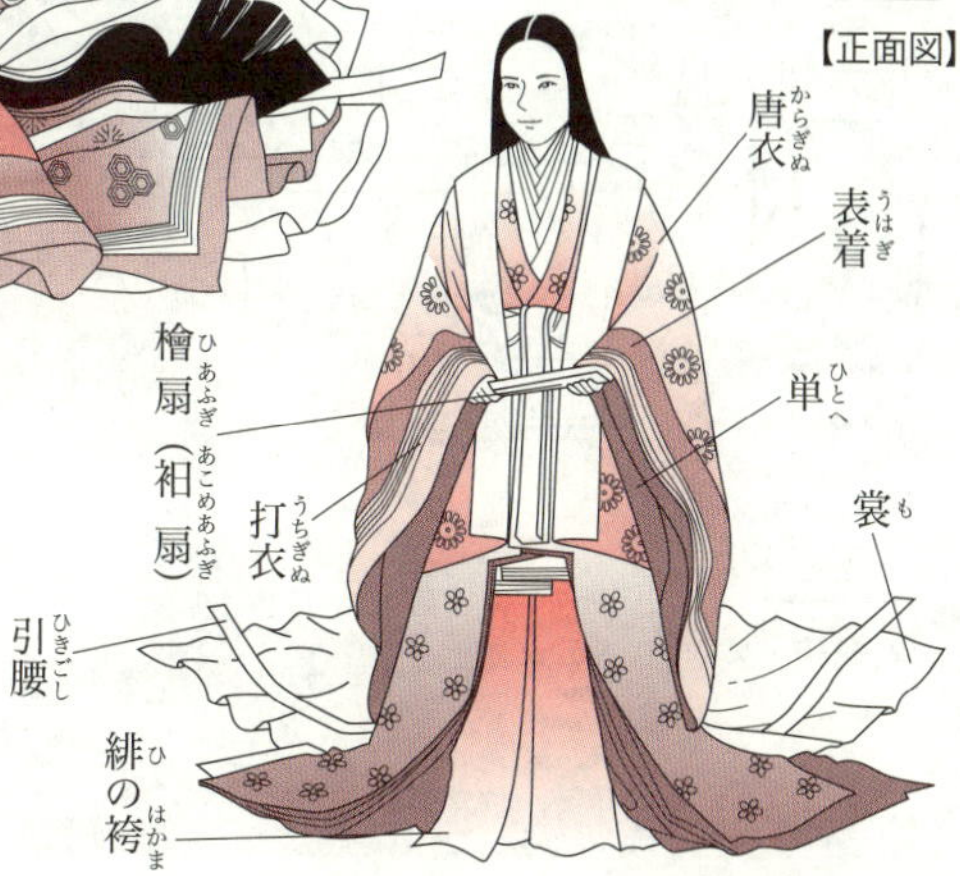

十二単　**じふにひとへ**《じゅうにひとえ》　貴族の女性の正装の俗称

唐衣　**からぎぬ**　女性の正装のときにいちばん上に着用した上半身だけの衣装

裳　**も**　正装のときに後ろ腰につける裾の長い衣装

単・単衣　**ひとへ**《ひとえ》　装束の下に着る裏地のない衣服

袿　**うちき・うちぎ**　表着と肌着の間に着る衣服

小袿　**こうちき・こうちぎ**　唐衣・裳を着用しないときに袿の上に着た衣装（宮中の女房《にょうぼう》の略礼装）

汗衫　**かざみ**　童女《わらわめ》が正装のときに袙《あこめ》の上に着た衣装

襲　**かさね**　衣服を重ねて着ること。その衣服

小袿《こうちき》

5 住まい

寝殿造り（全景）

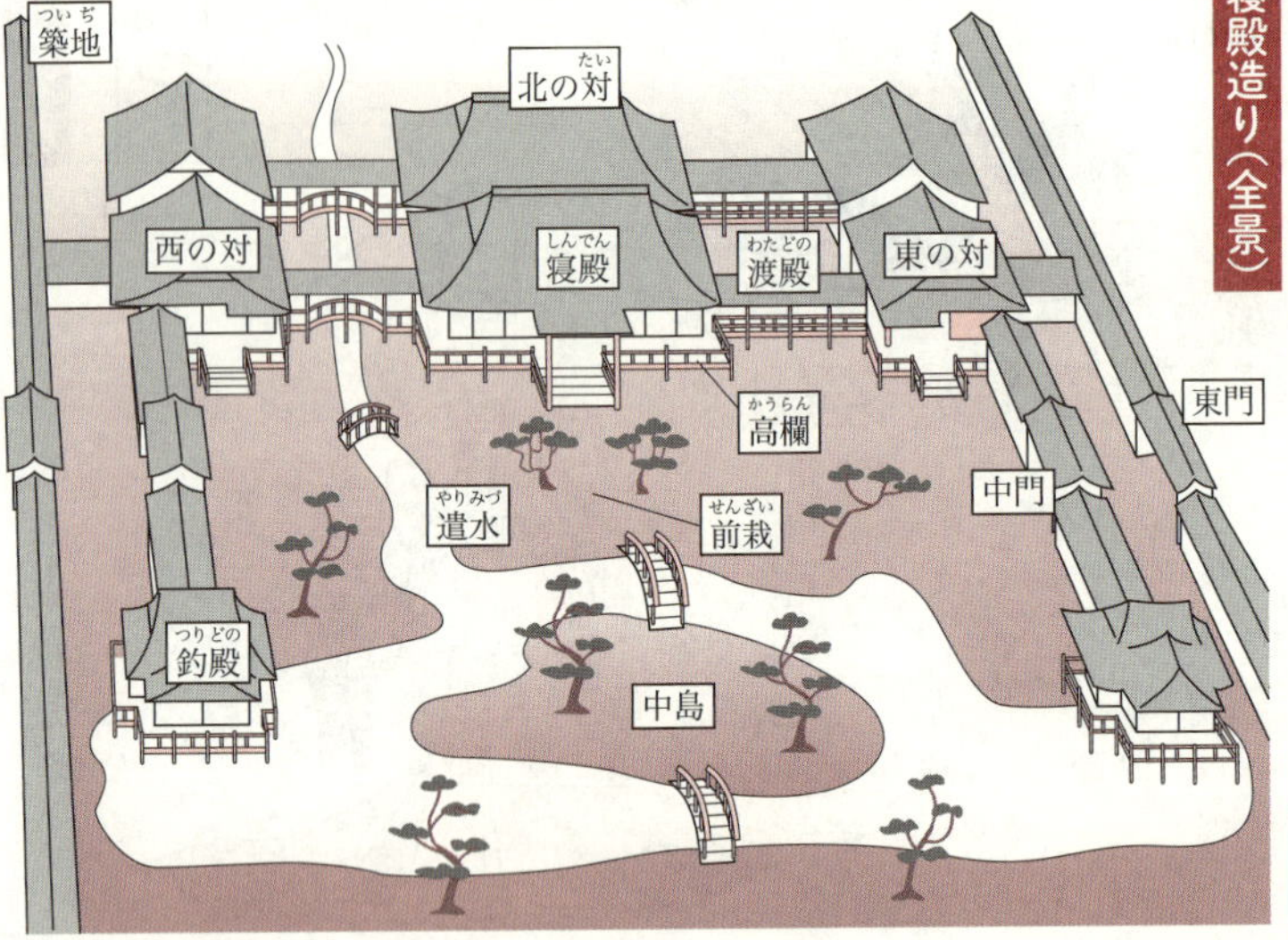

「寝殿造《しんでんづく》り」とは平安《へいあん》時代から室町《むろまち》時代にかけて貴族の邸宅に用いられた建築様式で、敷地は一町《ひとまち》（約一二〇メートル四方）を標準とした。中央に一家の主人が住む「寝殿」があり、その東に「東の対《たい》」、西に「西の対」、北に「北の対」と称される建物が、南に庭・池があった。東西に門があり、東門が正門とされた。東西の対と釣殿をつなぐ長い廊下の中ほどには中門《ちゅうもん》があった。

対屋 **たいのや** 寝殿の東西や北に位置する建物。略して「対《たい》」という。北の対には正妻が住み（それで正妻を「北の方《かた》」と呼ぶ）、東西の対屋に他の家族が住んだ

渡殿 **わたどの** 二つの建物をつなぐ屋根のある渡り廊下。片側に部屋を設けることもある。「細殿《ほそどの》」ともいった

高欄 **かうらん《こうらん》** 廊下につけられた手すり。「勾欄《こうらん》」とも書いた

釣殿 **つりどの** 東西の対から出た廊《ろう》の南端にある、池に臨む建物。納涼や観月に用いられた

前栽 **せんざい** 庭先に植え込んだ草木

遣水 **やりみづ《やりみず》** 邸内の庭に水を引き入れた、小川のような流れ

築地 **ついぢ《ついじ》** 邸《やしき》の周囲にめぐらした土塀

籬 **まがき** 柴《しば》や竹などを編んで作った垣根

透垣 **すいがい** 板または竹で、少しすき間をあけて作った垣根。「すきがき」のイ音便

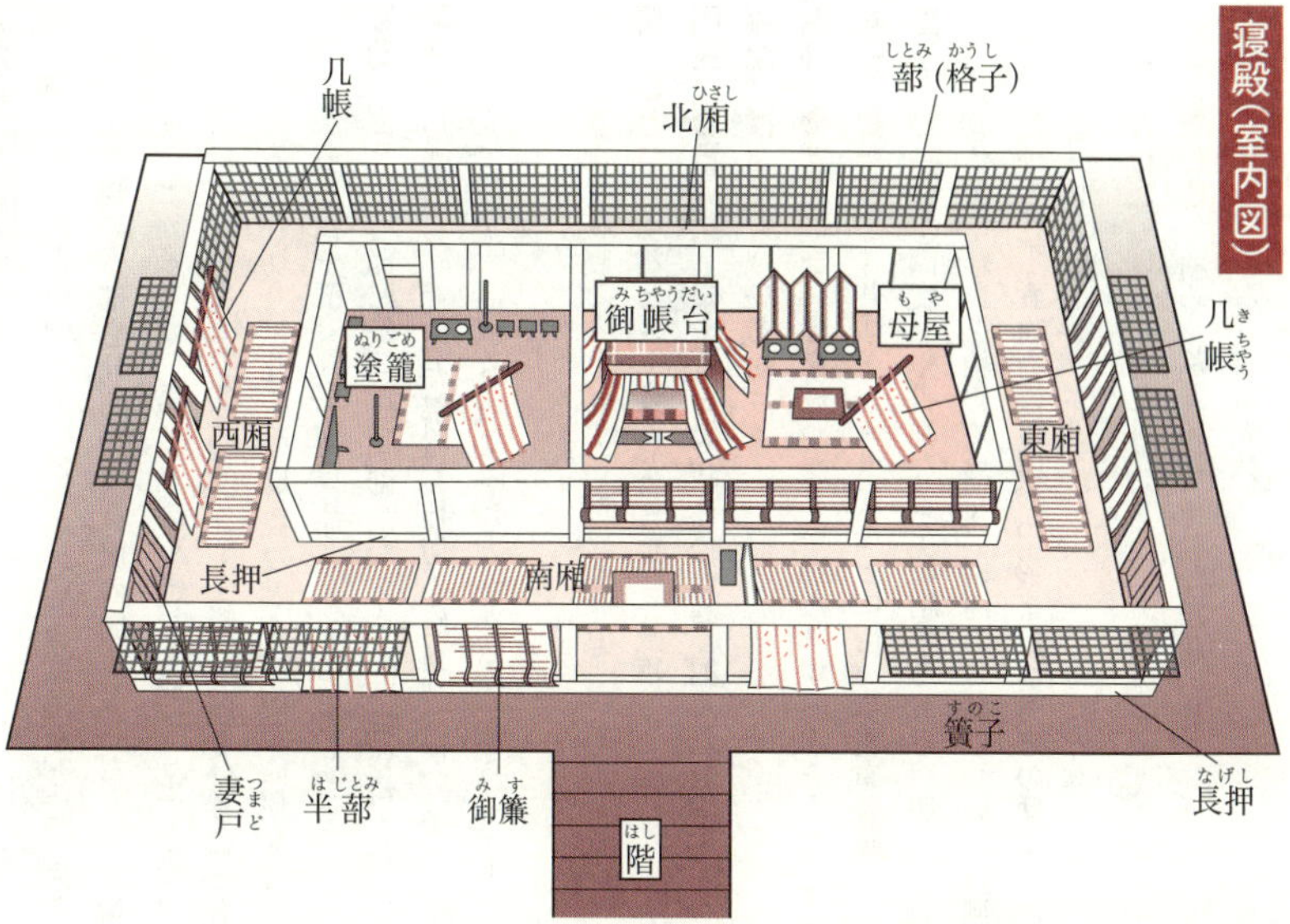

母屋 **もや**　建物の中央に位置する奥の部屋。主人や姫君の居室として使われる

廂 **ひさし**　母屋の周囲を取り巻く部屋。女房《にょうぼう》たちはここに控えている。「廂の間《ま》」「広廂《ひろびさし》」ともいう。「庇」とも書く

簀子 **すのこ**　廂の外側にある、板敷きの縁側

蔀 **しとみ**　格子《こうし》の裏に板を張ったもので、上下二枚からなる。下一枚は固定し、上一枚は押し上げると、ちょうど窓を開けたようになる。これを「半蔀《はじとみ》」という

妻戸 **つまど**　建物の四隅にある両開きの板戸

遣戸 **やりど**　横にすべらせて開閉する引き戸

長押 **なげし**　母屋と廂との境、また廂と簀子との境に横に渡した木

塗籠 **ぬりごめ**　母屋の一部を仕切り、周囲を壁で塗り込めた部屋。主に納戸《なんど》として用いた

几帳 **きちやう《きちょう》**　室内の仕切りや隔てとした家具。九〇センチメートルの高さのものが普通

御簾 **みす**　貴人の部屋の簾《すだれ》

階 **はし**　庭から建物に上がる階段。「きざはし」とも読む

御座 **おまし**　天皇や貴人の居室。「御座所《おましどころ》」ともいう

御帳台 **みちやうだい《みちょうだい》**　母屋の中央に一段高く台を設け帳《とばり》を垂らし天井をつけた貴人の座所・寝所。略して「御帳《みちやう》」ともいう

〈室内調度関係〉

局 つぼね　個人用の居室。宮中や貴族の邸宅などで、大きな建物の一部を仕切って女房《にょうぼう》の居室としたものを指すことが多いが、后《きさき》・女御《にょうご》の居室を指すこともある。また、寺社などで参詣者が籠もる小部屋をいうこともある。仕切りは几帳《きちょう》や屏風《びょうぶ》などを用いた簡便なものから、板や壁で固定的に仕切ったものまである

曹司 ざうし《ぞうし》　部屋のこと。「御」がつくと「御曹司《みざうし》」

障子 しやうじ《しょうじ》　部屋と部屋を仕切る建具。「襖《ふすま》障子」「衝《つい》立《た》て障子」「明かり障子」などがある。「さうじ《そうじ》」ともいう

衾 ふすま　夜寝るとき、上にかける夜具

褥 しとね　座るときや寝るときに敷く敷物

円座 わらふだ《わろうだ》　藁《わら》や菅《すげ》を渦巻き状に丸く編んだ敷物

脇息 けふそく《きょうそく》　ひじかけ

泔坏 ゆするつき　髪を洗ったり整えたりする水を入れる器

帷子 かたびら　几帳・帳《とばり》・壁代《かべしろ》などに用いる絹布

厨子 づし《ずし》　①調度品や書画などを収納する置き戸棚　②仏像や経典を納めておく、両開きの扉のついた戸棚

高坏 たかつき　食物を盛る器。円形または方形の盆に一本足がついている

土器 かはらけ《かわらけ》　素焼きの杯

折敷 をしき《おしき》　檜《ひのき》や杉の薄板で作った四角い盆

炭櫃 すびつ　いろり。角火鉢

火桶 ひをけ《ひおけ》　丸火鉢

火取 ひとり　衣服に香《こう》をたき込めるのに用いる香炉

伏籠 ふせご　香炉などの上に伏せて置いて、上に衣服をかけて香をたきしめたりする籠

大殿油 おほとなぶら《おおとなぶら》　宮中や貴族の屋敷でともす灯火

紙燭 しそく　松の枝を細く削り油を塗って火をつけ、照明具としたもの。手に持つ部分には紙を巻いたので「紙燭」という

松明 たいまつ　松の木や竹をたばねて火をつけ、屋外の照明具としたもの

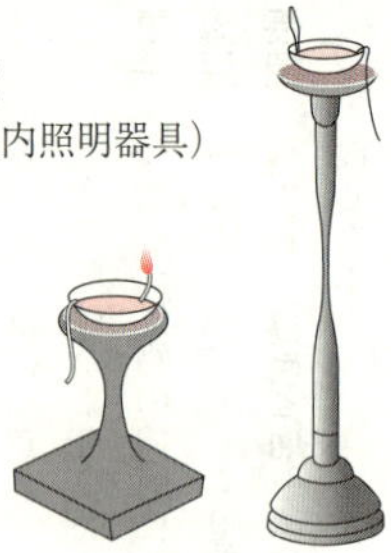

灯台《とうだい》
（室内照明器具）

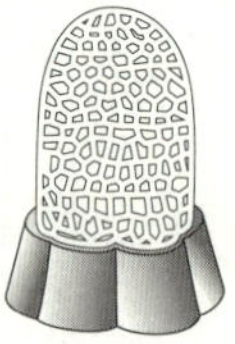

火取《ひとり》

高坏《たかつき》

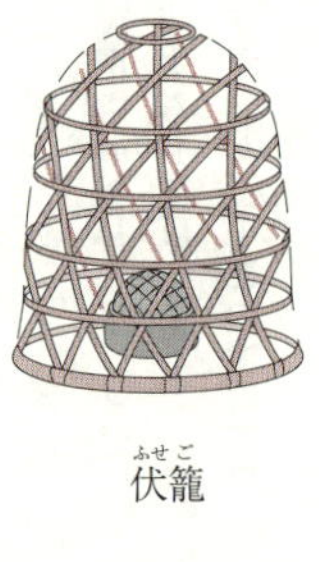

伏籠《ふせご》

古典常識 その他

政 **まつりごと** 政治（祭り事）

宣旨 **せんじ** 天皇の命令を伝える文書

勅勘 **ちょくかん**《ちょっかん》 天皇のお叱り・おとがめ。「勅」は天皇の命令で、「勅撰《ちょくせん》」「勅使」「勅命」などの言葉がある

供御 **ぐご** 飲食物の敬称。「くご」とも読む

供奉 **ぐぶ** 行幸《ぎょうこう》などのお供をすること、また、その人

御酒 **みき** 神や貴人に捧《ささ》げる酒

宿直 **とのゐ**《とのい》 宮中や役所に夜泊まって警護すること

先達 **せんだつ** 指導者。案内人

> 少しのことにも、**先達**はあらまほしき事なり。（徒然・五二段）
>
> ▼ちょっとしたことにも、（その道の）**指導者**はありたい（＝いてほしい）ものである。

君達・公達 **きんだち** 上流貴族の子息・子女

上衆 **じやうず**《じょうず》 身分の高い人

下衆・下種 **げす** 身分の低い人

山賤 **やまがつ** 山里に住む身分の低い人。樵《きこり》・猟師

海人・海士 **あま** 漁業や塩作りに従事する人。漁師

海女 **あま** 海中にもぐって貝や海藻をとる女性

乳母 **めのと** 母親に代わって養育を担当する女性

刀自 **とじ** 一家の主婦

稚児 **ちご** ①赤ん坊。幼児。子ども ②寺院で召し使われる少年

御辺 **ごへん** あなた（二人称）

> 「**御辺**は、故刑部《ぎやうぶ》卿《きやう》忠盛《ただもり》の子でおはせしかども、十四五までは出仕もし給《たま》はず、」（平家・巻第一）
>
> ▼「**あなた**は、故刑部卿忠盛の子でいらっしゃったが、十四五歳までは出仕もなさらず、」

容貌 **かたち** 顔立ち

御髪 **みぐし** 髪の敬称

> 尼君、髪をかきなでつつ、「けづることをうるさがり給へど、をかしの**御髪**や。いとはかなうものし給ふこそ、あはれにうしろめたけれ。」（源氏・若紫）
>
> ▼尼君は、（少女の）髪をかきなでては、「髪をとかすことを嫌がりなさるけれど、美しい**お髪**《ぐし》だわ。本当に頼りなくていらっしゃることが、不憫《ふびん》で気がかりだ。」

愛敬 **あいぎやう**《あいぎょう》 かわいげ。愛らしさ

総角 あげまき　子どもの髪の結い方。「みづら」に同じ

薫物 たきもの　練《ね》り香《こう》。これをたいて、着物に香りをつけ、また部屋に芳香を漂わせた

去年 こぞ　昨年

一期 いちご　生まれてから死ぬまで。一生

三十・三十路 みそぢ《みそじ》　三十年。三十歳（「四十《よそぢ》」「五十《いそぢ》」「六十《むそぢ》」「七十《ななそぢ》」「八十《やそぢ》」「九十《ここのそぢ》」）

筧 かけひ《かけい》　庭などに水を引くため、地上にかけ渡した樋《とい》。節《ふし》を抜いた竹を用いるのが普通

手水 てうづ《ちょうず》　手・顔などを洗い清める水

徒歩 かち　歩いて行くこと

> 例ならひにければ、かやすくかまへたりけれど、**徒歩**より歩みたへがたくて、寄り臥《ふ》したるに（源氏・玉鬘）
>
> ▼いつも慣れてしまったので（＝いつものことなので）、簡単に支度をしてきたが、**徒歩《とほ》で**（＝**歩いて**）きたのが（つらくて）我慢できず物に寄りかかって休んでいたところに

客人 まらうと《まろうと》・まらうど《まろうど》　客人

下向 げかう《げこう》　①都から地方へ下って行くこと　②神仏に参詣して帰ること

桟敷 さじき　祭りの見物のために作られた見物席

破子・破籠 わりご　檜《ひのき》の薄板で作った弁当箱。弁当

> 例の、御庄《みさう》の預りどもの参れる、**破籠**や何やと、こなたにも入れたるを、東人《あづまびと》どもにも食はせなど、事ども行ひおきて、うち化粧《けさう》じて、客人《まらうと》の方に来たり。（源氏・宿木）
>
> ▼いつものように、御荘園の管理人たちが参上しているが、**弁当**や何やかやと、こちらにも差し入れているのを、東国の者たちにも食べさせたりなど、いろいろ済ませて、身づくろいして、客人の方に来た。

乾飯 ほしいひ《ほしいい》　乾燥させた飯。水に浸して食べる

苞 つと　みやげ（その土地の産物）

天竺 てんぢく《てんじく》　インドの古い呼び方

唐土 もろこし　中国の古い呼び方

> 真にわが朝《てう》の事は言ふに及ばず、**唐土・天竺**にも主君に志深き者多しといへども、かかる例なし（義経記・巻第八）
>
> ▼まことにわが国のことは言うまでもなく、**中国やインド**にも、主君に気持ち（＝忠誠心）の深いものは多いといっても、このような先例はない

四方 よも　東西南北。しほう

付録の章

常 識 語　53語

古典の世界へ導く近現代の小説

古語を覚え、文法を理解し、少しずつ古典の原文を読めるようになっていくというのが、古典の世界に入り込む一番のまっとうな道でありましょう。しかし、少しずつ歩む道からは古典の魅力・面白さも少しずつしか見えてきません。日本の近現代には、優れた作家たちが古典に向き合い、深く読み込み、想像力も駆使して、生き生きと古典上の人物を描いた小説が数多くあります。これらの作品に接するとき、一気に古典の新たな世界が開けるでしょう。そして、文学を通して過去の人間に確かな手応えをもって出会うという経験は、現代を生きる君を支える力にもきっとなってくれるでしょう。読者を引き込む面白さに重点を置き、これはと思える作品を、安価で手に入りやすい文庫から11冊選びました。

古典に分け入る手立てとしては、ここに取り上げた小説の他に、現代語訳（「源氏物語」だと10種以上の訳があります）、読みやすく親しみやすい古典エッセイ、古典漫画（漫画化されていない古典はほとんどないと言っていいでしょう）、またいくらか難しくなりますが、古典評論といったものもあります。このように古典の世界へ導く窓はいくつも開かれています。思いきってどれかの窓を開けてみたらどうでしょうか。一生忘れられない景色を見る人も必ずやいることでしょう。

1 井上靖《やすし》『額《ぬか》田《たの》女王《おおきみ》』（新潮文庫）

原文もたどってみよう▼

大化の改新や壬申《じんしん》の乱の時代はわれわれにとってははるかに遠い昔ですが、「万葉集」の著名な女流歌人額田女王（額田王とも書く）を主人公としたこの小説を読めば、中大兄皇子《なかのおおえのおうじ》（天智《てんじ》天皇）と大《おお》海人《あまの》皇子《おうじ》（天武《てんむ》天皇）という古代の二人の英雄が烈《はげ》しい心で向かい立つ姿を目の前に見るでしょう。「万葉集」の著名な歌にも目を開かれるでしょう。

この二年間に、大海人皇子が相手について知り得たことと言えば、相手の名前だけであった。額田女王！いや、もう一つだけある。女官と言っても、額田は神事に奉仕することを任務としている女官であって、歌才に恵まれ、時には天皇の命によって、天皇に代わって歌を詠むこともあるということであった。（「白い雉《きじ》」の章の二より）

2 室生《むろお》犀星《さいせい》『かげろうの日記遺文《いぶん》』（講談社文芸文庫）

室生犀星は「王朝もの」小説を数多く書きましたが、これはその掉尾《ちょうび》を飾る傑作です。藤原兼家という夫を真ん中に「蜻蛉日記」の作者と「町の小路の女」という異質の女が相対する形で物語は進められます。文芸評論家亀井勝一郎は「女びとなるものへの、これほど夢ふかい作品を私は知らない」と評しています。

「あなた様のすべてを占める女というものは、どのような姫達でしょうか。お教えいただきたいのでございますが。」

兼家は（中略）ずばりと鋭く言い切った。

「町の小路の女のような人だ、女というものの蜜をたくさんにたくわえている。」

「そしてあなた様はあのような女とわたくしとを、同じ女にお考えでございますか。」

「お身よりも、もっと自然に生きていると言われよう、お身は学んでいるが、町の小路の女は女そのままなのだ。」（「二、山辺の垣ほ」より）

3 谷崎潤一郎『少将滋幹《しげもと》の母』（新潮文庫）

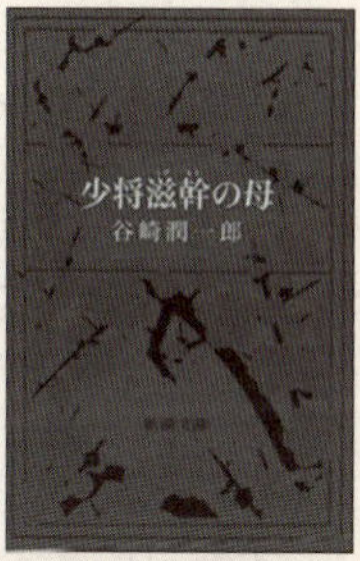

並ぶ者がないと思われる作者の圧倒的な古典への造詣の深さ、物語の運びのあまりの巧みさ故に、この小説を読んだ人は、谷崎が日本を代表してノーベル文学賞を受賞すべきであったときっと思うことでしょう。材料として平安期の説話・歌物語・歴史物語・歌集などを存分に使って、読者を唖然《あぜん》とさせる物語を展開させ、その果てに、この上なく美しい終幕を描きます。和歌など難解なところは、巻末の「注解」がやさしく導いてくれます。

（幼い）滋幹は、誰がこれを書いたかとも、誰に頼まれたのかとも、母が一切そう云《い》うことを尋ねないで、何もかも分《わか》っているらしいのが不思議であったが、ふと、眼《め》の前をきらりと落ちたものがあるので、訝《あや》しみながら振り仰ぐと、母が涙を一杯ためてあらぬ方角を視詰《みつ》めていた。母の容貌を心から美しいと思ったのは、その一瞬のことであった（「その八」より）

4 田辺聖子『むかし・あけぼの―小説枕草子―』（角川文庫 上・下）

『枕草子』という作品、清少《せいしょう》納《な》言《ごん》という人物は広く知られながら、本当の魅力は誰も捉えきっていなかったのかも知れません。その誰もできなかったことをやってのけたのがこの小説です。清少納言がもし現代に現れたなら、「田辺聖子さん、私の真の姿を描いてくれて有難う」と言うのではないでしょうか。そんなことまで思われる小説です。

「いつかは『春はあけぼの草子』を完成させるわ……そのときには、すっかり、何もかも、わたくしの人生をそこに書きとどめておくわ。そのときに読んでみて。あなただけではないわ。百年、五百年、千年のちの女たちがそれを読んでくれて、『生きてるってことは面白いことなのかな』『人生ってすばらしいものかもしれない』『すてきな人が、この世にはいるんだ』と思ってくれるかもしれない、そう信じて、それをたのしみに書くわ。」

（下巻の第28章より）

原文もたどってみよう▼ 「枕草子」（清少納言）

5 芥川龍之介『羅生門・鼻』（新潮文庫）

日本の古典を扱った小説としては芥川の作品が最も有名です。文章の平明さ、新鮮な語り口、うまい筋運びなど、読者を引き込む多くの取り柄がありますが、最も大きな魅力は作者独自の視点でしょう。古典の中の人物は芥川によって新たな光を当てられ、われわれは現代人と同じく考え悩む人をそこに見出《みいだ》すのです。

内供《ないぐ》は、絶えず人の鼻を気にしていた。池の尾の寺は、僧供《そうぐ》講説などの屡《しばしば》行われる寺である。（中略）従ってここへ出入する僧俗の類《たぐい》も甚《はなはだ》多い。内供はこう云《い》う人々の顔を根気よく物色した。一人でも自分のような鼻のある人間を見つけて、安心がしたかったからである。だから内供の眼には、紺の水干も白の帷子《かたびら》もはいらない。まして柑子《こうじ》色の帽子や、椎鈍《しいにび》の法衣《ころも》なぞは、見慣れているだけに、有れども無きが如くである。内供は人を見ずに、唯《ただ》、鼻を見た。（「鼻」より）

原文もたどってみよう▼ 「今昔物語集」（作者未詳）

6 大原富枝『建礼門院右京大夫《うきょうのだいぶ》』（朝日文芸文庫）

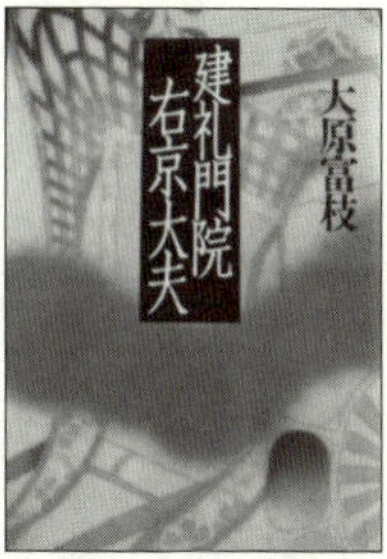

建礼門院（平 清盛《たいらのきよもり》の娘で高倉天皇の后《きさき》）に仕えた女房右京大夫を主人公として、平安末期から鎌倉初期に生きた人々を描いた珠玉の名作です。壇ノ浦に果てた平家の貴公子を恋人とした右京大夫の、歌を中心とした思索は、女にとって男とは何か、男にとって女とは何かを、時代を超えてわれわれに深く考えさせます。新編日本古典文学全集の『建礼門院右京大夫集』（小学館）など見れば、更に理解も深まるでしょう。

「…よく聴いて憶《おぼ》えておいて欲しい。たとえどこの浦に生きていたとしても、都の知るべにたよりなど決してしないつもりだ。だからあなたに何のたよりがなくても、決しておろそかに思っているのではない。このことを憶えておいてくれるよう、いま、はっきり申し置く」資盛《すけもり》の君はいっきにこれだけをいうと、絞るようにきつくわたくしを抱きしめられるばかりであった。（十七「寿永の春」より）

原文もたどってみよう▼「建礼門院右京大夫集」（建礼門院右京大夫）

7 辻邦生《つじくにお》『西行花伝《さいぎょうかでん》』（新潮文庫）

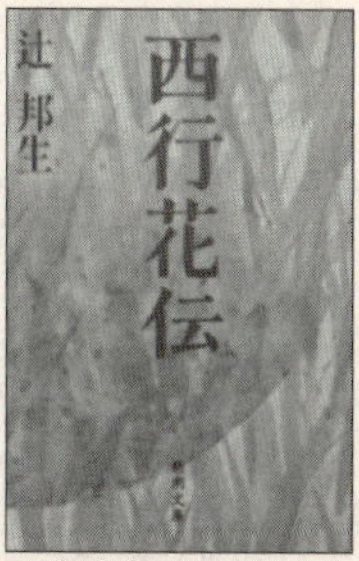

『山家集』など西行の歌を読み通して、この小説を読むと、いかにも西行とはここに描かれたような人であったろうと思われます。ということは、この小説を読んで西行という人のイメージが心に結ばれ、その上で、西行の歌一首一首に接するときには、西行の歌はあなたの心にすっと入ってくるに違いありません。

「歌が生《う》まれるには」と西行は独りごとのように言った。「たとえ世の不安に脅かされても、それを、こちらが乗りこえていなければならないのだ。ところが、今は反対だ。世の不安のほうが大きくなり、それがすっぽり人々を包み込んでいる。（中略）

この世の勝敗《かちまけ》だけがすべてだと誰もが考えるようになっているからだろう。だから、人々は敗《ま》けてはならぬと必死なのだ。歌も遊びも、実は、勝敗など、この世のことなど、どうでもいいと思い定めたところから始まるのだが」（「十五の帖」より）

8 吉川英治『新・平家物語』（講談社文庫）（全16冊）

書名は「新・平家」ですが、単に「平家物語」に依拠して書かれた小説ではありません。十二世紀後半の日本の歴史に関わるあらゆる歴史資料を読みあさり、貴族文明が没落し、武家が台頭する激動の時代を鮮やかに描いています。青年清盛に始まり頼朝の死で終わるこの大長編物語の通読は、あなたの精神形成にもある役割を果たさずにはいないでしょう。

（右大臣九条）兼実《かねざね》は若かった。けれど頭脳は、故実旧風の墨守から出ていない。清盛はすでに初老をこえていた。孫も多く、身も出家していた。けれど頭脳は、際限なく若々しい。身は、出家して、浄海入道ともいわれながら、心は、そんなにも若く、そして、（異国の）文化の吸収には、異朝だの我が朝だのという狭い考え方を知らないかれの存在は——ひとり九条兼実だけでなく、同類同質の公卿たちからは、ひとしく、天魔と見えたにちがいない。（第四冊「石船の巻」より）

9 太宰治『右大臣実朝《さねとも》』（新潮文庫『惜別』に所収）

鎌倉幕府第3代将軍にして『金槐《きんかい》和歌集』の作者として文学史に名を残した源実朝。甥《おい》に殺され27歳で生涯を終えたこの悲劇の人を書くことは「私の少年の頃からの念願であった」と太宰は言っています。太宰が実朝の歌をいかに深く理解し、実朝という人物にいかに深い憧れを抱いていたかが分かる本です。

おたずねの鎌倉右大臣さまに就いて、それでは私の見たところ聞いたところ、つとめて虚飾を避けてありのまま、あなたにお知らせ申し上げます。（中略）早いもので、故右大臣さまがお亡くなりになられて、もうかれこれ二十年に相成ります。（中略）けれども、ただお一人、さきの将軍家右大臣さまの事を思うと、この胸がつぶれます。念仏どころでなくなります。花を見ても月を見ても、あのお方の事が、あざやかに色濃く思い出されて、たまらなくなります。ただ、なつかしいのです。

10 森鷗外『山椒大夫』

（新潮文庫『山椒大夫・高瀬舟』に所収）

「山椒大夫」は、十六、七世紀に説経節として伝承されていた山椒大夫伝説を鷗外がわれわれにも読みやすく書き改めたものです（「安寿《あんじゅ》と厨子王《ずしおう》」のお話で、絵本にもなっています）。原作を読みたいと思ったら、新潮日本古典集成『説経集』を開いてみて下さい。グリム童話と同じく、原作のほうが残酷です。

安寿はそこに立って、南の方をじっと見ている。（中略）「厨子王や」と弟を呼び掛けた。「…お前はこれから思い切って、この土地を逃げ延びて、どうぞ都へ登っておくれ。神仏のお導で、善い人にさえ出逢ったら、筑紫へお下りになったお父う様のお身の上も知れよう。佐渡へお母あ様のお迎に往くことも出来よう。籠や鎌は棄てて置いて、樏子《かれいけ》だけ持って往くのだよ」厨子王は黙って聞いていたが、涙が頬を伝って流れて来た。「そして、姉えさん、あなたはどうしようと云《い》うのです」

（「山椒大夫」より）

原文もたどってみよう▼「さんせう太夫」

11 田辺聖子『ひねくれ一茶《いっさ》』

（講談社文庫）

俳諧師（俳人）小林一茶を描いた小説としては、時代小説の名手藤沢周平による『一茶』（文春文庫）もありますが、田辺聖子は実に威勢のいい文章で活気に満ちた一茶を描いています。人と人との繋がりが希薄になった今の時代において、一茶を中心とした多くの濃密な人間関係を描くこの小説は、人はかくも豊かに生きうることを教えてくれるでしょう。

（一茶の友人の）一瓢《いっぴょう》が手を打って、「一茶さんの句はどんな人にもわかる。誰も微笑《わら》う。心がふんわかする。……なのに、どうして自分で自信を持たないんだろう。人のことをうらやむんだろう。少々の器用な才気ならみな大なり小なり持ってます。でも一茶さんみたいな暖いほっこりした心、それを素直に詠める才能なんて、ないんだよ、めったに」（中略）

「うれしいねえ……ほんとにそうだろうか。こんな、おれでいいのかねえ」（「天に雲雀」の章より）

1 和歌入門

・和歌は五・七・五・七・七の五つの句（三十一音）からできています。
・和歌の中に使われた助詞・助動詞を正確に押さえて読むことが必要です（よって文法力が欠かせません）。
・和歌は普通の古文とは違った語順で表現されることもありますので、どの語句がどこにかかっている（続いている）のか、句と句の関係をよく考えて読んでください。
・和歌を詠んでいるのは誰か、またどういう状況で詠まれたのかを必ず押さえてください。その上で、「私は」「あなたを」などの主語や目的語を補って読むようにすると、具体的内容も心情も読み取れてきます。

2 句切れ

・和歌には句読点がついていません。そこで、句点（。）をつけるところ（＝意味上の切れ目）があるのか、自分で確認する必要があります。和歌の中で句点がつくところを**句切れ**といいます（和歌には必ず句切れがあるわけではありません）。

5・7・5・7・7
↑初句切れ ↑二句切れ ↑三句切れ ↑四句切れ

句切れの見つけ方

・句切れを見つけるには以下の四つに着目します。

I　**係り結びの結び**の語

月見ればちぢに物こそ**悲しけれ**　わが身一つの秋にはあらねど（古今・一九三）　〈三句切れ〉

▼月を眺めていると、あれこれともの悲しくなる。　自分一人だけに来た秋ではないけれども。

Ⅱ　終助詞

心あらむ人に見せばや　津《つ》の国の難波《なには》わたりの春のけしきを　（後拾遺・四三）〈二句切れ〉

▼ものの情趣の分かる人に見せたい。　この摂津《せつつ》の国の難波《なにわ》あたりの春の景色を。

Ⅲ　終止形

更《ふ》けにけり　山の端《は》近く月さえて十市《とをち》の里に　衣《ころも》打つ声　（新古今・四八五）〈初句切れ〉

▼夜が更けたのだなあ。　山の端近くに月はさえて、遠くの十市の里に衣を打つ音が聞こえる。

Ⅳ　命令形

玉《たま》の緒《を》よ絶えなば絶えね*　ながらへば忍ぶることの弱りもぞする　（新古今・一〇三四）〈二句切れ〉

*ね…完了の助動詞「ぬ」の命令形。

▼わたしの命よ、絶えてしまうならば、絶えてしまえ。　生きながらえるならば、耐え忍んでいる力が弱るといけないから。

③ 和歌特有の表現

・「～を＋形容詞の語幹＋み」→「～が……ので」

夜《よ》を寒《さむ》み*置く初霜を払ひつつ草の枕にあまたたび寝《ね》ぬ　（古今・四一六）

＊「寒」は形容詞「寒し」の語幹。

▼夜が寒いので、降りる初霜を払っては草の枕に何度も寝た。

・「～なくに」→「～ないのに（まれに「～ないので」）」

深山《みやま》には松の雪だに消えなくに都は野辺《のべ》の若菜摘みけり　（古今・十九）

▼山奥では松の雪さえ消えないのに、都では野辺の若菜を摘んでいるよ。

・「～めや」→「～だろうか、いや、～ない」

秋なれば山響《とよ》むまで鳴く鹿《しか》に我劣らめや一人寝《ぬ》る夜は　（古今・五八二）

▼秋になったので、山に響き渡るまで鳴く鹿にわたしは劣る**だろうか、いや、**劣りはし**ない**。一人で寝る夜（の寂しさ）は。

4 掛詞《かけことば》

・一語で二つの意味をもたせる技巧です。
・掛詞は二通りの漢字で説明します（「しか」のように片方は漢字で表せない場合もあります）。
・訳には二つの意味を出すようにします（単なる言葉遊びで、片方は特に訳す必要がないものもたまにはあります）。
※清音・濁音は関係ありません。（例）あらじ→「嵐《あらし》」と「あらじ」　なかる→「泣かる」と「流る」

掛詞の見つけ方

I　よく使われるものは覚えておきます。

・歌の中に以下の語が出てきたら、下の二通りで使われていないか確認しましょう。

あかし＝明かし・明石
あき＝飽き・秋
あふ＝逢ふ・逢（坂）〔「逢坂《あふさか》」は地名〕
あふひ＝葵・逢ふ日
あめ＝雨・天
あやめ＝菖蒲・文目
あらじ＝嵐・あらじ
いる＝入る・射る
うき＝浮き・憂き
おく＝置く・起く

かる＝離る・枯る
きく＝聞く・菊
しか＝鹿・しか〔副詞〕
しのぶ＝忍ぶ・忍《しのぶ》（草《ぐさ》）
すむ＝住む・澄む
ながめ＝長雨・眺め
なかる＝泣かる・流る
なみ＝無み・波
ね＝寝・根・音
はる＝張る・春

ひ＝（思）ひ・（恋）ひ・火
ひる＝干る・昼
ふみ＝踏み・文
ふる＝経る・古る・降る・振る
まつ＝待つ・松
みるめ＝見る目・海松布〔海藻の名〕
みをつくし＝澪標・身を尽くし
もる＝漏る・守る
よ＝世・夜・節
よる＝寄る・夜

自然

山里《やまざと》は冬ぞさびしさまさりける　人目も　草も　かれ（枯れ／離《か》れ）ぬと思へば（古今・三一五）

枯れ：草も枯れる
離《か》れ：人目も離れる（＝人の訪れもなくなる）

心情・状況

▼山里は冬がいちだんと寂しさがつのるよ。人の訪れもなくなり、草も枯れてしまうと思うと。

◉「かれ」が「枯れ」と「離れ」の掛詞。

自然

秋の野に　人　まつ（松／待つ）　虫の声すなり我《われ》かと行《ゆ》きていざとぶらはむ（古今・二〇二）

松：松虫
待つ：人を待つ

心情・状況

▼秋の野に人を待つ松虫の声のするのが聞こえる。わたしを待っているのかと、出かけて行って、さあ、訪ねてみよう。

◉「まつ」が「松虫」の「松」と「待つ」の掛詞。

自然

これやこの行くも帰るも別れつつ知るも知らぬも　逢《あふ》（逢／逢ふ）　坂《さか》の関《せき》（後撰・一〇八九）

逢：逢坂の関
逢ふ：逢う

心情・状況

▼これがまあ、あの（都から東国へ）行く人も（都へ）帰る人も、ここで別れては（＝別れを繰り返し）、互いに知っている人も知らない人もここで逢うという、逢坂の関なのだ。

◉「逢」が「逢坂の関」の「逢」と動詞の「逢ふ」の掛詞。

Ⅱ 右記以外が出題された場合は以下に着目します。

i 本文並びに本文中の和歌に使われている語

ii 漢字で書けるにもかかわらず平仮名で表記されている語

iii 地名など固有名詞

iv ㊟に出ている語

v 和歌を訳した場合に意味が後にうまくつながらない部分の語（その語を二つの意味で読むと後にうまくつながる）

5 縁語《えんご》

・ある語句に関係の深い語を連ねて、おもしろみを出す技巧です。

縁語の見つけ方

Ⅰ 掛詞の片方に着目します。（特に複数の掛詞がある場合は片方どうしが縁語の可能性大です。）

Ⅱ 自然の景物や身の周りのものを表す語に着目します。

逢ふことの **なぎさ** にし **よる** **波** なれば **うらみ** てのみぞ **たちかへり** ける　（古今・六二六）

	なぎさ	よる	うらみ	たちかへり
自然	渚	寄る	浦見	立ち返り
心情・状況	無き	夜	恨み	立ち帰り

▼渚に寄せる波なのでただ浦（＝港）を見て（沖へ）返って行く。そのように、（わたしも）夜（訪れてもあなたに）逢うこともなくただ（あなたを）恨んで帰ってきたことだ。

◉「なぎ（さ）」が「渚」と「無き」の掛詞。「よる」が「寄る」と「夜」の掛詞。「うらみ」が「浦見」と「恨み」の掛詞。「たちかへり」が「立ち返り」と「立ち帰り」の掛詞。「渚」「寄る」「浦見」「立ち返り」が「波」の縁語。

自然

心情・状況

下燃え《した》に思ひ（火／思ひ）消えなん煙《けぶり》だに跡《あと》なき雲の果てぞ悲しき（新古今・一〇八一）

▼ものの下で燃え、消えてしまう火のように、わたしは、ひそかにあの人のことを思いこがれて、死んでしまうでしょう。（そして、なきがらを焼く）煙さえ跡もない雲の果てが（＝跡形もなく雲の果てにまぎれてしまうのが）悲しいことです。

◉「（思）ひ」が「思ひ」と「火」の掛詞。「下燃え」「消え」「煙」が「火」の縁語。

6 枕詞《まくらことば》

・ある特定の語句を導き出す修飾語です。ほとんどが五文字で、初句か三句に使われます。訳しません。

枕詞の見つけ方

Ⅰ 意味のなさそうな**初句**か**三句**に着目します。
Ⅱ よく使われるものは覚えておきます。

あかねさす→日・紫
あしひきの→山・峰《を》
あづさゆみ→引く・張る・射る《い》
あまざかる→鄙《ひな》
あらたまの→年・春・月・日
あをによし→奈良《なら》
いそのかみ→降る・振る・古る《ふ》
いはばしる→近江《あふみ》・滝・垂水《たるみ》
うつせみの→人・身・命・世

からころも→着る・紐《ひも》・袖・裾
くさまくら→旅
くれたけの→世・夜・節《よ》
さざなみの→志賀《しが》・大津《おほつ》
しきしまの→大和《やまと》
しろたへの→衣・袖
たまきはる→命・世
たまぼこの→道
たらちねの→母・親

ちはやぶる→神
とぶとりの→飛鳥《あすか》（明日香）
ぬばたまの→黒・夜・闇《やみ》
（※「うばたまの」とも）
ひさかたの→光・天・空・日・月・星
ももしきの→宮・大宮
もののふの→宇治《うぢ》・八十《やそ》
わかくさの→つま（夫・妻）

わが園《その》に梅の花散る　ひさかたの　天《あめ》より雪の流れ来るかも　（万葉・八二二）

▼わが家の庭で梅の花が散っている。空から雪が流れ落ちて来ているのであろうかな。

◉「ひさかたの」が「天」を導く枕詞。

あしひきの　山《やま》鳥《どり》の尾《を》のしだり尾の長長《ながなが》し夜を一人かも寝む　（拾遺・七七八）

▼（山鳥の尾の垂れ下がった尾のように、）長い長い夜を、（共寝する相手もなく）一人で寝ることになるのであろうか。

◉「あしひきの」が「山」を導く枕詞。

7 序詞《じょことば》

・不特定の語を導き出す作者の創作の修飾句です。歌の最初から二句か三句までのもの（十二音か十七音）がほとんどです。

・訳す場合（次のⅡのⅰ・ⅱの例）と無理に訳さなくてもよい場合（次のⅡのⅲの例）があります。

序詞の見つけ方

Ⅰ　後半に心情描写がある歌の、前半の自然描写の部分に着目します。

Ⅱ　三つのパターンを知っておきましょう。

ⅰ　比喩《ひゆ》の「の」まで

瀬をはやみ岩にせかるる滝川　の‖われ　ても末《すゑ》にあはむとぞ思ふ　（詞花・二二九）

▼（川の）浅瀬（の流れ）がはやいので、岩にせき止められる滝川のように、（一度は）別れても（あなたと）将来には逢おうと思う。

◉「の」が「のように」と訳せる比喩の「の」で、「瀬をはやみ岩にせかるる滝川の」が「われ」を導く序詞。

ii　掛詞の直前まで

風吹けば沖つ白浪《しらなみ》　竜《たつ》　田《た》山《やま》夜《よ》半《は》にや君が一人越ゆらむ　（伊勢・二三段）

▼**風が吹くと沖の白波**が立つ（その立つという名の）竜田山を夜中にあなたは一人で越えているのだろうか。

◉「竜」が「（白波が）立つ」と「竜田山」の「竜」の掛詞で、「風吹けば沖つ白浪」が「竜」を導く序詞。

iii　同音反復の直前まで

※清音・濁音は関係ありません。

郭公《ほととぎす》鳴くや五月《さつき》の　あやめ　草　あやめ　も知らぬ恋もするかな　（古今・四六九）

▼道理もわからない（＝理性を失った・無我夢中の）恋をわたしはすることだ。

◉「あやめ」という同じ音が二度繰り返されていて、「郭公鳴くや五月のあやめ草」までが直後の「あやめ」を導く序詞。

8 本《ほん》歌《か》取《ど》り

・意識的に古歌の用語・語句を取り入れて作歌し、古歌（本歌）と二重写しにして味わいを深めます。

・『新古今和歌集』に多い技巧です。

橘《たちばな》のにほふ　あたりのうたた寝は夢も　昔の袖の香《か》ぞする　（新古今・二四五）

▼橘の花の香りが漂ってくるあたりでのうたた寝は、夢の中でも昔の（恋人の）袖の香りがしている。

五月《さつき》待つ　花橘《はなたちばな》の香をかげば　昔の人の袖の香ぞする　（古今・一三九）

▼五月を待って咲く橘の花の香りをかぐと、昔なじみであった人（＝恋人）の袖の香りがする。

◉右の『新古今和歌集』の歌は左の『古今和歌集』の歌を下敷きにしつつ、橘の花の香りをかぐことによってかつての恋人が思い出されるだけでなく、橘の花の香りをかぎながらうたた寝すると、夢の中でも忘れ得ぬ恋人を感じられたと詠んでいるのです。現実に夢を重ね、知覚に想念をのせて二重写しの味わいを感じさせる歌になっています。

9 体言止め

・和歌の第五句の最後を体言で止め、余情・詠嘆的な表現にします。
・『新古今和歌集』に多く、約四分の一が体言止めの歌です。

見渡せば花も紅葉《もみぢ》もなかりけり浦《うら》の苫屋《とまや》の秋の　夕暮れ　（新古今・三六三）

▼見渡すと（春の）桜の花も（秋の）紅葉もないよ。海辺の苫ぶきの小屋（＝漁師の粗末な小屋）の秋の夕暮れは。

10 倒置法

・表現の順序を逆にして印象を強めたり強調したりする技巧です。

たれかまた花　橘《はなたちばな》　に思ひいでん　我も昔の人となりなば　（新古今・二三八）

▼誰がまた花橘で思い出してくれるだろうか。わたしも昔の人となってしまった（＝死んでしまった）ならば。

◉上の句と下の句が倒置されています。

11 物名《もののな》（隠し題）

・歌の一部分に物の名前を隠し込んで詠み込む技巧です。
・歌の意味・内容とは関係ありません。（そこが掛詞と違うところです。）
・本文や詞書《ことばがき》に「題」が示してあります。

物名の見つけ方

Ⅰ　本文や詞書に「題」を探します。

Ⅱ　歌を全部平仮名にして表面に出てこない（＝歌の内容に関係のない）名詞を探します。　※清音・濁音は関係ありません。

「鳥飼《とりかひ》（地名）」といふ題を、みなみな人々に詠ませ給《たま》ひにけり。

（帝《みかど》は）「鳥飼」という題を、人々みなに詠ませなさった。（すると女はすぐに次の歌を詠んだ。）

浅緑甲斐《あさみどりかひ》ある春にあひぬれば霞《かすみ》ならねど立ち上《のぼ》りけり　（大和・一四六段）

▼浅緑色（にかすむ）、生き甲斐のある春に出会いましたので、（わたしは）霞ではありませんが、こうして春霞が立ち上るように（帝のおそばに）のぼることができたのですわ。

◉「浅緑甲斐」の部分に「どりかひ」つまり「鳥飼」が隠されています。詠者は身分の低い女性で、帝のそばに昇れた光栄・歓びを述べつつ、帝の要求した題に見事に応えたのです。

12 折《お》り句

・五文字の言葉を各句の初めに置いて詠む技巧です。　※清音・濁音は関係ありません。

唐衣《からごろも》 きつつなれにし つましあれば はるばるきぬる 旅《たび》をしぞ思ふ　（伊勢・九段）

自然（身の周りの品）		心情・状況
萎《な》れ	なれ	慣れ
褄《つま》	つま	妻
張る張る	はるばる	遥々《はるばる》
着	き	来

▼唐衣を着なれるように、慣れ親しんだ妻が（都に）いるので、はるばるやってきた旅（の愁《うれ》い）を思う。

和歌

●各句の初めの平仮名を拾っていくと、「か・き・つ・は・た」つまり、「かきつばた」という花を詠み込んだ折句の歌になっています。

●「なれ」が「萎れ（＝着続けて衣服が柔らかになる）」と「慣れ」の掛詞。
「つま」が「褄（＝衣服の裾の端の部分）」と「妻」の掛詞。
「はるばる」が「張る張る（＝衣服をぴんと伸ばす）」と「遥々」の掛詞。
「き」が「着」と「来」の掛詞。
「なれ（萎れ）」「つま（褄）」「はる（張る）」「き（着）」が「唐衣」の縁語。
また、「唐衣きつつ」が「なれ」を導く序詞。

13 和歌にかかわる語句

三十一文字《みそひともじ》 短歌の別称。
敷島《しきしま》の道 和歌の道。
詞書《ことばがき》 和歌の前書き（和歌の詠まれた状況の説明文）。
本《もと》＝上《かみ》の句 5・7・5
末《すえ》＝下《しも》の句 7・7

腰の句 短歌の第三句。
腰折れ（歌） 下手な和歌。
歌合《うたあわせ》 歌人が二組に分かれて、各組から歌を一首ずつ出し、優劣を競う遊び。
歌枕《うたまくら》 和歌の中に詠み込まれた名所。

引歌《ひきうた》 有名な古歌の一部（全部）を文章に引用し、味わいを深める表現方法。またその古歌。その場面の状況や登場人物の心情は引歌のそれと重なるので、注などに書かれたその歌を踏まえて文章を理解しましょう。

14 和歌を詠むことを表す表現

歌を詠《よ》む・口ずさむ・声に出して吟ずることを表す動詞としては、「**詠む**」や「**詠《なが》む**」の他に、「**詠《えい》ず**」（サ変動詞）「**出《い》だす**」「**うち出《い》だす**」「**うち出《い》づ**」「**うそぶく**」などがあります。

1 「ぬ」の識別

・上または下に注目。

Ⅰ完了の助動詞「ぬ」の終止形

連用形＋ぬ 例 **走り**ぬ。

◉「**ぬ**」**自体が終止形**になることを確認してもよい。

Ⅱ打消の助動詞「ず」の連体形

未然形＋ぬ 例 **走ら**ぬ人。

◉「**ぬ**」**自体が連体形**になることを確認してもよい。

Ⅲそのほかにナ行に活用する動詞の一部などがある。

例 往《い》ぬる時。

2 「ね」の識別

・上または下に注目。

Ⅰ完了の助動詞「ぬ」の命令形

連用形＋ね 例 とく**行き**ね。

◉「**ね**」**自体が命令形**になることを確認してもよい。

Ⅱ打消の助動詞「ず」の已然形

未然形＋ね 例 えこそ**笑は**ね。

◉「**ね**」**自体が已然形**になることを確認してもよい。

Ⅲそのほかにナ行に活用する動詞の一部などがある。

例 死ねかし。

3 「る・れ」の識別

・まず上に注目。

Ⅰ完了の助動詞「り」

(動詞の) エ段＋る・れ

例 歌をなむ詠**め**る。　よき人こそ言**へ**れ。

Ⅱ自発・可能・受身・尊敬の助動詞「る」

(動詞の) ア段＋る・れ

→「る・れ」の文法的意味の識別に従う。

・自発→**心情表現**・**知覚動詞**が上にあることが多い。

例 常に**嘆か**れ侍《はべ》りぬ。

・可能→（平安時代までは）**打消**を伴うことが多い。

例 つゆまどろまれ**ず**。

・受身→受身の対象（「**〜に**」＝「〜によって」と言い換えられる）があるか、対象を補える。

例 足を**狐《きつね》に**食はる。

・尊敬→**消去法**（自発・可能・受身でないことを確認）

例 京へ上らる。

◉同じ人物にほかの箇所で尊敬表現を使用していることを確認してもよい。

◉「〜れ給ふ」の「れ」は尊敬ではない。

例 殿、歌詠まれ**給《たま》は**ず。

Ⅲそのほかに単語の一部の場合もある。

例 花なむ咲き**ぬる**。

◉特に**ウ段音**につく場合が重要。

4「なり」の識別

・まず上に注目。

Ⅰ伝聞推定の助動詞「なり」

終止形（ラ変型活用語の連体形）＋なり

例 水、**流る**なり。

Ⅱ断定の助動詞「なり」

連体形または体言＋なり

例 水、**流るる**なり。

・ⅠとⅡが接続で区別できない（＝四段活用の動詞など）ときは、注意を要する。

例 花ぞ**咲く**なる。　聞け**る**なり。

Ⅲ形容動詞の活用語尾

物事の状態や性質＋なり

・入試問題などで問われるものは次のものが多い。

ⅰ「〜**か**なり」「〜**げ**なり」の形のもの。

例 静かなり・はるかなり・をかしげなり

ⅱ**重要語句**であるもの。

例 あはれなり・優《いう》なり・貴《あて》なり

Ⅳラ行四段活用の動詞

に・と（格助詞）・連用形・副詞など＋なり

・入試問題などでは「く・に・と・ず」＋「なり」の形が多い。

例 よくなりぬ。　憎にならむ。
妻となる。　寝ずなりにけり。

◉訳して「なる」の意味であることを必ず確認する。

5「なむ」の識別

・まず上に注目。

Ⅰ他への願望（あつらえ）の終助詞

未然形＋なむ

例 花、**咲か**なむ。

Ⅱ二つの助動詞

（＝完了の助動詞「ぬ」の未然形＋推量の助動詞「む」）

連用形＋なむ

例 花、**咲き**なむ。

Ⅲ強意の係助詞

活用しない語または連体形＋なむ

例 **月**なむ出づる。　月**出づる**なむをかしき。

・形容詞・形容動詞・打消の助動詞「ず」などのラ変型活用の系列ではないほうの連用形（＝く・に・ず）に接続する場合もある。

例 風、涼しくなむ。　静かになむ語る。
風、吹かずなむ。

・結びが成立している場合は、文末が連体形であることを確認するほうが簡単である。

例 月なむいと**うつくしき**。

Ⅳナ行変格活用の動詞の未然形活用語尾＋推量の助動詞「む」

死・往《い》（去）＋なむ

例 鳥、**往**なむ。

6 「に」の識別

・上下に注目。

I 断定の助動詞「なり」の連用形

(体言・連体形)＋に＋あり の形で、「**である**」と訳せる。

例 我、学生に**あり**。

こは花に**あらず**。

・「に」と「あり」の間に助詞（接続助詞「て」・係助詞・副助詞）が割り込むことがある。

例 降る雪にて**あり**。

月にや**あらむ**。

・「あり」が尊敬語（＝おはす・おはします　など）や丁寧語（＝侍《はべ》り・候《さぶら》ふ）になるときがある。

例 姫君に**おはす**。

夢にぞ**はべる**。

(体言・連体形)＋にて（にして） の形で、「**であって**」と訳せる。

例 こは夢に**て**、うつつにはあらず。

II 完了の助動詞「ぬ」の連用形

(連用形)＋に＋(き・けり・たり・けむ) の形がほとんど。

例 笑ひに**けり**。

過ぎに**けむ**。

III 形容動詞の連用形活用語尾

物事の状態や性質＋に

・入試問題などで問われるものは次のものが多い。

i「〜**か**に」「〜**げ**に」の形のもの。

例 静かに・はるかに・をかしげに

ii **重要語句**であるもの。

例 あはれに・優《いう》に・貴《あて》に

IV 接続助詞

連体形＋に（Iのパターンでないとき）

例 雨降り**たる**に、行かれず。

・連体形の下に体言が省略されているときは格助詞（V）。

例 月の**明かき**に渡る。

（「明かき」の下に体言「とき」が省略されている。）

V 格助詞

体言＋に（Iのパターンでないとき）

例 **浜**に着く。

VI ナ行変格活用の動詞の連用形活用語尾

死・往《い》(去)＋に

例 **死**にけり。

VII そのほか副詞の一部などの場合もある。

・重要語句が問われることが多い。

例 いかに・げに・さらに・かたみに

7 「し」の識別

I 過去の助動詞「き」の連体形

「し」自体の活用形が連体形になる。

例 花なかりし時、
花ぞ咲かざりし。

◉直上が連用形（カ行変格活用の動詞・サ行変格活用の動詞のときは未然形）になる。

II サ行変格活用の動詞「す」の連用形

「し」自体の活用形が連用形になる。

・訳して「する」という意になる。

例 物語しけり。

III 強意の副助詞

除いても文脈にも文法的にも関係がない。

・直下に係助詞の「も」や、下のほうに接続助詞の「ば」を伴うことが多い。

例 我しも行く。
花しなければ、

8 「らむ」の識別

I 現在推量の助動詞「らむ」

ウ段音＋らむ

例 いづちいくらむ。
かの山は高かるらむ。
いかに見えつらむ。

II 完了の助動詞「り」の未然形＋推量の助動詞「む」

エ段音＋らむ

例 生けらむほどは、
歌を詠み給《たま》へらむ。

◉この場合のエ段音とは完了の助動詞「り」の接続により、サ行変格活用の動詞「す」の未然形か四段活用の動詞の已然形活用語尾である。

III 活用語の一部＋推量の助動詞「む」

そのほか＋らむ

例 山へのぼらむ。
かの山は高からむ。
いみじう静かならむ。
なかなか歌を詠まざらむ。

営業所のご案内

札幌営業所／仙台営業所／東京営業所　(03) 5302-7010
大阪営業所／広島営業所　(06) 6368-8025
福岡営業所　(092) 923-2424

読んで見て聞いて覚える
重要古文単語 315［四訂版］

2004 年 11 月 10 日	初　版第 1 刷発行		2014 年 9 月 10 日	三訂版第 1 刷発行
2008 年 4 月 10 日	初　版第 26 刷発行		2022 年 7 月 10 日	三訂版第 27 刷発行
2008 年 11 月 10 日	改訂版第 1 刷発行		2022 年 10 月 10 日	四訂版第 1 刷発行
2014 年 4 月 10 日	改訂版第 35 刷発行		2023 年 4 月 20 日	四訂版第 4 刷発行

著　者　武田　博幸
　　　　鞆森　祥悟
発行人　門間　正哉
発行所　株式会社 桐原書店
　　　　〒 114-0001　東京都北区東十条 3-10-36
　　　　TEL：03-5302-7010（販売）
　　　　www.kirihara.co.jp
装丁＋本文レイアウト　荒川　浩美（ことのはデザイン）
イラスト　武田　知子・藤立　育弘
印刷＋製本　図書印刷株式会社

ISBN978-4-342-35369-7
Printed in Japan

動詞活用表

活用の種類	基本形	語幹	行	未然形	連用形	終止形	連体形	已然形	命令形
四段活用	思ふ	思	ハ行	—は	—ひ	—ふ	—ふ	—へ	—へ
上二段活用	過ぐ	過	ガ行	—ぎ	—ぎ	—ぐ	—ぐる	—ぐれ	—ぎよ
下二段活用	受く	受	カ行	—け	—け	—く	—くる	—くれ	—けよ
上一段活用	見る	(見)	マ行	み	み	みる	みる	みれ	みよ
下一段活用	蹴る	(蹴)	カ行	け	け	ける	ける	けれ	けよ
カ行変格活用	来	(来)	カ行	こ	き	く	くる	くれ	こ・こよ
サ行変格活用	す	(す)	サ行	せ	し	す	する	すれ	せよ
ナ行変格活用	死ぬ	死	ナ行	—な	—に	—ぬ	—ぬる	—ぬれ	—ね
ラ行変格活用	あり	あ	ラ行	—ら	—り	—り	—る	—れ	—れ

形容詞活用表

活用の種類	基本形	語幹	未然形	連用形	終止形	連体形	已然形	命令形
ク活用	なし	な	(—く) —から	—く —かり	—し	—き —かる	—けれ	—かれ
シク活用	美し	美	(—しく) —しから	—しく —しかり	—し	—しき —しかる	—しけれ	—しかれ

形容動詞活用表

活用の種類	基本形	語幹	未然形	連用形	終止形	連体形	已然形	命令形
ナリ活用	静かなり	静か	—なら	—なり —に	—なり	—なる	—なれ	(—なれ)
タリ活用	堂々たり	堂々	(—たら)	—たり —と	—たり	—たる	(—たれ)	(—たれ)

助詞の主な意味・用法・接続

種類	助詞	意味・用法	接続
	のが	主格（…ガ） 連体修飾格（…ノ） 同格（…デ） 体言の代用（…ノモノ）	
	を	動作の対象（…ヲ）	

種類	助詞	意味・用法	接続
	が	逆接の確定条件（…ガ・…ノニ・…ケレドモ） 単純接続（…ガ・…ト・…トコロ） 順接の確定条件（…ノデ・…カラ）	連体形

種類	助詞	意味・用法	接続
副助詞	など（なんど）	他に類似のものがある（〈例エバ〉…ナド） 婉曲（…ナド） 引用（…ナドト）	種々の語